ETF量化投資學 |第四版|

智能投資的幸福方程式

ETF Quantitative Investment Management

清華大學
計量財務金融學系
韓傳祥 編著

五南圖書出版公司 印行

推薦序

做自己財富的主人

劉宗聖

元大投信董事長

投信投顧公會理事長

近年全球資產管理業正面臨史無前例的「典範轉移」，過往主宰全球基金業的主動投資邏輯——以經理人主觀操作爲依歸，以戰勝大盤爲目標；近年已逐漸爲跟隨指數、被動布局的指數投資所蠶食，兩者已成分庭抗禮之勢。根據 ETF GI 統計，到 2019 年 9 月底爲止，全球 ETF 數量已達6,880 檔，總規模已達 5.61 兆美元，分別較 2010 年的2,488檔與 1 兆 3,130 億美元成長 176% 與 327%，其中ETF規模之年化複合成長率竟高達 20.1%，穆迪投資者服務研究公司(Moody's Investor Services Research)即預估，美國被動式投資產品之規模，到 2021 年將超越主動式投資，顯見被動式投資確爲近年金流趨勢所向。

而台灣近年基金業的發展，恰與國際投資潮流若合符節，2014 年以來由於法規開放，槓桿／反向 ETF、商品 ETF與債券 ETF 先後得以發行，讓國內 ETF 產品數量與規模呈現爆發式成長，產品由 2014 年的 23 檔增加爲 2019 年 10 月的 213 檔，同期資產規模亦由 1,610 億增加爲 1 兆 5,561 億，同步帶動台灣本土投信資產管理規模大增。回顧 2014 年年底，本土投信資產管理規模僅有 1 兆 9,478 億，相較境外基金 3 兆 3,213億之規模，落後差距高達 1 兆 4,000 億上下；但短短五年時間，隨著台灣 ETF 突飛猛進的增長，全台投信資產管理規模後來居上，到 2019 年 10 月底已高達 3 兆 8,576 億，一舉超越境外基金的 3 兆 5,935 億。更重要的是，ETF 產品的受益人數自 2014 年底的14 萬 6,331 人增加爲 80 萬 1,026 人，增幅高達 447%，證明經過多年的宣導以及教育，有愈來愈多的民衆已清楚認識到ETF 單純、精確且多元之優勢，積極操作相關產品，爭取做自己財富的主人。

近期金融科技(Fintech)大行其道，大數據與演算法日益成熟，人工智慧與量化投資蔚爲顯學，在相關技術的支持下，機器人理財顧問也如雨後春筍般出現，如：Vanguard Personal Advisor Services、Schwab Intelligent Portfolios、Betterment和Wealthfront等等，而這些機器人理財顧問所使用的元件，無一例外地均爲ETF產品，顯示在量化與智能投資技術的加持下，ETF已不再單純僅爲賺取價差的操作交易工具，而是可用以建構投資組合，爲民眾量身訂做打造投資解決方案的終極戰略元件。

爲了推廣ETF產品的運用，讓民眾擁有自行創富的能力，近年許多有識之士均致力投入理財教育，本書的作者「睿富者」即爲其中之代表，「睿富者」由一群熱愛財務金融與產業科技的同好所組成，其中不乏各大專院校金融科系之教授與相關學者，以計量方法爲主軸，並兼及理論面、操作面與政策面等面向，有深厚之理論底蘊，其與股感網所合作之「睿富者」部落格，亦爲國內投資人取經之重要資訊來源。

《ETF量化投資學》一書，從ETF的簡介、發展與特性出發，由淺入深讓讀者迅速掌握ETF之產品特徵，進而帶入資產配置理論之架構，爲個人創建投資組合提供背景知識，並導入近期最時興的Python程式語言與Quantopian平台相關介紹，爲結合計量與ETF引領路徑。除此之外，本書亦展望ETF未來之發展，爲讀者說明區塊鏈ETF、Smart Beta ETF與ESG ETF等新種ETF之發展趨勢，並深入剖析台灣民眾交投火熱的VIX ETF產品，提供相關產品之正確交易知識，更爲市場相關著作所罕見。綜觀全書寫作，內容兼顧理論性與實用性，審視現況之際，亦不忘展望未來，並具有高度計量理論意涵，相信讀者定可獲益良多，個人在此鄭重推薦。

推薦序

華人世界第一本 ETF 教科書

林丙輝
集保結算所董事長

台灣的基金市場已達10兆台幣的資產規模，投資在海內、外資產的比例約莫是4比6，而透過境內、外發行的基金比例則在7比3左右。在境內基金7兆的總規模中，主要包括六成的投信基金與四成的全權委託，其中由國內投信業者自行開發的ETF基金已達200檔，資產規模達2兆元。在證交所、櫃買中心上市的ETF，能滿足企業與個人在投資上的需求，並呼應全球的發展趨勢。ETF在台灣落地恰值二十週年，受益人已達500萬人並持續在增加中，我們都一起見證了ETF市場的成長過程。

金融服務的巨輪不斷前進，歷經一百年前共同基金的成立、五十年前指數化投資興起，至三十年前ETF的發行等軌跡，並隨著近年來金融科技的推波助瀾之下，人類社會一次次經歷金融普及化、效率化的利益，但仍應關注可能伴隨的風險。由於創新演進的速度非常快，金融教育以及相關風險性議題的研討，就顯得十分重要。

本書《ETF量化投資學》正可填補以上的需求，總共8篇的內容闡述了ETF在過去三十年以來種種的發展歷程。在開頭的〈簡介篇〉與〈類型篇〉中，廣泛地介紹原型ETF所採用被動式投資，其中特有的實物申購與贖回機制，揭露ETF中基金與股票的二元性，正是ETF成功關鍵之所在。

其次在〈交易篇〉與〈技術篇〉中，說明現代投資組合理論，並透過現代化程式語言Python實現AI、機器學習的應用。此外，也闡述了金融科技觀點下，投資管理的發展現況，包括社群交易(Social Trading)的興起，以及智慧理財(AI Robo Advisor)的機會與可能的風險。

個股(Single-Stock)ETF與單債(Single-Bond) ETF雖不像一般的投資組合，卻有著新穎的包裝模式，耐人尋味！本書〈主題篇〉呈現各種實用有趣的ETF，例如：在高通膨、高利率環境下的債券ETF、強調永續的ESG ETF、新興的區塊鏈ETF，還有獲得眾多關注的Smart-Beta ETF等等。另外，槓桿型或反向型ETF、石油、天然氣、管理期貨、VIX等ETF，因爲使用到高複雜度的期貨與選擇權等衍生性商品，轉倉時的價差成本所造成的複利效果，往往會侵蝕獲利造成與追蹤指數脫鉤，此時投資戰術性使用以及風險管理是需要特別考慮的。以上內容在本書的〈深入篇〉中進行了詳盡的探討，這也是國內外同類典籍中，少有能夠著墨如此深刻的！

〈數位資產管理篇〉在目前數位科技浪潮下，屬於亮點議題，其中除了簡介分散式帳本技術、智慧合約與富含Web 3.0精神的去中心化金融(DeFi)之外，也特別從政策制定者(Policymaker)的視角解析加密貨幣交易所應該肩負的責任。

本書的結語〈後記——寫在SPY發行三十週年〉則以歷史面追溯ETF之父Nathan Most是如何在三十年前催生出全球AUM最大、流動性最高的劃時代被動式投資資產；以及革命性的指數化投資之父，先鋒集團(Vanguard Group)創始人約翰・柏格(John Bogle)的精彩回顧。這些影響深遠的設計機制與金融商品，彼此間有許多互動與演化，構成了今日資本市場生態圈的多樣性。

透過本書深入淺出的介紹，相信能夠使讀者了解到ETF必須在以人爲本的原則下，持續爲全球廣大投資人做出貢獻，促進證券、投信、投顧與期貨等產業的永續發展。

推薦序

理論與實用兼備的 ETF 寶典

張智星
臺灣大學資訊工程學系教授
玉山金控科技長

三年前，蒙前臺大數學系主任之邀請，將我們（傳祥、君明、智星）組織起來在校內共授「金融科技導論」，這是一門結合量化金融、密碼學與區塊鏈，以及機器學習的綜合性跨領域課程，應該也是國內首度、國際上少有的創舉。

我們共同授課的教室，由當初在數學系的60、70人空間，遷移至資工系演講廳，以及現在最新的臺大講堂，應已培育超過600名以上的同學。授課的方式亦不斷在摸索、調整，內容也與時俱進，這些都有影音記錄在課程網頁供大家參考。2019年中得知金融業很頂級的證照CFA將Fintech納入成爲正式考試內容，題目的範圍恰好就是量化投資與機器人理財、區塊鏈與密碼貨幣、數據分析與AI機器學習等，與本課程內容有著極高度的相關性，這是當初所意想不到的，相當令我們驚喜與振奮。

課程中，傳祥協助在金融工程、機器人理財、金融大數據分析、保險科技、風險管理等專題進行教學，理論與實務兼備，其中特別與新創公司合作，讓修課學生們得以使用網路上的數據與計算資源，以實作的方式建構股票與ETF基金的投資組合，比較其分散性與績效。課程中亦闡述指數化投資的原理，以及相關模型的優缺點等等，讓非金融背景的同學能夠了解量化投資的內涵。

《ETF量化投資學》這本書的誕生，描繪了以人工智慧、量化的科學技術方法，實際解決傳統金融上投資管理的問題，而追蹤指數的

「被動式」資產 ETF 則是最佳的範例。欣見此書的誕生，期盼能啓發更多 AI 和機器學習等人工智慧演算法的研究開發，應用在金融領域。

前言 ▼▼▼

基於以下兩個理由，睿富者們共創了這本書：

第一　退休保障機制的弱化：政府因財政支出的重新分配，開始減少對退休人員的保障，然而卻又不一定會適當地教育人們正確的投資觀念，爲自己將來的退休金負責。

第二　源自對金融科技趨勢的自然反饋，那就是對於傳統投資或是財富管理的方式提出挑戰，在資料公開透明、資訊處理的「算力」愈形普及的情勢下，投資人其實擁有更多的自主權，稱之爲賦權投資人(Empowered Investor)。

本書是由一群關注「社群交易」(Social Trading)的朋友們組成，透過分工協作方式，彼此審視討論，並不斷精進本書內容。由淺入深地從ETF簡介、類型、交易策略、技術延伸主題及深入，共8章，廣泛地做了探討，而每一章都搭配實證分析，好讓讀者了解相關績效與風險。

共同基金是大衆理財投資經常使用的產品，ETF可以簡單理解爲像股票一樣交易的共同基金，它以量化方式追蹤特定指數，所以經營成本、交易手續費大幅下降，結算效率則大幅上升。股權型ETF通常追蹤主要的大盤指數，投資人若購買這些ETF商品，其報酬率幾乎與大盤表現一致，投資人就可以大幅減輕選擇個股的困擾；由於交易透明度高，ETF深獲投資人的青睞，全球的交易量亦不斷攀升。

ETF除具有較低成本、較佳流動性之外，多元性也是它的特色，以前只有財力雄厚的專業機構才能投資的跨市場商品，如今在證券市場上，大家就可以買到債券型、原物料型、匯率型等ETF，一般投資人也可能「輕鬆打敗大盤」，美夢成眞！

以美國長春藤名校校務基金管理爲例，許多數據顯示投資「分散性」(Diversification)是關鍵原則，在投資組合中必須考慮股、債、房地產、抗通膨原物料等多元性資產，定期進行再分配(Rebalance)，長期來看，它們都能夠打敗大盤。我們可以將「分散性」理解爲一種投資上的智慧，對於散戶投資人而言，以前幾乎難以做到分散式投資，現在隨著多元ETF商品出現，投資人則有可能達到專業投資的績效。

本書更會介紹「機器人理財」的先進投資方式，如何採用機器學習或人工智慧(AI)等方法，稅務上如何採用Loss Harvesting方法，以及自行建立像是AI、密碼貨幣、區塊鏈、環境社會治理等「主題式」投資組合，期望在衆人智慧下找出投資的聖杯。

本書搭配電子書形式出版，加入視覺化用戶體驗，以及部分線上、線下課程實施，我們盼望讓讀者在任何時間、任何地點，以最方便、輕鬆的方式學習本書闡述內容，並對投資與風險管理提供現代觀念。

Enjoy your investment journey！

致謝

金融知識部落格——睿富者(https://medium.com/@qffers1)提供了相關的專業內容，深入探討創新且具代表性的案例，為本書補充即時性的參考素材。此外，清華大學的投資組合大擂台(qffers.qf.nthu.edu.tw:8007)線上系統則提供了優異的回測環境，具備動態資產配置、績效衡量等功能，使研究能夠在真實數據與多樣化策略情境下進行充分測試。

投資組合大擂台　　睿富者

本書力求完備，傳遞最正確最新穎的理財知識。惟本人學有不精，本書之內容若有疏漏，尚祈各方賢達給予支持與指正。

本人信箱：chhan@gapp.nthu.edu.tw

目錄

CH 6 主動篇

CH 7 深入篇

CH 8 數位資產管理篇

Ch 01

簡介篇

第1節 ETF 簡介：最熱門的投資商品

隨著時代進步，百姓對於投資理財的需求愈來愈大，社會媒體中也充斥著許多資訊，諸如外幣、黃金、有價證券等許多金融產品都可供投資人選擇。然而投資伴隨著風險，想要獲取較高的報酬，便需要承擔較高的風險，對於剛接觸投資領域的人，往往無法從琳琅滿目的項目中找到適合自己的投資產品，更常擔心因市場的變動而需承擔莫大的損失。本書主要介紹最熱門的「指數型基金」，能夠幫助投資人免除選股的煩惱，分散投資風險，獲取穩健報酬。

本章旨在幫助投資者了解和使用交易所交易的基金(Exchange Traded Funds, ETF)。ETF 的引入只有二十年左右，但現在已經成爲投資管理業務增長最快的領域。我們將詳細介紹 ETF 的運作方式、其獨特的投資和交易特性，以及它們如何運用於投資組合管理。

一、ETF 歷史

ETF (Exchange Traded Funds)原意指在證券交易所買賣之基金，台灣譯爲「指數型證券投資信託基金」。ETF 不論是在時間上對短、中、長期的投資期間來說，或是空間上對股票、債券、外匯、原物料、房地產、密碼貨幣等市場廣度來說，絕對是全球近二十年來最成功的金融創新之一，相當值得大家關注。

想了解 ETF，應從證券交易市場開始說起。以股票爲例，股票是一種有價證券，是公司在籌資階段發給投資人作爲公司資本部分所有權的憑證，這些投資人被稱爲股東，能夠獲得股利，並分享公司成長所帶來的利潤，而股票市場便是指股票發行、買賣、交易的地方。

隨著證券市場多元化的發展，衍生出以交易一籃子股票、債券等的證券投資基金，也稱作「主動式基金」(Active Funds)。具有上百年歷史的這項傳統投資工具，它是按照利益共享、風險共擔的原則，使得原本分散的投資人透過基金的銷售，將手上的資金集中起來，委託專門的機構或專業經理人，統一進行管理與運用。大家所耳聞的共同基金(Mutual Funds)就是主動式基金的一種商品，其價值由操作基金的團隊績效所決定，通常一天只有一個報價可供交易。

爲了能夠更有效地衡量市場經濟的變化，於是有了指數(Index)的出現。它由專門的機構編製，用以即時反應某一市場的變動情形，比較常見的指數有道瓊指數、S&P 500 指數、英國富時 100 指數、美元指數、上證指數、台灣加權指數等。由於這些指數常被作爲股票或基金投資績效的比較對象，因此與指數連結的基金因應而生，ETF 是當中的翹楚。

二、什麼是 ETF

本書所介紹的 ETF 聚焦在一種追蹤指數漲跌變化，並可在證券交易市場中像股票一樣被交易的基金，因此ETF 具有「淨值」，但其實際成交「價格」則由證券市場的供需決定。相對於由專業團隊所發行的主動式基金，ETF 通常被稱爲「被動式基金」(Passive Funds)。

由於投資人可能沒有足夠龐大的資金去購買一籃子股票，ETF 提供了一種新的投資管道，使投資人能以較低的單價，去購買一個與指數相同的投資組合。

原本用以表示市場行情變化的指數，透過證券化的過程，變成了能夠像股票一樣在市場上交易的 ETF。這個證券化的過程，指的是投資人不用傳統的方式去購買一籃子股票，而是以擁有某一比例標的之受益憑證來進行間接投資。

當 ETF 追蹤指數時，必須支付指數授權費給指數編製公司，當指數化投資愈來愈盛行時，編製指數亦成爲了一門生意，吸引了許多公司加入，例如：摩根史坦利(MSCI)、富時(FT)、道瓊(DJ)、標普(S&P)、羅素(Russell)、湯森路透(TR)等指數公司。而先鋒(Vanguard)，美國最大的基金管理公司之一，就曾經在 2012 年 10 月 2 日更動了旗下 22 檔 ETF 所追蹤的指數，目的是爲了要節省指數授權費用。

圖1-1　ETF特色示意圖

何謂ETF？

以持有與指數相同的一籃子股票為主，並且將它切割成一小份的投資單位，再去發行受益憑證，使投資人能以較低的單價去購買一個與指數相同的投資組合。

三、ETF 的法律結構

ETF 合法結構的差異在於交易所的功能以及基金可持有不同資產種類，就像是期貨或是商品對比股票以及債券。在美國，若 ETF的支付場所被視爲開放式共同基金（像是 SPDRs），則會登記在 1940 年的投資公司法案(Investment Company Act)的定位之下，使得ETF不但可以透過證券產生收益，同時也可以藉由抽樣技術或是最佳化技術來增加ETF交易的可能性。投資經理人可以透過數據工具去追蹤潛在指數，達到模仿一籃子股票和資產的指數表現，卻能用相對低廉的價格去做交易。

ETF在美國的第二個合法結構形式主要爲單位投資信託(UIT)。這種類型的ETF（像是QQQ），主要被認爲是稅務導向的基金，因此不須支付公司稅。不同於1940年Act的基金，單位投資信託必須在完全被動的過程中維持對目標指數的揭露；不能用效率組合管理的目的去管理證券或是現金。此外，不允許基金成分證券的借貸，因此消除了基金的潛在收入來源。

四、ETF新發展

在《主動型指數投資》(*Active Index Investing*)一書中，描述指數化整體和ETF的增長時，作者提到「革命剛剛開始」一詞。當時，所有指數化資產（包括大型機構投資組合）估計占全球資產的10%~11%，而投資於ETF的僅爲1,500億美元。質疑的人認爲，這兩個領域都不會有太大增長；作者預計ETF資產將增長到超過1兆美元，因而被認爲是過於樂觀。如今，這些創新的金融工具已成爲塑造投資者的投資方式，以及市場自身運行的最重要元件之一。

圖1-2標示美國所發行之ETF和共同基金的資產管理金額(Asset Under Management, AUM)，1998到2016年ETF的成長驚人地接近160倍，而同期共同基金增長約3倍。不過以規模來說，共同基金仍是主力，即使到2016年ETF仍約只有共同基金的六分之一，這個比重預估在未來會持續上升。另國際上最新資料亦指出，全球ETF所管理的資產總規模，已從2009年1兆美元，成長到2017年4月分的4兆美元，截至2019年，共同基金的AUM約是20兆美元，ETF的AUM約是4兆美元。

主動式基金績效真的可以超越大盤嗎？由於被動式基金 ETF 挾持著追蹤大盤指數的低手續費、良好的稅務效能、資訊透明，因此主動式基金的「信任危機」質疑聲浪日益高漲。尤其被動式基金 ETF 如股票一般，可做日內交易等優勢得以取得全球投資人青睞，成交量與市占比皆迅猛增長。美國勞動部 2018 年 1 月正式生效「信託規定」(Fiduciary Rule)，要求理專與基金仲介商在服務投資人的退休與 401(K)帳戶時，必須以客戶最高利益行事，不得推薦不是最便宜或不是最好的選擇給客戶。在這股新動能推升下，ETF 無疑是當今最值得重視的投資標的！

圖1-2　1998 到 2016 年美國所發行之ETF和共同基金的資產管理金額(AUM)

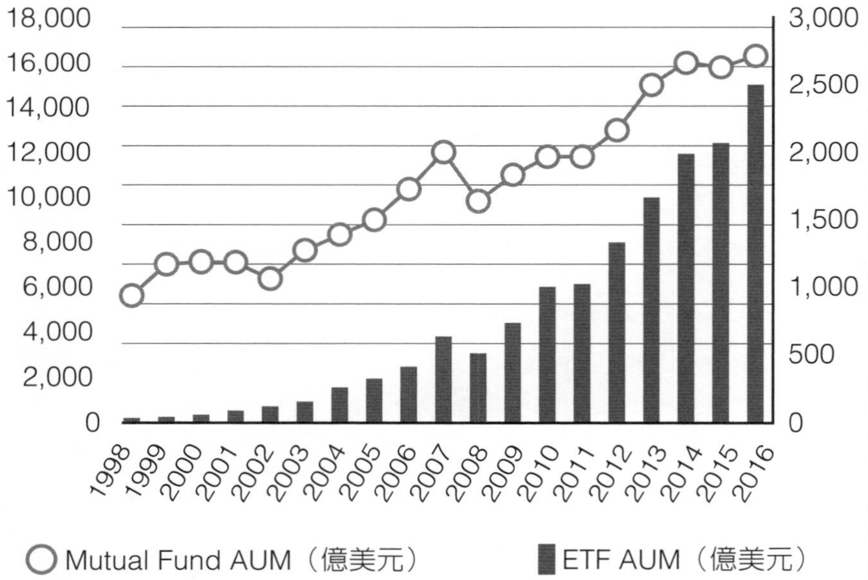

資料來源：Statistica

第2節 ETF交易機制

ETF（指數型證券投資信託基金）是一款能夠幫助投資人免除選股的煩惱且分散投資風險的金融商品，具有許多不同的優點與特性。本文的目的是介紹ETF的交易機制，並稍加介紹 ETF 現股與期貨的不同之處。

一、ETF交易機制

ETF 市場分爲初級市場及次級市場。參與初級市場的角色爲發行券商。證券商若要發行 ETF，便會拿出 ETF 到市場上換回成分股，若要買回 ETF，則是由手中持有的成分股交換，這些動作就是所謂的 ETF 實物申購／買回。

到了次級市場，交易則採用現金交易，如股票一般透過證券經紀商下單，價格由市場的供需方決定，參與的人包含了機構投資者、散戶投資者及參與證券商，一般投資人可接觸到的 ETF 市場便是次級市場。ETF 是極其容易被交易的金融商品，ETF 掛牌於公開市場中，它的交易模式與一般證券交易相仿，投資人只要具備證券帳戶，即可在證券市場買賣。

ETF（不含境外 ETF）的交易單位與股票、認購（售）權證、存託憑證、REITs 一樣，以 1,000 股爲一單位；較爲特別的是，境外 ETF 的交易單位不一定以 1,000 股爲單位，會因追蹤的指數於不同國家而有個別的規定，例如：恆生 H 股指數 ETF（臺灣證券交易所：0080）交易單位爲 200 股，恆生指數 ETF（臺灣證券交易所：0081）交易單位爲 100 股，上述兩檔 ETF 已於 2015 年 12 月 9 日下市。目前在台灣市場上唯一一檔交易單位非 1,000 股的 ETF 是標智上證 50 ETF（臺灣證券交易所：008201），交易單位是 100 股。

ETF 交易與股票交易模式大同小異，本文整理如表1-1，比較台灣 ETF 與股票交易機制的異同。

表1-1　ETF與股票的比較表

項目	ETF	股票
交易時間	週一至週五 09：00～13：30	週一至週五 09：00～13：30
交易方式	透過證券商下單買賣	透過證券商下單買賣
交易單位	1,000股為一單位	1,000股為一單位
漲跌停限制	10%（例外：槓桿反向ETF跌幅可大於10%、國外成分證券ETF無漲跌幅限制、追蹤境外指數型ETF新股上市首五日亦無漲跌幅限制）	10%
交易稅	千分之一，賣出支付	千分之三，賣出支付
信用交易	上市後即可進行	需在上市6個月之後
平盤之下融券放空	可	得為融資券之上市及上櫃證券可平盤之下融券放空
升降單位	未滿50元者為0.01元 50元以上為0.05元	未滿50元者為0.01元 50元以上為0.05元
手續費	證券商自行訂定，最高為千分之1.425，買進賣出都須支付	證券商自行訂定，最高為千分之1.425，買進賣出都須支付

二、ETF現股與期貨的比較

隨著ETF市場規模的逐漸成長，愈來愈多的投資者加入ETF交易行列。ETF前景看好，除了不斷地推出新ETF外，也產生了許多新型態的ETF，如槓桿型ETF、反向型ETF；此外，ETF期貨上市也帶給投資人更多操作選擇。

ETF期貨具有許多優勢，例如：槓桿倍數高、交易成本低廉、避險效果佳及多空操作靈活等，整理如表1-2，突顯ETF現股與ETF期貨的不同之處。

爲了幫助讀者更加了解ETF現股與ETF期貨，在此舉例如下：當進行ETF投資時，除了單一購買ETF現股之外，並同時交易ETF股票期貨來進行避險策略；當ETF價跌時，可以賣出期貨避險，以降低持有ETF之損失。除了上面這個避險交易策略，尚有投機交易策略、價差交易策略及套利交易策略等供投資人採用。

經過以上介紹，讀者對於如何買賣ETF與ETF相關商品的比較已具備初步了解，但需謹記的是，投資一定會有風險，在買賣ETF前，務必了解自己的投資需求與風險屬性，並且詳閱公開說明書，再實際進行操作。

表1-2　ETF現股與ETF期貨的比較表

項目	ETF現股	ETF期貨
手續費	買賣皆收取 千分之1.425	買賣各按口計費，由交易人與期貨商協商訂定
交易稅	僅在賣出時課徵成交價金的千分之一	買賣皆會課徵期貨契約價值的十萬分之二
利息 成本與收入	無	無
槓桿倍數	1倍	18倍
當沖限制	符合投資人適格條件者得當日沖銷，包含開立受託買賣帳戶滿3個月，且最近一年內委託買賣成交達十筆（含）以上、已開立信用交易帳戶者及專業投資人等	無限制
資券限制	1. 有停資停券期間（現股當沖不受影響） 2. 融券有強制回補問題 3. 融券有券源不足問題	無限制
交易策略	依照需求購買不同的ETF，可以避險、套利	能夠避險、套利，並能夠與其他的ETF、認購、認售權證搭配，形成多種不同的交易策略

三、美中台ETF市場比較

（一）美國ETF市場

ETF始於1989年，在美國與費城兩證券交易所進行交易，追蹤的指數是S&P 500，但只維持了很短的一段時間便因訴訟而終止。1990年後，類似的商品在加拿大的多倫多交易所開始交易。追蹤的指數是TSE35和TSE100，並受到了投資人的歡迎。美國也因此開始重視ETF產品，研究開發符合美國證券交易委員會法規的內容規範。

終於在1993年美國開發出了標準普爾存託憑證(Standard & Poor's Depositary Receipts)，又被稱為SPDRs，由SPDR標準普爾500指數ETF(SPY)在紐約證券交易所（New York Stock Exchange，英文縮寫NYSE）上市，正式打開了美國ETF市場，並在後來成為了世界最大的ETF。

1998年，追蹤道瓊工業平均指數(Dow Jones Industrial Average)的ETF(DIA)，同樣在紐約證券交易所被發行。一年後，那斯達克證券交易所（National Association of Securities Dealers Automated Quotation，英文縮寫NASDAQ）緊跟著發行了追蹤NASDAQ-100的ETF(QQQ)。

要了解美股市場的ETF，就不能不提到貝萊德(BlackRock)公司，是全球最大的資產管理公司，總部設於美國紐約市，也是目前美國ETF當中市占率最高的發行者，達到了38.2%，旗下的ETF品牌iShares發行了美國第一支債券型的ETF(LQD)，追蹤的標的是美國國債與公司債。

隨著ETF的逐漸擴張，各個種類的ETF也被開發出來，供投資人做投資組合上的選擇。截至2017年，美國已經擁有了超過2,000支ETF，依照資產管理規模的前十名分別是SPY、IVV、VTI、EFA、VOO、VWO、VEA、QQQ、AGG、IJH。

我們在此稍微簡述一下前三名的ETF。

SPY以2,385.2億美元的資產規模牢牢占據著第一名的位置，當中前三大的成分股分別是全球知名的蘋果公司(Apple Inc.)、微軟公司(Microsoft Corporation)以及臉書公司（Facebook, Inc.，目前已改爲Meta Platforms, Inc.）。第二名的IVV是BlackRock公司推出的ETF，資產規模達1,223.5億美元，追蹤的標的與SPY同樣是S&P 500。第三名是代號爲VTI的Vanguard Total Stock Market ETF，是一個全市場的指數，包含了美國股市的大、中、小與微型股，其績效表現幾乎等於美國股市整體的表現，資產規模達815.8億美元，前三大成分股分別是蘋果公司(Apple Inc.)、微軟公司(Microsoft Corporation)以及亞馬遜公司(Amazon.com, Inc.)。

（二）中國ETF市場

ETF在中國被翻譯爲交易型開放式指數基金，中國第一檔ETF是上證50ETF，是由上海證券交易所將上證50指數授權給華夏基金使用，華夏基金管理公司因而成爲了中國第一個ETF的管理者。

在2012年7月9日，中國首次發行了跨境ETF，首募規模達52.01億元人民幣，其中包含了兩檔ETF，分別是追蹤香港恆生指數的華夏恆生ETF，與追蹤恆生中國企業指數的易方達恆生中國企業ETF。

華夏恆生 ETF 首募期間淨認購金額爲 35.85 億元，有效認購總戶數爲 21,504 戶；易方達恆生中國企業 ETF首募期間淨認購金額爲 16.16 億元，有效認購總戶數爲 3,092 戶。在 2012 年 8 月 17 日結束認購後，兩檔 ETF隨即在 2012 年 10 月 22 日分別在深圳與上海證券交易所上市交易。

原先中國的投資人若直接投資香港股市，會受制於佣金比例較高、每年換匯額度限制、手續繁瑣、實時行情收費等問題，上述的 ETF 則很好地解決了這些問題。它以人民幣計價，可以在交易所裡買賣，也可以進行申購、贖回，大大降低了投資人與投資機構參與香港市場的難度。

2017年，我們從上海證券交易所獲取的資料顯示，ETF 市價總值約莫在 1,700 億元人民幣，單日最低成交總額是 15.37 億元人民幣，最高成交總額更是達到了 61.57 億元人民幣。

在投資策略上，原先中國投資人習於以買入個股的方式來進行投資，自從 ETF 的出現後，愈來愈多人選擇購買 ETF 以獲取其一籃子成分股的報酬，並且搭配其他國家指數的 ETF、黃金 ETF 及商品 ETF 作爲投資組合，ETF 對於中國投資市場的魔力不容小覷。

（三）台灣ETF市場

在台灣，國內的第一檔 ETF 是由寶來投信所發行的，追蹤標的是台灣 50 指數，正式名稱爲「寶來台灣卓越 50 基金」，於 2003 年 6 月 30 日在交易所掛牌上市，正式揭開了台灣 ETF 市場的序幕。在 2006 年時，寶來投信又發行了台灣的第二檔 ETF，以台灣中型 100 指數爲追蹤標的，正式名稱爲「寶來台灣中型 100 基金」。

隨後，台灣的ETF市場開始飛速成長，所發行的ETF檔數成倍增加，礙於金融法規的關係，在發展初期我們只能看見一般型的ETF，但隨著市場的需求，台灣也逐漸開放相關法規，各式各樣標的的ETF推陳出新，給予投資人多元化的選擇，以下是台灣ETF的重要里程碑。

2004年：台股ETF劃分出了市值型、產業型、主題型

2009年：境外ETF

2011年：中國A股、美股、日股、韓股、印度ETF

2014年：股票槓反ETF、商品ETF

2016年：商品槓反ETF、VIX ETF

2017年：推出了多元資產ETF，如貨幣ETF、債券ETF、企業社會責任ETF、Smart Beta ETF、REITs ETF

台灣的ETF市場中，有台股ETF 15檔、海外指數ETF 20檔、槓桿反向ETF 30檔、商品ETF 6檔、債券ETF 6檔、貨幣ETF 3檔、VIX ETF 1檔，共計81檔，資產規模達2,870億新台幣，日均成交值46億新台幣。

台灣相關ETF基金之標的指數，由於ETF種類繁多，各自追蹤的指數亦有所不同，有些標的指數可以望文生義，例如：台灣加權股價指數、電子類加權股價指數、台灣資訊科技指數、金融保險類股指數；有些若沒有經過解釋，就可能難以清楚其編撰的目的。

以下就名稱較特別之標的指數，逐一介紹：

台灣50指數：主要涵蓋台股市場中市值前50大上市公司，爲市場中最具代表性之權值股。與該指數相關聯的ETF有：元大台

灣 50（代號：0050）、元大台灣 50 正 2（代號：00631L）、元大台灣 50 反 1（代號：00632R）、FB 台 50（代號：006208）。

台灣中型 100 指數：爲證交所和富時指數公司聯手編製，篩選出台股市值前 51 到 150 名的上市公司組合而成，與之相關的 ETF 基金有：元大中型 100（代號：0051）。 MSCI 開頭系列之標的指數：皆爲摩根史坦利資本國際公司所編撰，包括 MSCI 台灣指數、MSCI 台灣金融指數，與之相關的 ETF 基金有：元大 MSCI 金融（代號：0055）、元大 MSCI 台灣（代號：006203）、FB 摩台（代號：0057）。其中「MSCI 台灣指數」亦爲新加坡摩根台股指數期貨之標的指數。

S&P 台商收成指數：爲標準普爾公司編製，主要是爲表彰市場上所謂之「中國收成股」所編撰之指數，成分股在中國大陸地區認列收益，必須占有母公司之稅前淨利有一定比例，並從中篩選出市值前 50 大之上市公司，以此標的指數來標榜「中國收成股」之 ETF 有元大台商 50（代號：0054）。

從集中市場的角度來看，2014 年成交市占率約莫1.88%，到了 2015 年更成長了數倍，達 7.26%，並在 2016 年達到了 9.03%。雖然到了 2017 年的 7 月成交市占率下降至了 5% 左右，我們依舊可以看出 ETF 在台灣市場占有舉足輕重的地位，未來台灣的主管機關也會努力促使投信公司與指數公司合作，推出國際指數型的 ETF，進一步擴展台灣的投資環境。

第3節 ETP、ETF、ETN等名詞整理

一、ETP (Exchange-Traded Products)

ETP爲一種在證交所交易的證券種類，包括了ETFs、ETNs、ETVs等。它的評價方式按ETP發行商所持有資產的淨値而定，但因爲價格會受供需、手續費等因素影響，因此可能會與參考資產淨値有些微的差距。ETP也常被當作股票、商品或一些指數的基準，因爲它是由許多有代表性的資產組成，往往可以作爲特定市場或整個市場表現的參考基準。

二、ETF (Exchange-Traded Funds)

爲市場可交易基金，其可追蹤指數、商品、債券或如指數基金的一籃子的股票。但它不像共同基金，ETF的價格每天會變動，也可以每天交易，所以其產品特性爲較高的流動性以及較低的手續費。

三、ETN (Exchange-Traded Notes)

特別說明，交易所交易票據(ETN)不是「基金」，而是發行機構的無擔保債務憑證，它被構建爲一種承諾，根據規定指數減去管理費用的收益來支付回報。票據發行人負責滿足這些義務所必須的任何平衡對沖。

ETN提供兩種明顯的優勢，第一是風險敞口：ETN可以開闢市場的獨特領域，或者允許在標的證券的每日實物交易和結算困難時採用特別策略。只要價格發現過程存在，票據就能夠以指數爲基礎。ETN發行人可根據指數水準，在收市時評估日常市場造市的對沖風險。

ETN的第二個潛在優勢就是稅收。ETN屬於預付遠期合約。因此，投資者在出售或贖回其自己的份額之前，不會確認資本利得或虧損。此外，ETN通常不需要將股息或利息申報為應納稅所得額。

例如：一檔三十年期，無擔保高順位的零息債券。與ETF一樣有一追蹤的標的，例如：S&P 500指數。ETN運作的方式，為發行商承諾投資人三十年後，會依指數的漲跌支付一筆金額，且因為期間不支付利息，所以對投資人而言不會有稅務問題；對ETN發行商來說，不會有追蹤誤差的問題。投資人所面臨的風險是銀行的信用風險，雖ETN為無擔保，但投資人在清償順位具有優先權。

四、ETV (Exchange-Traded Vehicles)

與ETF類似，在美國，它們不同處在於ETV是以Investment Company Act of 1940登記的，而非ETF的Securities Act of 1933。

第4節　指數編製概述

我們時常聽聞在投資時，會以大盤指數走勢作爲投資績效的參考，譬如：標準普爾500指數(Standard & Poor's 500, S&P 500)常被用來代表美股的股價走勢，爲什麼指數具有這樣的性質呢？原因是因爲編製指數時，會從市場上挑出股票組合而成。

已知指數編製會先從市場上挑出股票，放入指數的資產池中。然而不同指數在編製時，是依循什麼方式，來決定納入資產池的股票呢？

一、選股機制

我們先從耳熟能詳的S&P 500開始討論。而後我們會更詳細地介紹MSCI全世界可投資市場指數(MSCI Global Investable Market Index, MSCI GIMI)，讓讀者對於指數公司篩選資產及其背後的邏輯有更進一步的認識。

二、標準普爾500指數

S&P 500包含了500檔各產業具代表性且有領導地位的公司。在挑選S&P 500的標的股票時，首先必須確保該股票滿足一定的條件，包括：

（一）必須爲美國的公司。

（二）該公司的市值必須大於61億美元。

（三）至少半數以上的股票是在外流通且可交易的。

（四）最近一季的營收須爲正，近一年的總營收也須爲正值。

（五）合理的價格與足夠的流動性。

S&P 500 編製委員會，會從符合條件股票中，挑選最後納入指數編製的股票。

三、MSCI 全世界可投資市場指數(Global Investable Market Indexes; GIMI)

我們之所以介紹該指數，是因爲在 MSCI 所編製的全球性與區域性指數，都是根據該指數的編製方法所建構而成的，全球性的指數如 MSCI ACWI IMI Index 提供了全球包含已開發市場(Developed Markets, DM)與新興市場(Emerging Markets, EM)的資產投資機會；區域性的指數，如代表北美市場的 MSCI North America Index 以及代表台灣市場的 MSCI Taiwan Index 等。因此MSCI GIMI 與投資人有很緊密的關係。

與上段所提的 S&P 500 指數編製相同，MSCI 也會針對編製指數的目標設定篩選資產的條件。因爲指數涵蓋全球可投資資產的機會，且會針對各不同的已開發市場與新興市場不重疊地篩選資產，並強調市場的可投資性以及複製性，因此會以市值大小、流動性、交易期間長短以及外資可持有比例作爲篩選條件，最後把所選定的資產按照產業別分類，更詳細地提供給投資人所選資產類別的資訊。其篩選步驟及條件如以下，然因爲篇幅有限，我們不會提到篩選資產的細節與維持及調整指數中的資產組合，有興趣的讀者可以參考 MSCI GIMI 編製方法的說明。

MSCI 會先針對全球的資產類別，定義出各市場的資產宇宙(Equity Universe)，如會選擇普通股與不動產投資信託(REITs)等，而不會選擇 ETF 與金融衍生品等；而後再進一步地定義出各市場的可投資資產宇宙(Market Investable Equity Universe)；接下來決定各市場的市值分類(Size-Segment)；再套入維持指數的規則(Index Continuity

Rules)，並利用全球資產分類標準(Global Industry Classification Standard, GICS®)把資產以產業別加以分類。以下是MSCI如何定義篩選資產進入投資市場的條件，以及市值分類的說明。

（一）欲被篩選至資產可投資市場，需達到下列設定的要求

- 資產宇宙最小市值的要求(Equity Universe Minimum Size Requirement)
- 資產宇宙最小自由流通調整市值的要求(Equity Universe Minimum Free Float-Adjusted Market Capitalization Requirement)
- 開發中市場與新興市場最小流動性的要求(DM and EM Minimum Liquidity Requirement)
- 最小交易期間長短的要求(Minimum Length of Trading Requirement)
- 最小外資持有空間(Foreign Room)的要求(Minimum Foreign Room Requirement)

其中自由流通調整市值爲市場可交易股數乘上股價，資產宇宙最小市值的要求即是以此定義出來。MSCI 會分別在各市場（DM與EM）已上市的公司中，計算各家公司的自由流通調整市值，由大到小排列並計算累積自由調整市值，當計算到第99百分位的公司時，以該公司的所有市值(Full Market Capitalization)定義爲資產宇宙最小市值的要求。至於最小自由流通調整市值的要求，則是以大於等於資產宇宙最小市值要求的50%來定義的。

最小流動性的要求分別是以 12 個月與 3 個月的年化交易值比率(Annual Traded Value Ratio, ATVR)以及 3 個月的交易頻率來計算，關於 ATVR 的計算方式可參見此 MSCI Index Calculation Methodologies 的 42頁。另外，如資產有受限於外資所有權限制(Foreign Ownership Limit, FOL)，外資持有比例最高上限也需大於 15%，此爲最小外資持有空間的要求。

（二）各市場的市值分類

值得一提的是，我們常聽到的可投資市場指數(Investable Market Index)、標準指數(Standard Index)及大型股指數(Large Cap Index)等即是在此處被定義出來。

市場可投資資產宇宙被定義出來後，MSCI 會將該宇集在 DM 與 EM 中以自由流通調整市值爲基礎，進一步地把各資產分類至下列以市值爲基準的指數：

- 可投資市場指數(Investable Market Index)：大型股＋中型股＋小型股
- 標準指數(Standard Index)：大型股＋中型股
- 大型股(Large Cap Index)
- 中型股(Mid Cap Index)
- 小型股(Small Cap Index)

以上各指數即爲 MSCI GIMI 的架構，圖 1-3 更貼切地描繪出各指數的篩選流程。

圖1-3　各指數的篩選流程

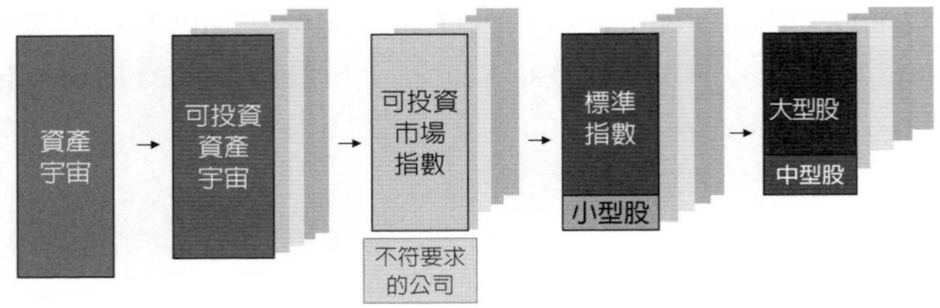

資料來源：MSCI Global Investable Market Indexes Methodology

從上述的兩個例子中，可以看出指數公司會依其設定的目標來篩選資產，如S&P 500所設定的目標為市值超過條件的公司，且該些公司的股票具有一定的流動性；而MSCI GIMI也以相似的概念把資產宇宙拓展到全球，並更進一步地定義出以市值為基礎的指數。

我們對選股機制有了更深入的認識。然而指數包含的股票種類相當多，編製指數時，又是如何決定不同股票之間投資金額的占比呢？當我們思考這個問題時，同時也必須思考，當某一股票在指數所占權重提高，對該指數會有什麼影響？

接下來，我們會分別介紹幾種股價指數權重的計算方式。

四、價格加權(Price Weighting)

道瓊工業指數(Dow Jones Industrial Average)即是以此方式計算權重。以價格作為權重的意思是，指數持有的成分股的股數皆是一樣的，因此指數投資在某一股票的金額和該股票現在的價格呈現正相關。

實際的指數價格計算方式是把所有指數納入的股票價格相加，除以一個除數，得到指數價格。除數的計算較為複雜，且會隨著指數納入股票的變動做調整，我們在此暫不討論。

五、市值加權(Value Weighting)

此方法又稱資本加權(Capitalization Weighting)，標準普爾500(S&P 500)則是市值加權指數的代表之一，和價格加權指數最大的差異，是市值加權指數把發行在外的股價市值也計算進來，而非只是考慮股價。簡單來說，市值加權指數的投資金額比例是由股價乘上發行在外的股票數量來決定。

更仔細說明的話，標準普爾500或其他常見的市值加權指數，除了用市值加權，同時也會有流通量的調整(Float-Adjusted)，由於一家公司的所有發行股票，不一定全都是由大眾持有，也有可能由企業內部或政府持股，大眾持股的比例愈高，流通量也愈高。因此在計算市值時，會另外多考慮流通量因子。

六、等權重加權(Equal Weighting)

從名稱來看，等權重的指數編製，代表在資產池裡每一支股票的投資金額皆相同，所以在該類型的指數中，所有成分股所占權重和成分股的價格或市值無關。也是因為這樣的權重配置，市值或股價較低的股票可以對指數有更多影響力。如標準普爾500等權重指數(S&P 500 Equal Weight Index)即屬此類指數。

除了上述介紹幾種較為傳統的指數權重方法，也有其他切入角度較不同的權重計算方式。

七、其他類型的加權(Alternative Weighting Strategy)

舉例來說，MSCI Factor Index，主要是設計以反應不同因子的變動，例如：動能、高利息或波動率等，作爲指數架構的方法。藉由衡量因子並給予分數，最後納入分數高的股票進入指數。像是MSCI Minimum Volatility Index，納入指數的股票皆是波動率較小的股票，給希望投資風險較低的投資人另一種選擇。

第5節 實物申購與贖回(In-Kind Creation/Redemption)機制

實物申購與贖回是 ETF 市場最重要的獨特機制，這是 ETF 發行商藉由發行實物 ETF 的股份(Share)換回或贖回參與券商提供的證券(Security)或現金的可逆過程，這個機制構成了初級市場(Primary Market)。另一方面，參與券商將 ETF 股份 IPO 上市，讓股份像股票一樣交易，擴增了流動性，這構成了 ETF 的次級市場(Secondary Market)。

這種獨特的初級與次級市場，關鍵性的區隔了ETF與共同基金。對投資人而言，共同基金單位通常只能在一天結束時，按基金所持資產的收盤淨資產價值(NAV)以現金換股票或股票換現金的方式進行，而 ETF的股份則是隨時可以在公開市場成交。

在最簡單的形式中，ETF 的申購和贖回涉及將 ETF 股份(Share)交換爲股票投資組合(Portfolio)，或將股票投資組合交換爲股份（例如：SPY 股份之於 S&P 500 指數中的近 500 檔股票；或是對於 0050 股份之於台灣 50 指數中的 50 檔股票）。只有所謂的授權參與者(AP)才能以區塊(Block)——通常爲 50,000 股或其倍數爲大小，在初級市場中向 ETF 發行商申購，然後在次級市場銷售這些 ETF 股份。這些以區塊爲大小的發行單位稱爲申購單位(Creation Unit, CUs)。在這些申購籃子中，除了指定成分股票的實物交付外，申購通常還包括相對較少的現金金額，其中最具代表的例子就是可以扣除基金應計費用的淨累積股利。此外，在某些情況下，例如：限制授權參與者交易申購籃子中的成分證券，則可以支付現金來代替某些證券。最後，現金金額通常還包括少量的「平衡現金」(Balancing Cash)，以確保申購單位存款的總價值（包括現金），等於一個申購單位所有基金份額的資產淨值。

授權參與者是唯一可以申購或贖回新ETF股份的實體，通常是大型經紀商、交易商或自營交易公司，這些公司通常在交易市場也有各自的ETF。除非此類申購或贖回發生在初級市場，否則ETF發行人通常不會對次級市場的ETF交易有具體的了解。ETF股份只是在次級市場上從一個投資者轉移到另一個投資者，並根據下單當地交易所進行結算程序。只有初級市場和次級市場之間的過度需求或過度供給以及套利機會，才會觸發ETF在初級市場的交易，然後涉及 ETF 經辦者(Sponsor)。申購和贖回的總成本包括所有成本和費用由授權參與者支付，而他們從市場上報價的ETF價差中收取費用。

獨特的申購、贖回機制與連結ETF次級市場，是ETF的根本優勢，這可保持ETF價格與ETF持有證券投資組合的資產淨值在窄幅範圍內。ETF的成功幾乎最終都可追溯到申購和贖回ETF股份的過程，例如：消除常在封閉式基金所觀察到的大量溢價，並消除ETF本身的交易成本。ETF發行者不會保留可交付給授權參與者的股份庫存，但經辦者發行的新股份可以作爲「持續發行」的一部分，新股份反應在每天發布的ETF的流通數量和資產管理規模(Asset Under Management, AUM)中。當然，此過程也可以反向運作，授權參與者交付ETF股份給ETF經辦人，而經辦者交付給授權參與者一籃子股票以及規定的現金金額。

圖1-4　將ETF股份交換為股票投資組合，或將股票投資組合交換為股份

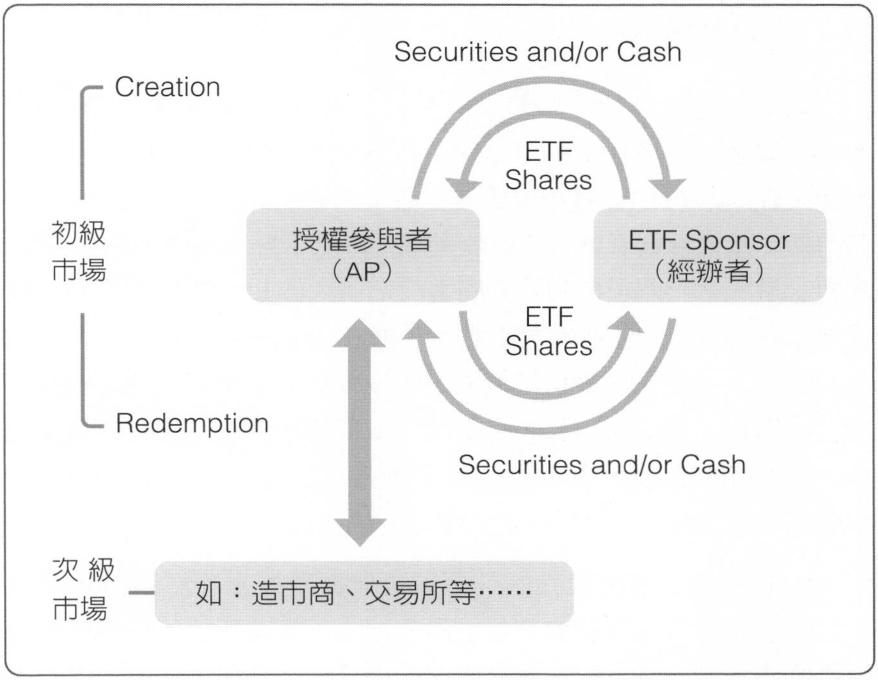

一、AP 的角色扮演

參與券商 AP(Authorized Participant)也被稱爲 PD(Participating Dealer)，具有造市功能。以元大 50 爲例，AP 有十幾家(https://www.yuantaetfs.com/product/detail/0050/PD)；然而國外 ETF 的 AP 家數就未必很多，加拿大央行從 SEC 取得的資料(https://www.bankofcanada.ca/2020/11/staff-analytical-note-2020-27/)，針對 AP 市場的分析指出，相較於 Equity ETF，債券 ETF AP 過於集中，幾乎被少數幾家 AP 所

壟斷，可能會有流動性等問題。台灣也有類似情形，債券ETF AP過於集中。

二、ETF的套利機制

除了透過實物申購／贖回機制爲基金經理增加投資組合管理效率外，該過程還將ETF的價格保持在資產淨值附近的窄幅範圍內。反過來說，如果ETF股份市值與一籃子證券之間的套利差距超過某個門檻，授權參與者就會有財務動機，參與ETF股份與籃子之間的套利交易。當一籃子標的證券的當前市值大於ETF股份報價時，授權參與者將賣出或放空該籃子證券，並買入ETF股份以套利。在相反的情境下，當ETF股份溢價交易，授權參與者可以透過同時在市場上出售ETF股份和購買一籃子證券來獲利。例如：若ETF規模過小，有下市疑慮的時候，會有抄底的現象產生，此時AP從初級市場拿取核准的股份，到次級市場做出售，往往可以套利。

ETF申購／贖回流程的一個顯著優勢是授權參與者(AP)吸收了ETF基金投資組合證券交易的所有成本。如前所述，授權參與者將這些成本以買進／賣出價差傳達給投資者。然而，該機制保護沒有在交易的ETF股東，免受其他投資者進出基金造成交易成本的負面影響。頻繁交易ETF股份的ETF投資者承擔其活動的成本，而買入並持有的投資者不受此活動的負面影響。

最後，其他類型的ETF，例如：商品ETF是使用場外交換(OTC Swap)作爲其指數複製一部分，可能會使用現金申購或贖回。這樣，管理基礎交換部位就變得更容易，否則授權參與者將不得不參與增加或減少這些交換部位。很少有例子說明爲什麼除了授權參與者之外的大型機構有理由影響實物贖回：持有ETF股票的大型投資公司可能決定給自己留出空間以超越指數，並更願意從指數中持有不同權重的某些股票。以出售 ETF 股份取得標的股票的另一個原因，是在股東投票中擁有直接發言權。爲了對公司管理層向股東提出的問題（例如：股息變動、股票分割、治理主題）進行投票，股東必須完全擁有股票，而不是由 ETF 經辦者控制的投票。

▶▶ 幸福投資練習題

是非題(T/F)

1. ETF 沒有漲跌幅的限制。
2. ETF 需要支付的交易稅比股票高。
3. ETF 期貨有當沖限制。
4. ETF 的價格通常會受到證券市場供需關係的影響，而非只依照基金淨值定價。
5. ETF 與共同基金相比，不具備分散投資風險的特性。

選擇題

1. 與傳統共同基金(Mutual Fund)相比，ETF的管理方式以何爲主？
   (1) 主動　(2) 被動　(3)全自動
2. ETF 具有以下哪些特質？
   (1) 股票　(2) 基金　(3) 皆有
3. 目前世界最大AUM的股權ETF是：
   (1) SPY　(2) VOO　(3) SSO
4. 以下哪檔 ETF 不是追蹤同一個指數？
   (1) SPY　(2) VOO　(3) SSO
5. 世界上哪個被追蹤的指數，其 ETF 所構成的AUM總量最大？
   (1) 道瓊工業平均指數(DJI)
   (2) 納斯達克100指數(NDX)
   (3) 標準普爾500指數(SPX)

6. ETF 有什麼特性？
   ⑴ 低流動性　⑵ 低手續費　⑶ 高稅務
7. ETF 期貨不具有哪個優勢？
   ⑴ 交易成本高　⑵ 避險效果佳　⑶ 槓桿倍數高
8. 編製指數時，需要對成分股進行加權的方式有：
   ⑴ 價格加權　⑵ 市值加權　⑶ 皆可
9. 股價指數編製時須考量被納入資產的哪些要素？
   ⑴ 市值　⑵ 流動性　⑶ 交易期間　⑷ 以上皆可
10. 在申購贖回的機制中，哪個機構提供流動性？
   ⑴ 基金公司　⑵ 授權參與者　⑶ 發行券商

簡答題

1. 簡述指數編製的機制。
2. 簡述實物申購與贖回(In-Kind Creation/Redemption)的機制。

Ch 02

類型篇

第1節　ETF的分類：一般型

在上一章簡介中，了解到ETF發展史及近年來全球是如何興起ETF的巨浪狂潮。本章接著透過將ETF商品分類，並列舉許多產品的功能，使我們更認識此新興市場，以及如何做聰明投資。

依照ETF所追蹤的產品標的，通常可以劃分成四類，分別是商品型ETF、匯率型ETF、股權型ETF及債券型ETF，以下分述之。（以下例子均爲美國市場。）

一、產品別區分：商品、匯率、股權與債券

（一）商品型ETF (Commodities)

這類型的ETF追蹤的標的是原物料價格，包含了各式能源、貴重金屬及農產品等。能源的部分有石油及天然氣，例如：USO，追蹤西德州中級輕原油的價格表現；貴重金屬則包含了黃金、白銀，乃至於工業用途的各類金屬，例如：美國的IAU，是一檔追蹤黃金市場的ETF，當投資人買入時，就相當於持有一小部分的黃金；農產品則包含了作物及畜牧業，例如：DBA，投資標的爲農產品，追蹤DBIQ Diversified Agriculture Index Excess Return的績效表現。

（二）匯率型ETF (Currency)

從直觀上來看，匯率指的便是貨幣之間的兌換，因此匯率型ETF主要追蹤的標的就是各國的貨幣，像是美元、日圓、歐元、英鎊、人民幣等等。例如：JYN，是一支追求日圓與美元外匯即期匯率績效的ETF，當日圓相對於美元升值，價值就會上升，若日圓相對於美元貶值，則價值就會下降。另外也有些匯率型ETF會一次包含多國的貨幣，例如：CEW，追求達到和新興市場各國貨幣兌美元的匯率總報酬一樣的績效表現，包含價差與貨幣市場的利息收益。

（三）股權型 ETF（又稱股票型）

據統計資料，股權類ETF周轉率遠高於一般普通股，2016年美股周轉率僅約120%，惟美國股權類 ETF 的年周轉率卻高達880%，故股權類 ETF 資產規模相對美股市值比雖僅約7.4%，但其交易金額占美股總成交值比重卻大得多；加上近年ETF盛行，該比重快速攀升至約25%~30%，故ETF資金流對市場之影響與日俱增。且研究顯示，當市場波動大時，ET F交易量將大增。以 2018 年2月5日美股大跌爲例，該比重曾高達40%。

依據2017年6月底的資料，投資美國以外已開發與新興市場的VEA所投入的前五大國家分別是日本、英國、加拿大、法國與德國。另外VWO，追蹤的指數是FTSE Emerging Markets All Cap China A Inclusion Index，包含了全球三大新興市場區塊，包括拉丁美洲、歐洲與亞洲新興市場，前五大國家分別是中國、台灣、印度、巴西、南非。

再來是區域型，範圍則是在各大洲，如北美洲、亞洲、歐洲、拉丁美洲等；最後就是只在各國自行做交易的單一國家型，例如：VOO，追蹤標的是S&P 500，是記錄美國500家上市公司的股票指數，另外還有VB，追蹤的是CRSP US Small-Cap Index，成分分布主要是中型股38.01%、小型股51%及微型股10.63%。

股票市場又依照其產業類型有不同的劃分，像是金融業、醫療業、能源工業及電信產業等，我們也能夠依照此方式對股權型ETF做劃分。VNQ就是其中的一個例子，其追蹤的標的是MSCI USREIT Index，包含了超過美國三分之二以上的不動產投資信託市場。

（四）債券型ETF

債券依照投資的風險能夠區分成各種等級，從政府發行的公債到公司債等，這個部分我們不細究其分類，我們來稍微比較一下股權型 ETF 和債權型 ETF。

股權型 ETF 追求的是長期的資金成長，從股票的上漲中來獲取利益；債券型 ETF 則是透過配息來獲利，穩定地獲取定期分配收益。由上述可知，債券型的 ETF 風險較股權型的 ETF 來得低，但是獲利也會較低。以下列舉幾檔債券型的 ETF：

1. MUB 追蹤的指數爲 S&P National Municipal Bond Index，該指數包含的標的爲美國市政府債券。
2. LQD 追蹤的指數是 iBoxx USD Liquid Investment Grade Index，是衡量美國公司債市場表現的指數。
3. BIV 追蹤 Barclays U.S. 5~10 Year Government/Credit Float Adjusted Index，包含的債券以中長期爲主，主要爲美國公債、投資級的公司債以及美元計價的國際債券，並且到期年限在五至十年之間。
4. TLT 則是一支追求 Barclays Capital U.S. 20+ Year Treasury Index 績效爲目標的 ETF，該指數爲衡量美國二十年期以上的公債市場績效之指數。

上述幾種 ETF，我們統稱爲一般型 ETF，表示它們是 ETF 最原始的狀態，直接追蹤其中一籃子標的資產，並沒有其他人爲加工。下一節，我們將介紹兩種特殊 ETF：槓桿型 ETF 及反向型 ETF，這些商品近幾年才在台推出，但已攻占 ETF 八成交易量，深獲台灣投資人青睞。

二、ETF 聰明投資術：分散、分散、再分散

前文所述林林總總的商品，要如何實際應用在投資面呢？藉由現代科技之賜，機器人（實爲電腦程式演算法）篩選的ETF，可作爲相當穩健的參考。以下考慮一檔 ETF投資組合的績效表現（資料來源：https://www.tradingvalley.com/app/product-detail/growth），圖 2-1 是一檔成長型投資組合(Growth Portfolio)。它將投資期間的配息進行再投資，投入了原本的投組。回溯測試顯示，從 2006 年 7 月到 2017 年 9 月以來的平均年報酬率爲 11%，同期間 S&P 500 指數平均年報酬率爲 6.15%。另外用來衡量風險程度的波動率，此投資組合爲 11.74%，相較之下，S&P 500 的波動率爲 19.92%。以上數據說明了此成長型投資組合，將能夠產生比投資 S&P 500 指數更爲穩定的報酬。

表 2-1 顯示成長型投資組合中所納入標的ETF 代號(Symbol)、屬性(Category)以及權重(Weights)。可觀察到投資範圍涵蓋美國股市(US Equity)、外國股市(Foreign Equity)、固定收益(Fixed Income)以及原物料(Commodity)，而當中所投資的 ETF 都是文中已經介紹過的資產。雖然投資組合納入了僅 10 檔的ETF，但從各追蹤指數所連結到的股票、債券、原物料等標的資產的數量，卻有成百上千那麼多，分散風險的程度令人咋舌，絕非一般共同基金投資組合所能比擬！

至於可不可以應用到台灣的 ETF 市場呢？原則上是可以，但因臺灣證交所目前所發行的ETF 還不夠多元，投資組合的績效就會受影響，有興趣的朋友們可以參考網站（例如：元大投信 ETF 組合）。

至於這檔投資組合是如何產生的？它乃是根據機器人理專(Robo Advisor)的辦法，其標榜的優勢在於：低風險、穩健報酬、低門檻與低手續費。相關細節以及更多關於ETF的交易策略在後文介紹之。

圖2-1　成長型投資組合範例

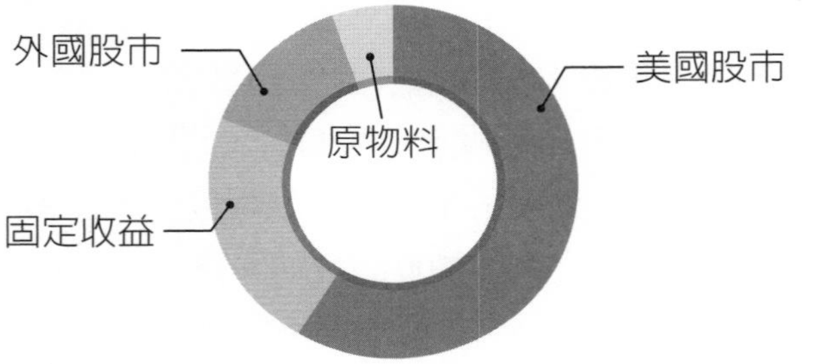

表2-1　成長型投資組合的權重占比

代號	屬性	權重	該屬性權重
VOO VB VNQ	美國股市	5.00% 5.02% 19.15%	29.17%
VEA VWO	外國股市	35.00% 5.06%	40.06%
MUB LQD BIP TLT	固定收益	5.01% 10.74% 5.00% 5.00%	25.75%
IAU	原物料	5.02%	5.02%

第2節 槓桿型及反向型：槓反型

上節 ETF 分類文是針對一般型 ETF，探討的商品都是基於最原創的工匠精神，ETF 以投資一籃子標的資產直接追蹤某一檔指數，並沒有其他的人爲加工。本節延續並拓展上篇內容，我們介紹 ETF：槓桿型(Leverage)及反向型(Inverse)。

這些商品近幾年來才在台灣市場推出，但卻已攻占了證券交易所 ETF 八成的交易量，深獲台灣投資人的青睞。配對交易是一個實務上經常運用到的策略，我們以文中所介紹產品做實證回測。

一、槓桿型及反向型

槓桿型 ETF 爲每日追蹤標的指數收益正向倍數的 ETF，我們假設有一槓桿型的 ETF，其槓桿倍數爲 A 倍，當標的指數上漲了 1%，該槓桿型 ETF 則會上漲 A%；反之，標的指數若下跌了 1%，則該槓桿型 ETF 會下跌 A%，例如：SSO，追求 S&P 500 Index 每日的 2 倍績效。

反向型 ETF 爲每日追蹤標的指數報酬反向表現之 ETF，假設某反向型 ETF 的倍數爲 B 倍，標的指數上漲了 1%，反向型 ETF 則會下跌 B%；反之，標的指數若下跌了 1%，則該反向型 ETF 會上漲 B%，例如：SH，其投資績效與 S&P 500 Index 的日績效相反。

從台灣市場來看，2014 年首次推出這類 ETF，共有 4 支，分別是 T50 正 2、T50 反 1、上證 2X 和上證反 1。T50 正 2 與 T50 反 1 具有台灣 50 指數單日正向 2 倍與反向 1 倍報酬之績效；上證 2X 和上證反 1 具有上證 180 指數單日正向 2 倍與反向 1 倍報酬之績效。該年度槓反型 ETF 即在 ETF 交易中占了很大一部分的比例，並且檔數逐漸增加，交易量及總交易量中的占比皆逐年迅速上升。

有別於一般型的ETF，槓桿型和反向型ETF的倍數與報酬皆是以單日作爲基準，在經過了一天之後，就會受到複利的影響，進一步地偏離投資目標，因此較適合作爲短期持有，但能夠讓投資人有更多的投資選擇，去做多樣性的投資策略。

二、槓桿的1倍不是我們認知的1倍

關於槓反ETF的報酬，必須要注意的是A倍的槓桿ETF，在大於一個交易日的一段時間中，其報酬不一定爲指數的A倍。因爲槓反型ETF的倍數與報酬皆是以單日作爲計算基準。如爲2倍的槓反型ETF，則表示在每一個交易日，它的報酬須達到指數的2倍。然而，如果大於交易日後，因爲報酬會受到複利的影響，會進一步地偏離該指定倍數。表2-2爲一個ETF.com的例子。

如現在手中持有某檔反向2倍的槓桿型ETF，且該 ETF在今天的價格爲100元，其追蹤的指數爲100，如表2-2所示。若指數在第二天上漲了10%，則指數漲爲110，ETF的價格會下跌20%，變爲80元；又如第三天指數下跌了10%，則指數跌爲99，ETF的價格則會上升爲二日價格的20%，變爲96元。總的來說，這三天指數跌1%，直覺上該ETF的價格應上漲2%，意即 102元，然而事實上其價格不僅沒有上漲，反而下跌爲96元，損失爲第一日的4%。

表2-2　槓桿型ETF範例

	指數	反向2倍ETF價格（元）
今天	100	100
第二天	110	80
第三天	99	96

所以如果是短期持有該槓反型 ETF，其報酬因為複利因素而改變的偏差不至於太大，但如果是長期持有，則非常容易錯估該 ETF 的報酬。

三、一般型與槓反型 ETF 的占比

槓反型 ETF 的標的資產以作為衍生性商品的期貨為主，這與一般型 ETF 標的以基本現貨，如股價、債券、匯率等為主，相當不同，風險的暴露程度亦有極大差異。因此，在市場上的接受程度也有所區別。

以美國為例，雖然並沒有精確的資產管理金額(AUM)的數字可以得知一般型與槓反型 ETF 的占比，不過從 etfdb.com 所記錄之前 100 檔交易量最大、最熱門 ETF 的資料顯示出，槓反型 AUM 的占比僅有 1.29%，這是一個很低的比例。反觀台灣，圖 2-2 顯示出，槓反型 ETF 推出的數年間，槓反型 AUM 的占比已逾八成，極有本地特色。

圖2-2　台灣一般型與槓反型 ETF 歷年成交值

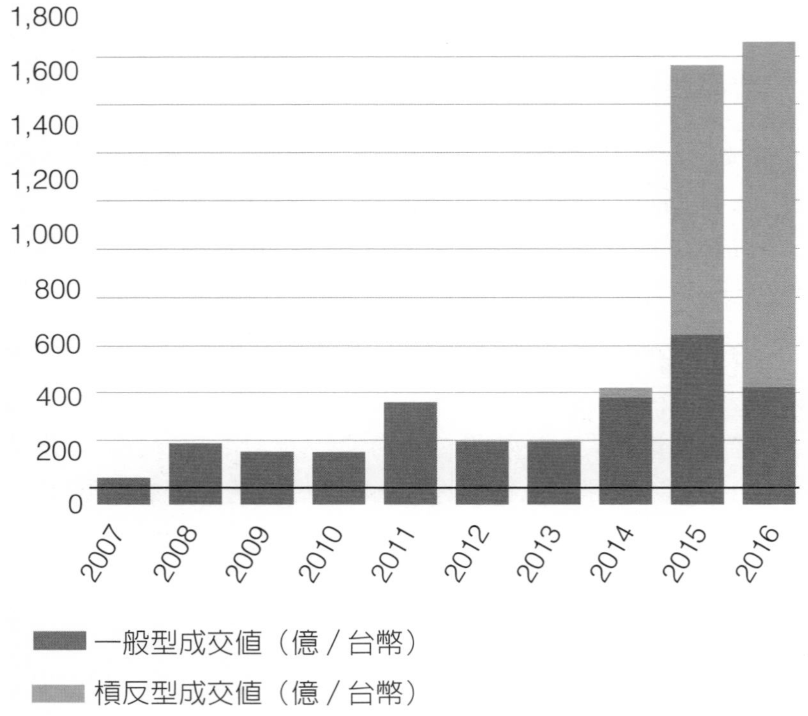

四、ETF 的交易策略：以配對交易為例

必須注意的是，槓反型 ETF 屬於短期戰術(Tactical)型的投資工具。因爲市場的長期趨勢是看漲的，雖然偶有較大的跌幅，但通常時間較短，交易訊號較不易即時偵測，另外因爲如前段所述，長期的報酬會因爲複利的關係，與該 ETF 指定倍數偏離，故容易偏離投資目標。因此槓反型 ETF 的風險較大，不適合長期持有。所以對於

一般較爲積極的投資人而言，該商品通常被用來執行當沖；對於法人而言，則常被用於短期避險，持有時間短則 3~5 天，長則大約一週。下文將會就市場常見的投資策略舉例，如何運用這種戰術型投資工具於交易策略中。

由於槓反型 ETF 的本質是期貨商品，投資人在使用槓反型 ETF 上，就可以相當多元。以下列舉一經常使用的交易策略概念：配對交易(Pairs Trading)。此觀念可參考本書第4章第4節〈配對交易之期現套利〉，當中介紹了指數期貨與指數 ETF 的期現套利策略。

利用兩種商品來組成配對交易，其方法是找一 ETF以及該 ETF 的反向型 ETF。建議的策略如下：當看好行情時，買進該 ETF，並把反向型 ETF 持有部位全部賣出；當看壞行情時，把 ETF 持有部位全部賣出，並買進反向型 ETF。不難看出其中的交易邏輯：當 ETF 價格上漲時，持有該 ETF 以增加報酬，而當該 ETF 價格下跌時，賣出 ETF 並買入反向型 ETF 來達到避險的效果，甚至有機會繼續增加報酬。

以下，追蹤 S&P 500 指數，也是全球交易量最大的 SPDR S&P 500 ETF（簡稱 SPY），與其反向型 Short S&P 500 ETF（簡稱 SH）來組成配對交易。利用 14 天RSI(Relative Strength Index)與 20 天移動平均、150 天移動平均、200 天移動平均的穿越作爲交易訊號。其方法爲當 14 天 RSI 大於 70，或 20 天移動平均同時向上穿越 150 天移動平均與 200 天移動平均時，買進總資產價值 10% 的 SPY，同時把 SH 的持有部位歸零。

反之，當 14 天 RSI 小於 30，或 20 天移動平均同時向下穿越 150 天移動平均與 200 天移動平均時，買進總資產價值 10% 的 SH，同時把 SPY 的持有部位歸零。關於技術指標 RSI 的意義與使用方式，可參考睿富者網頁，延伸閱讀「機器學習在演算法交易中的應用：技術分析」。

將此策略放入 Quantopian 平台上（詳見本書第4章第3節）做回測，回測的時間爲 2007 年 1 月 1 日到 2017 年 10 月 26 日，初始金額爲 1 萬元美元，並把所有資產放於 SPDR S&P 500 ETF 作爲大盤表現。回測的結果是優於大盤，配對交易投組的總報酬爲 156.39%，高於大盤的 123.99%，夏普指數爲 0.71，年平均波動率爲 14%，也低於大盤的 18%，總體來說，算是有不錯的表現。此外，買進次數爲 175 次，賣出次數爲 31 次，總交易次數 206 次；換言之，平均一年約交易 20 來次。

另外，在 2008 年金融海嘯發生至 2009 年初，大盤開始回彈時，這段時間因爲手中資產主要爲 SH，並沒有因爲大盤的下跌而導致虧損，報酬反而是呈現上升的狀態。

第3節　成長型 ETF、動量 ETF 表現強勢

談到投資ETF時，成長型ETF和動量ETF的表現通常不錯。然而，這兩種基金非常不同，僅僅選擇1檔基金可能很難駕馭這波浪潮。

貝萊德全球配置團隊投資組合經理Koesterich認爲，從業績的角度來看，成長和動量都得益於經濟的緩慢增長。

緩慢但穩定的經濟也意味著低的經濟和市場波動，這一現象支持了動能。換句話說，緩慢增長和低波動性的結合，使得投資者傾向於投資風險偏好較高的相關部門，選擇在增長緩慢的世界中茁壯成長的公司。

一、業績表現圖

以Vanguard Growth ETF (VUG)這個成長ETF和iShares Edge MSCI USA Momentum Factor ETF (MTUM)這個動量ETF爲例，它們的表現與其他常見指標相關，見圖2-3中的Vanguard Value ETF (VTV)、PowerShares S&P 500 Low Volatility Portfolio (SPLV)以及Vanguard High Dividend Yield ETF (VYM)。可以看出，這些指標的表現都劣於成長基金和動量基金。

圖2-3　業績表現圖

資料來源：StockCharts.com

一些大型、流動性好、來自大型發行人的基金，比如iShares、Vanguard、State Street和Schwab，這四家公司都在這領域占據主導地位，其中18檔增長ETF，其成本在0.04%~0.30%之間。

這些基金擁有數十億美元資產——尤其最大的Vanguard Growth ETF (VUG)，擁有300億美元的AUM，它們都在吸收新資產，其中至少有6家資產超過5億美元淨資產收入。

二、表現靠前的成長型 ETF

增長最快的ETF資產：

（一）Vanguard成長ETF(VUG)：迄今淨收入為8億美元

VUG研究6種不同的增長指標，以捕捉美國大型股和中型股的最佳增長。這一投資組合與CRSP指數掛鉤，主要投資科技股和消費股，有33%投資在蘋果(Apple)、亞馬遜(Amazon)、臉書（Facebook，現為Meta）和 Alphabet 等科技公司。它的成本只有 0.06%。

（二）iShares S&P 500 成長 ETF (IVW)：迄今淨收入為 6億美元

IVW 於 2000 年進入市場。該基金根據三個增長指標：銷售增長、盈利增長和增長動量，從標準普爾 500 指數中挑選股票。該投資組合還與技術和消費者自由裁量權有關，兩者共同占據 51% 的權重。200 億美元的基金平均每天交易 8,000 萬美元。它的費用比率為 0.18%。

（三）iShares 核心標普美國成長ETF (IUSG)：迄今淨收入 5 億美元

IUSG 根據兩種增長指標：增長預測和歷史價格 / 帳面價值，在美國大、中、小型股中搜索成長型股票。這 26 億美元的投資組合，僅占 0.05% 的支出比例，將近三分之一的股份分配給科技股。

（四）Vanguard 中型成長 ETF (VOT)：迄今淨收入 55 億美元

VOT 是一個中型基金，它關注的是投資組合中的幾個增長指標，這些指標傾向於更大、更高的增長名稱。工業部門的風險敞口為 22%，科技股緊隨其後，為21.5%。這是唯一一種最受歡迎的成長 ETF 中，不是由科技股主導的。Vanguard 擁有 50 億美元的總資產。

（五）Schwab 美國大型成長 ETF (SCHG)：迄今淨收入 74 億美元

SCHG 追蹤了一個道瓊指數，該指數根據美國市值最大的 750 家公司的 6 個因素來選擇成長型股票，45 億美元的基金在費用比率上是 0.04%。科技和消費產業占了行業敞口的 50%。

（六）iShares S&P Mid-Cap 400成長ETF (IJK)：淨收入10億美元

IJK是另一支從標準普爾400中挑選成長型股票的中型基金。該基金尋找銷售增長高、估值高、勢頭強勁的股票。該公司於2000年推出，總資產爲69億美元，目標價格爲0.25%的費用比率。不像其他的基金，IJK 重點關注工業產業，占比23%；其次是金融產業，占比20%。

三、動量ETF的不同

在動量投資領域中，iShares Edge MSCI USA Momentum Factor ETF (MTUM)占有絕對性優勢，擁有近40億美元的資產，已吸引了近5倍的資產，成爲第二大熱門ETF。

其他大型發行者，如Vanguard和Schwab，並沒有在特定的動量投資領域出現。華爾街的動量基金，SPDR S&P 1500 Momentum Tilt ETF (MMTM)，它的總資產只有2,100萬美元。

在這一領域，它最大數量的動量基金——16個行業或區域特定投資組合，它們都規模較小，其中一些基金實際上在2017~2019年出現淨流出。

四、主要的動量ETF

（一）iShares Edge MSCI USA動量ETF（MTUM）：淨收入14億美元

MTUM尋找價格穩定上漲的股票。該基金追蹤了一項大型和中型美國股票的指數，根據6個月和12個月期的價格升值和過去三年的低波動性，選擇並加權。該投資組合中有近60%與科技和金融相關。該基金的費用比率爲0.15%。

（二）PowerShares 標準普爾新興市場動量投資組合(EEMO)：淨收入 7 億美元

EEMO 爲投資者提供投資新興市場股票的機會，投資組合著眼於 12 個月的股價表現，並減去最近 1 個月，根據波動率進行調整。該基金在五年多的時間裡總共擁有 3.7 億美元資產。EEMO 的成本爲 0.29%。

（三）Pacer Trendpilot 750 ETF (PTLC)：淨收入 9,100 萬美元

PTLC 追蹤美國大盤股和基於動量的 3 個月期短期國庫券之間的一個指數。根據 FactSet 的資料，當環境是風險上行的時候，PTLC 提供了進入美國大盤股的機會，並偏向於中型股。科技股和金融股是該基金最大的板塊，總投資組合中有 40% 是投資組合。該 ETF 的總資產爲 5.47 億美元。

圖2-4　主要的動量ETF 之走勢圖

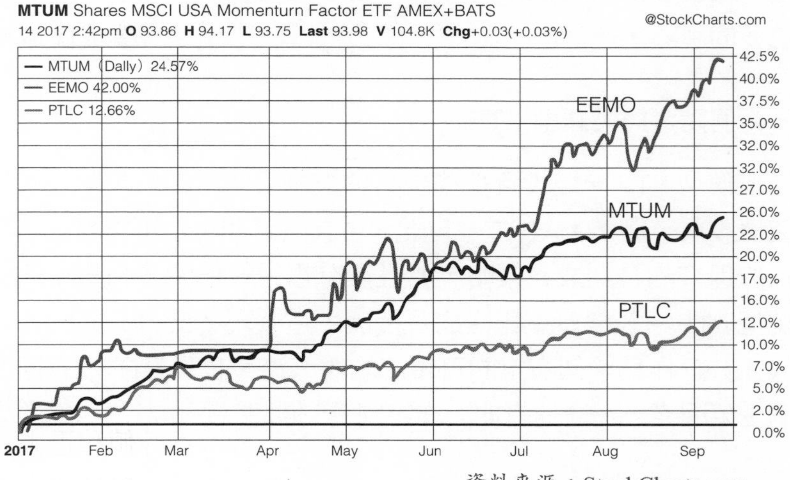

資料來源：StockCharts.com

五、小結

在經濟緩慢增長情況下，市場上開始有單因子投資策略，其中成長型 ETF 和動量 ETF 擁有較好的表現。以上列舉了美國市場上一些表現很好的ETF以及它們的投資策略。這些ETF主要關注科技股和金融股。

單一因子 ETF (Single Factor ETF)是在長線風險調整後，針對報酬具有吸引力的個別因子進行投資。許多投資人熟悉的因子，包括動量、價值、成長。價值型 ETF 關注那些價值在市場上被低估的公司，運用如本益比(P/E)等指標與市場同類公司相比，找到目標股票。成長型 ETF 則相反，關注那些波動性較大、正在快速成長的公司，希望獲得超過市場平均回報率的收益。

選擇何種 ETF，通常和個人的風險偏好有關。對波動容忍性小的投資者，通常選擇保守型的 ETF，例如：價值投資 ETF，而對波動容忍大的投資者則偏向選擇成長型 ETF。同時，投資目標的時間也是一個重要的考慮因素。一般來說，投資目標時間愈長，能夠承受愈多的風險。

（一）何時選擇價值型 ETF

價值型 ETF 一般投資那些產品會被每天使用的公司，一些傳統的價值股票，例如：AT&T、寶鹼、奇異電氣和可口可樂等。這些公司採取保守的長期成長策略，並且擁有相對較低的波動率。此外，價值型 ETF 一般會產生穩定的現金流，這些現金流以分紅的方式被發放。分紅作爲一個穩定的可預測的收入流，也是 ETF 投資回報的一個主要因素，在高通膨期間亦特別受到關注。

（二）何時選擇成長型 ETF

成長型 ETF 一般包括一個核心的投資組合。一些受歡迎的成長股，包括 Meta、Amazon、Alphabet 等，會產生超過平均水準的回報率。但是它們一般伴隨著很大的波動，並且在經濟下行時，很容易陷入危機。

（三）何時選擇動量 ETF

動量 ETF 一般選擇那些在近月產生很大的股價漲幅，並且在後來的增長趨勢還會延續的公司。動量投資系統性追蹤那些價格上漲的趨勢，策略的核心就是「追漲殺跌」，那些漲得厲害的股票會繼續漲，那些跌得厲害的股票會繼續跌，因此該策略在市場追高殺低時有效。同時注意，由於該投資提供的回報率是短期的，並不穩定，因此需要比較高交易頻率和交易費用。

第4節 單一因子ETF

在股票投資組合中，使用單一因子 ETF 做投資已經成為重要的方式，投資者們愈來愈重視特定因子對於投資組合表現的影響。高股息、成長型、價值型和動量 ETF 是其中四大受歡迎的類別。這些ETF專注於特定的投資因子，例如：高股息、成長、價值或動量，並透過對相應股票進行精心挑選，以實現優異的投資回報。接下來，讓我們深入了解這四個受歡迎的單一因子 ETF，它們的選股標準以及適用的選擇時機。

一、高股息、成長型、價值型和動量 ETF 的選股標準是什麼？

（一）高股息ETF

高股息 ETF，又稱股息型 ETF (Dividend ETF)，依賴企業以現金股利的形式向投資人分配較高的盈利。這些ETF根據「現金股利分配情況」來選擇成分股，並決定其持股權重。一般我們認為殖利率有 5% 就可被認為是高股息，儘管市面上有許多名稱相似的高股息 ETF，但仍然會因為選股的方式迴異，加上有許多不同決定權重高低的方法，而造成彼此之間的差異，這也是投資人在選擇高股息 ETF 時，需格外注意的事項。

（二）成長型 ETF

成長型 ETF 主要由成長股組成，而成長股指的是市場上被認為具有高速潛在獲利成長空間的企業，其股價也因為這樣的市場預期，往往能給予較高的估值空間。其特色為，公司營收成長率超過 20%，並且有某項特殊的競爭優勢，這也是目前成長型 ETF 多由科技股組成的原因，大都認為科技股的競爭優勢使它們具備較高成長潛力。此外，常會出現企業當下的營收與其股價差異極大，甚至是仍在虧損中的企業，股價卻極爲昂貴的現象，且由於大眾對於未來潛在獲利的預期，估計的成長數值甚至能到好幾十倍甚至百倍。

（三）價值型ETF

價值型ETF與成長型ETF的股票組成正好相反，價值型股票通常是市場上價格被低估的股票，普遍不具高成長性，看重的是公司的基本面，價值股被低估的理由衆多，但普遍跟該公司沒有強烈成長的動力，或是公司短暫面臨一些問題相關。雖然有一些問題存在，可是公司本身的財務結構卻足夠穩健，因此會被視爲是一個理想的投資機會，投資者期待公司解決問題之後，股價能回歸其價值。

（四）動量ETF

所謂的動量ETF跟上述單一因子的組成不太一樣，上述都是由不同特色的股票所組成，動量 ETF 則是藉由所謂的動量投資策略，根據 Jegadeesh 和 Titman 提出的動量效應（Momentum Effect，一般又稱「慣性效應」）所延伸的投資策略，簡單來說就是我們常說的追漲殺跌，買進上漲的股票，賣空下跌之股票，而動量投資策略會根據股價目前的趨勢以及技術指標，來幫助動量ETF調整其成分股之組成，這種趨勢效應也在美國被廣泛運用。

二、如何在上述四個單一因子ETF中做出選擇

（一）何時選擇高股息ETF

高股息 ETF，主要以現金股利的形式向投資人分配較高的盈利。這些成分股之股價穩定，相對來說風險較小，適合保守型投資人，但投資人必須清楚配息不能當作是賺錢的來源，因爲一旦股票

配息之後，股票的市值也會相對減少，投資人的獲利不會因爲高配息而增加。同時也必須注意，因爲公司選擇將獲利以股息的方式發放給投資人，其能再投資的金額相對減少，公司成長的可能性也降低，因此投資人需視自己的需求做選擇。

（二）何時選擇成長型 ETF

成長型 ETF 注重公司的成長潛能，這些公司很可能與高股息 ETF 不同，會將獲利進行再投資以增加成長的可能性，因此不給予配息。而因爲公司將大部分的盈餘都拿去做資本資出換取成長與競爭優勢，因此即便營收或現金流持續增加，帳面價值很可能沒有增加甚至有虧損之趨勢，但因投資人對其期待性很高，相對股價也會昂貴，可是風險波動較大，並且投資人也要有心理準備，該公司不一定會像預期一樣有高成長的趨勢。

（三）何時選擇價值型 ETF

價值型 ETF 通常選擇具有穩定金流但是保守成長的公司，因此與高股息 ETF 相似，公司獲利著重在發放股息，其將獲利再投資以換取成長機會的比率偏低，通常股價穩定，風險波動較小。投資人選擇這類 ETF 往往都是期待其股價在未來會回到其價值水準，但若沒有像預期一樣回歸價值，投資人可能蒙受損失，因此需要審慎評估對預期偏差的承受能力。

（四）何時選擇動量 ETF

動量 ETF 一般選擇那些在近月產生很大漲幅的股價，並且認爲此趨勢會持續延續的公司。動量投資會系統性地追蹤這些趨勢，達到「追漲殺跌」的目的，但同時投資人必須注意，這類型的投資提供的回報率以短期爲主，並且不穩定，也會需要較高的交易頻率和交易費用。

三、小結

該選擇何種ETF，其實並無正確答案和標準，每個人的投資偏好以及風險承受能力不同，甚至對投資目標的時間也不一，因此投資人在做選擇前需充分了解該投資標的的特色，並評估自己的經濟能力以及風險的承受度。

值得注意的是，儘管有眾多不同的因子，他們仍處於股票市場的雨傘下，承受同樣的市場風險。依據分散風險的精神，讓資產更加全備，例如：簡單的股債、低波動等組合，仍是投資人應特別留意的。

第5節 ETF的風險

雖然ETF與共同基金相比，ETF存在著許多優勢，如前文所說，ETF交易成本較低，可分散風險，也提供很好的透明度，但交易ETF並非沒有風險，且有些風險是ETF獨有的，如ETF的稅務風險便是很好的例子。以下為可能遇到的風險。

一、稅務風險(Tax Risk)

這類型的風險主要有兩種來源，一種是資本利得稅所帶來的風險，另一種是不同架構的商品有不同課稅制度的稅務風險。

（一）資本利得稅

相較於共同基金，ETF雖有良好稅務效率(Tax Efficiency)特性，但並非所有ETF都有這種優勢。投資人如果沒有注意ETF相關的風險，可能會蒙受非預期的損失。

ETF之所以會有好的稅務效率，是因為ETF是可以讓合格參與者(Authorized Participants, AP)用ETF的成分股與ETF發行商換取ETF股份（此為In-Kind Creation）；反之，合格參與者也可以用ETF股份與ETF發行商換取ETF成分股（此為In-Kind Redemption）。對於沒有此機制的共同基金而言，如果基金經理人需要調整投資人贖回的部位，就必須透過在市場上賣出持有資產，便會產生資本利得，而此資本利得所產生出的稅務是由投資人共同分擔；對於ETF而言，因為可以透過合格參與者調整部位，不需到市場買賣資產，因此便不會有資本利得產生，即不會有資本利得稅，投資人也不需付出多餘的成本。事實上，因為他們需要透過市場買賣資產，ETF所產生的資本利得稅是由合格參與者負擔。

但是並不是所有的ETF都可以透過合格參與者做部位調整，有很多可能的原因，如有些國家不允許使用這套機制；或是在ETF部位中有某些特定資產是無法用於此機制，像是槓反型ETF的成分資產中，通常會有選擇權、期貨等衍生性金融商品，如有，則ETF經理人就必須在市場上做買賣，便會產生資本利得，投資人也就必須負擔資本利得稅。

（二）商品結構

不同類型的ETF也會因爲其結構的關係，而有不同稅制的狀況，以商品ETF (Commodity ETFs)爲例，它有三種不同的結構，分別爲自益信託(Grantor Trusts)、有限合夥(Limited Partnership, LP)以及交易所買賣指數票據(Exchange-Traded Note, ETN)。其中如自益信託，在這種架構下，因爲商品會被認定是可擁有的(Collectable)，依美國國家稅務局(Internal Revenue Service, IRS)的規範，它不適用於較爲傳統的股權投資的規範，而是有另一套課稅的措施，持有此架構商品ETF長期（超過一年）所得到的利得所要被課徵的稅，其上限便是28%，而非前者的20%；如果是前者短期（一年以下）持有，上限則會擴大到39.6%。

如果是架構於有限合夥(LP)下的商品ETF，此類ETF的成分資產含有期貨，所以適用於有期貨基礎的基金規範，目前的規範爲，無論是長期或短期持有此類基金，其中60%的利得所被課徵的稅率爲20%，另外40%會被算入投資人所得稅率中，利得被課徵的上限爲17.84%。以上面兩種架構的商品ETF爲例，被課徵的稅率完全不同，因此投資人在購入ETF前，須注意稅率的規範。最後，如同第1章第3節所述，ETN在出售或贖回前，不會確認資本利得或虧損。

二、交易風險(Trading Risk)

ETF 相較於其他類型的基金，最大優勢就是它可以像股票一樣被交易，但正因爲如此，常導致投資人因爲要追求低價買進、高價賣出，因此錯過了原來握有某檔ETF 中長期的獲利機會。

另外，投資人也有可能在交易的時候，暴露在流動性風險下，如果一檔 ETF 的流動性很高，則該 ETF 的買賣價差(Bid-Ask Spread)通常會很小，就算一旦出現可觀的買賣價差，其價差會因爲合格參與者的套利，使得價差縮小。然而並非所有的 ETF 流動性都很高，有些 ETF 的流動性很低，且當該檔 ETF 的套利成本過高或因爲其他原因使之沒有套利機會，常會導致該 ETF 的買賣價差變大，這可能使投資人被迫平倉該檔 ETF，或甚至讓投資人被套牢，使之蒙受更大的損失。

圖2-5　ETF 交易風險

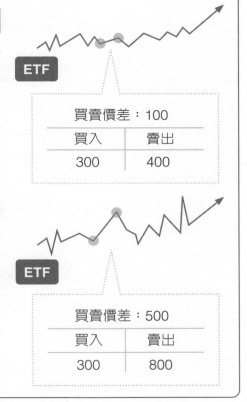

當 ETF 流動性高時

- 該 ETF 的買賣價差(Bid-Ask Spread)通常會很小。
- 一旦出現可觀的買賣價差，其價差會因為合格參與者的套利，使得價差縮小。

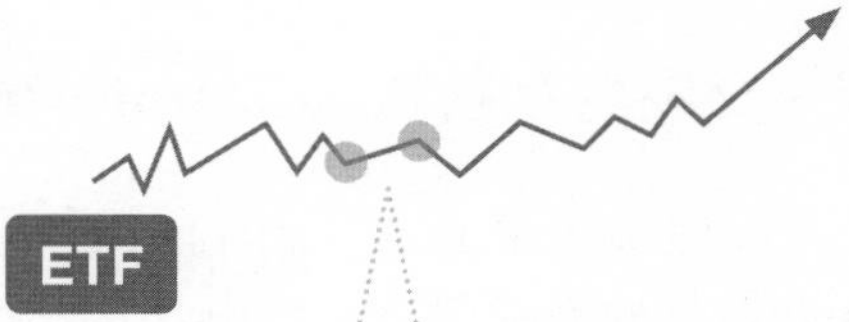

買賣價差：100

買入	賣出
300	400

當 ETF 流動性低時

當該檔 ETF 的套利成本過高或因為其他原因使之沒有套利機會，常會導致該 ETF 的買賣價差變大，可能使投資人被迫平倉該檔 ETF。

買賣價差：500

買入	賣出
300	800

三、 投資組合上的風險(Increased Portfolio Risk)

當投資人使用投資組合時，無論是用何種類型的資產，都會遇到如市場風險(Market Risk)、投資成分公司的營業風險(Business Risk)，或是某國家的政治風險(Political Risk)等。尤其是如股票一樣容易被交易的ETF，常讓投資人忽略掉其可能暴露的各種風險，或使之加入風險更大的ETF，像是投資人可能會加入槓反型ETF，當市場不如預期或震盪幅度大時，他們的損失可能會因此而加倍。因此投資人在做資產配置時，也需要注意這種類型的風險。

四、交易對手風險（Counterparty Risk）

這種風險通常發生於合成ETF (Synthetic ETF)上，因爲此類型ETF 不像實物資產ETF (Physical ETF)是以投資證券複製其追蹤的指數，而是以衍生性金融商品來追蹤指數，如使用交換(Swap)，此時便會有交易對手，如果交易對手因爲某些原因而無法履行契約，ETF 發行商便有可能無法準確追蹤指數，導致投資人蒙受損失，因此該風險與信用風險(Credit Risk)也有密切的關係。

雖然現行制度有規範，基金中的衍生性商品所占總資產的比例不能超過一特定比例，如歐洲UCITS(Undertakings for Collective Investment in Transferable Securities)規範下，其占的比例不能超過10%。另外也有透過擔保的方式以降低交易對手倒債的風險。雖然在現有規範下，已經盡可能降低投資人可能面臨的風險，但投資人應當要注意這些相關風險。

五、複利風險(Compounding Risk)

這種風險通常是發生在槓反型ETF上，因爲該種商品是承諾以日報酬作爲計算基礎，如2倍槓桿型ETF承諾以單日指數2倍的變動來作爲報酬，但長期下來，當波動率很大時，其很有可能會得到超過原本預期的報酬或損失，也就是說2倍ETF的報酬或損失已經超過2倍，或是反向ETF的報酬或損失超過指數漲跌所設定的倍數。

以 ProShares Short S&P 500(SH)爲例，從 2006年 6 月 19 日 ProFunds 剛發行 SH 時，總資產的報酬率爲 -8.75%，其追蹤指數標準普爾 500 爲 7.42%。到了 2015 年 6 月 30 日，十年後的總資產報酬率爲 -10.24%，而標準普爾 500 爲 8.07%，已經超過原本預定的1倍。如果指數波動很大，複利造成的放大效果會更顯著。

第6節 評分機制：以 ETF.com 爲例

雖然市場上有很多機構有做基金評比的服務，如理柏(Lipper)、晨星(Morning Star)等，但在此段文章中，主要會以ETF.com LLC這家公司的評比方式做詳細的說明，因爲此公司相較於現有的評比機構更專注在ETF上，提供給大衆有關ETF的新聞與分析，包含了ETF的趨勢與評比，同時也致力於推廣ETF相關知識，最重要的是，它是第一家專門針對ETF提供全面性分析評比服務的公司，後來受到CBOE注資。

圖2-6 針對 ETF 評比的三個面向

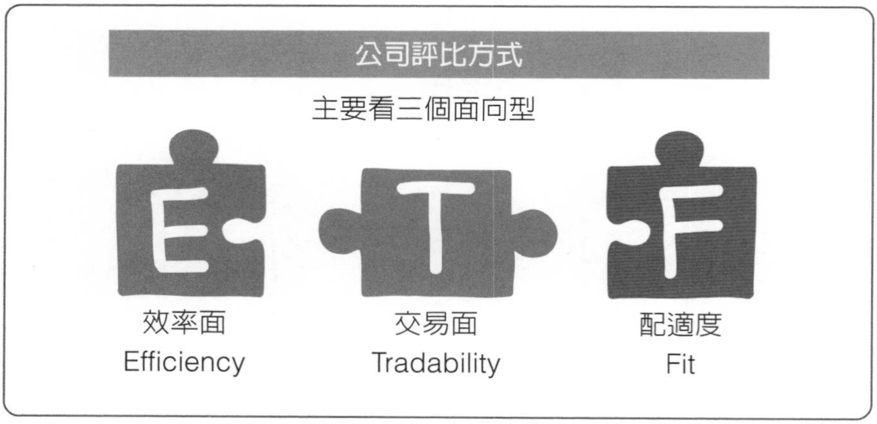

該公司的評比方式主要看ETF的三個面向，分別是效率面(Efficiency)、交易面(Tradability)以及配適度(Fit)，正好這三個面向的第一個字母也可寫成ETF。以下爲此三項的簡介：

一、效率面

首先效率面指的是 ETF 是否能有效率地把商品所提到的保證給予投資人，以及 ETF 遵守產業及法規面的程度，主要有分爲兩個大面向，分別爲成本以及風險層面。首先成本包含操作費用比率(Expense Ratio)以及追蹤指數的配適度等。操作費用與基金本身操作的成本有關，如基金經理人操作成本愈高，即會使操作費用比率提高；換言之，投資人在購買基金的成本就會愈高。對於後者的配適度，該公司除有看基金表現與追蹤指數的決定係數(R-square)，還有每日平均績效差異及其標準差等衡量方式，如經理人操作基金的配適度低，則很有可能會影響到該基金的績效表現，使得投資人的投資成本提高。

而另一個面向的風險層面則是衡量四個子項目，分別爲結構風險、基金關閉風險、稅務風險以及透明度。結構風險會視基金發行時所使用的結構而有不同層面的風險，如視基金結構的不同而選擇採用委託人信託(Grantor Trust)與商品基金(Commodity Pools)，而會有不同的風險。基金關閉風險則是與基金可能被封閉的風險有關，如法規風險與基金中成分公司的財務狀況有關。稅務風險則包含如資金對於資本利得稅的分配，以及基金是否會爲了節省稅務而每年調整成分公司等因素。最後是透明度，即是視發行商對於基金資訊揭露的程度而評分。

二、交易面

交易面衡量投資人在交易基金時，可能的花費以及不確定性。其中包含了如交易量、買賣價差、交易時間的重疊以及 ETF 交換機制的障礙(Creation/Redemption Impairment)等子項目。交易量是以日成交金額(Dollar Volumes)的中位數來衡量，愈高則代表流動性愈高，分數也會因此愈高。買賣價差則是會影響到投資人投資該基金的成本，如價差愈大，表示投資人交易的成本愈大。交易時間的重疊則是衡量，投資人可以用基金成分中的成分公司資產來做避險的時間與美國開市時間的重疊程度，因爲避險會影響到基金的交易成本，因此重疊程度愈高則分數愈高。ETF 交換制度的障礙則是指，如果在 ETF 交換的過程受阻，則會使得ETF市價與淨資產價值脫離，這也會使投資人的交易成本增加，因此交換時的受阻程度愈大，分數愈低。

三、配適度

配適度衡量基金與追蹤指數的相似程度，表達了基金所採用的策略以及曝險。簡而言之，配適度分數愈高則代表基金與市場相似程度愈大。其主要分析如歷史報酬、追蹤指數的表現、投資人期望以及標的成分等子因素。而該些子因素都是衡量基金與追蹤指數的相似程度，如衡量基金與指數間報酬的相似度，又或者是投資人對於基金與指數間預期的相似度，以及衡量基金成分與指數成分的相似程度，視基金種類的不同，又可分爲股權、固定收益、貨幣以及商品的相似程度。

檢視完三個面向後，該公司會依據前兩者，也就是效率面與交易面，給予一英文字母 A 到 F 的評等（A 最好，最低爲 F），而後再針對配適度給出一個 0 到 100分數，如 Vanguard Health Care ETF (VHT)這檔追蹤 MSCI U.S. Investable Market Health Care 25/50 指數的 ETF，ETF.com 給予它的評等爲 A，表示在效率面與交易面都很好，而配適度的分數爲 96，表示 ETF 在追蹤指數上的追蹤誤差與追蹤差異都很小。

圖2-7　ETF 評分指標

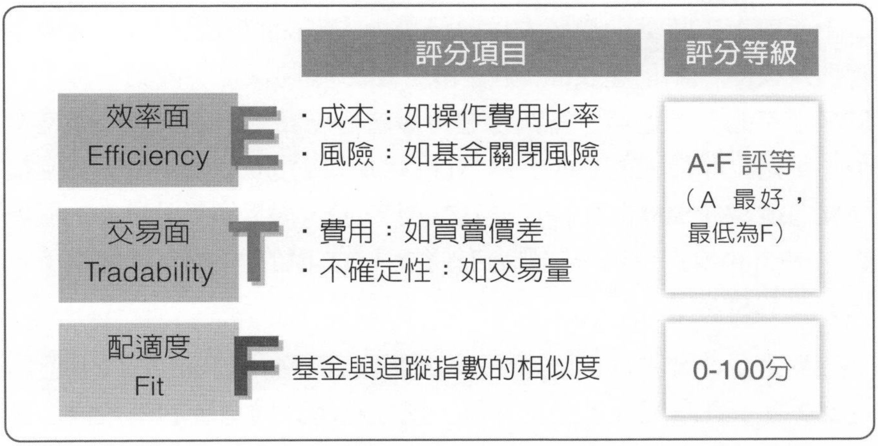
評分項目
評分等級
效率面
Efficiency
E
・成本：如操作費用比率
・風險：如基金關閉風險
A-F 評等
（A 最好，
最低為F）
交易面
Tradability
T
・費用：如買賣價差
・不確定性：如交易量
配適度
Fit
F
基金與追蹤指數的相似度
0-100分

之所以要分此三個指標，其中前兩指標給予評等，並在後一指標給予另外一個分數，是因爲前兩者都專注在成本上，其中交易面雖專注於交易時的風險衡量，此風險仍可以視爲投資人的潛在成本。而後者是衡量 ETF 追蹤指數的表現，是給予投資人作爲審視 ETF 的參考，與前兩者較沒有重疊的關係。如一檔 ETF 可能具有高流動性，但追蹤指數誤差較大，則此 ETF 的英文評等分數可能是 A，而配適度的分數可能低於 80 分。

第7節　台灣ETF評比

2023年是ETF在台灣的二十週年，0050是台灣的第一檔ETF，二十年前上市時默默無名，目前已是人人熟知的國民基金，而資產管理規模(AUM)已達3,000億台幣。2023年同樣是美國第一檔ETF SPY上市的三十週年，當初慘遭滑鐵盧而差點下市，現在不僅是全美，更是全球最大的ETF，AUM已飆升到近5,000億美金，另兩檔同樣追蹤S&P 500指數的ETF IVV與VOO，都以僅三分之一的極低費用率(3bp)搶占市場，它們各有將近4,000億的AUM，兵臨城下，快要追上SPY了。

過去二十年來，國內投信業者開發且目前仍上市的ETF累計近250檔，資產規模近4兆台幣，穩定超越共同基金的總規模，而總受益人數更是超過了600萬人，但ETF市場過於飽和了嗎？數據顯示，儘管疫情後高通膨、高利率和地緣政治等外在環境嚴峻，台灣ETF市場仍蓬勃發展，高股息與（美國）債券相關的ETF吸收了極大的流量，整體ETF市場2023年淨流入約1兆台幣。此外，以美國爲首的ETF市場，2023年有超過5,000億美金的淨流入，已經連續三年達此規模！因此，只要金融創新的腳步不停滯，落實風險管理政策，台灣乃至於全球ETF市場仍大有可爲。

透過對台灣ETF產品的評比，可以讓我們更加了解自身發展的優勢，以及可能改善的方向，更重要的是，提供廣大ETF投資人一個理性參考的依據。

一、以E、T、F三面向評比ETF產品

E、T、F三面向四指標包括：面向E (Expense)代表費用，以「總費用」作爲指標（包含管理費與保管費）；面向T (Tradability)代表可交易性，以「資產管理規模」(AUM)與「價差比例」作爲兩項

指標；以及面向F (Fit)代表配適，以「追蹤誤差」作爲指標，之後根據每個指標進行排序。使用的資料方面，僅針對原型ETF（排除、外匯、原物料、槓反等規模較小的ETF），並將台灣ETF區分成國內股票市場（成分股是台灣上市股票）、國際股票市場（成分股是國外上市股票）、債券市場（多是美國公債、公司債）等三個市場，各依據E、T、F共四個指標，排出前五名最優質的ETF。

二、E費用面向

依照「總費用」指標，列舉由小到大的排名前五：

（一）國內股票市場

富邦科技、富邦摩台、富邦台50、富邦公司治理、國泰台灣領袖50。富邦這幾檔ETF的總費用皆低於20 bp (Basis Point; 1bp=1/10,000)，而其他的基金公司，如元大與國泰，大都收費高於34bp。

（二）國際股票市場

復華富時不動產、元大寶滬深、國泰費城半導體、國泰臺韓科技、國泰標普低波高息。它們的總費用是33bp起跳，普遍高於台灣股票ETF。而國泰這幾檔ETF的總費用則在50 bp之內。

（三） 債券市場

中信美國公債20年、凱基美債25+、元大美債1-3、群益0-1年美債、富邦美債1-3。美債總費用普遍較低，公債最低是13~16bp，公司債最低是22bp，都普遍低於股票型ETF的費用。

三、T交易面向

依照「資產管理規模」(AUM)與「價差比例」這兩項指標，分別列舉AUM由大到小，價差比例由小到大的排名前五：

（一）國內股票市場

1 以AUM排序：元大台灣50、元大高股息、國泰永續高股息、群益台灣精選高息、富邦台50。這5檔中，除了元大台灣50與富邦台50追蹤同一個市場指數外，其餘皆以高股息爲訴求，顯見台灣投資人的喜愛。從所有排名次序來看，前三大AUM都超過2,400億，之後皆懸崖式的低於1,000億，介在100~1,000億間只有九檔，其餘皆小於100億。

2. 以價差比例排序：富邦摩台、永豐臺灣加權、元大MSCI台灣、元大電子、永豐優息存股，它們都介在3.2%~6.7%。

（二）國際股票市場

1. 以AUM排序：中信中國高股息、復華富時不動產、富邦越南、富邦NASDAQ、國泰智能電動車。整體而言，比國內股票ETF資產規模小很多，都沒有超過500億，而介於370~100億中間也只有九檔。

2. 以價差比例排序：國泰美國道瓊+U、國泰中國A50+U、國泰美國道瓊、國泰標普低波高息、國泰新興市場，它們的價差比例都小於0.2%。

（三）債券市場

1. 以AUM排序：元大美債20年、元大AAA至A公司債、中信高評級公司債、元大投資級公司債、群益投資級金融債。整體而言，AUM 達 900 億以上有 8 檔，500 億以上共 14 檔，AUM 由高至低逐步遞減，債券 ETF 的 AUM 總數量遠超過台灣股市 ETF。

2. 以價差比例排序：復華次順位金融債、凱基 IG 精選 15+、新光美債 1-3、新光 15 年 IG 金融債、凱基科技債 10+，這些價差比例都小於 0.05%，亦顯著小於股票市場的價差比例。

四、F 配適面向

依照「偏離度」（採追蹤誤差(Yracking Error)的絕對值）為指標，列舉由小到大的排名前五

（一）台灣股票市場

第一金工業 30、元大電子、富邦台 50、永豐臺灣加權、富邦台灣半導體。它們的偏離度介於 0.07%~0.54%，以主題式 ETF 較多。

（二）國際股票市場

復華滬深、國泰美國道瓊 +U、富邦 ESG 綠色電力、國泰美國道瓊、富邦 NASDAQ。它們的偏離度介於 0.02%~0.1%，以指數型 ETF 較多。

（三）債券市場

復華 20 年美債、中信美國公債 0-1、富邦美債 7-10、新光美債 1-3、富邦美債 1-3。它們的偏離度介於 0.03%~2.35%，顯著高於股票市場的偏離度。

五、結論

綜合以上三個市場（國內股票、國際股票、債券）在四項指標（總費用、AUM、價差比例、偏離度）的個別表現，以ABC作為評級（A優於B優於C），可以製表如下：

表2-3　三個市場在四項指標的表現

	總費用	資產管理規模 (AUM)	價差比例	偏離度
國內股票市場	B	B	C	A
國際股票市場	C	C	B	A
美國債券市場	A	A	A	C

以E、T、F等共四項指標衡量國內股票ETF、國外股票ETF以及債券ETF的表現（A>B>C）。

從四項指標的觀察如下：以E總費用的面向而言，美國債券市場的總費用普遍低於股票市場，而國內股票市場總費用又低於國際股票市場。顯示交易連結國外資產的費用，如債券ETF，未必會比交易連結台灣股票ETF來得高。以T可交易性的面向而言，未必買氣旺盛、高AUM的ETF，它們的價差比例就比較低。交叉對比下，有趣的是觀察到總費用與AUM是同步的，隱含低費用與高AUM的關聯性是非常高。

▶▶幸福投資練習題

是非題(T/F)

1. 股權型 ETF 周轉率遠低於一般普通股。
2. 債券型 ETF 風險比股權型 ETF 來得高。
3. ETF 評分中，配適度分數愈高，代表基金與市場相似程度愈大。
4. ETF 的資本利得稅風險較低，因爲 ETF 能夠透過合格參與者進行資產部位的調整。
5. 槓桿型 ETF 和反向型 ETF 適合長期持有，以達到穩定的複利效果。

選擇題

1. 一般型 ETF 是以下何者？
   ⑴ 商品型ETF　⑵ 債券型 ETF　⑶ 匯率型 ETF　⑷ 以上皆是
2. 股權型 ETF 主要追求以何種方式進行獲利？
   ⑴ 資金成長　⑵ 債券　⑶ 利息　⑷ 股利
3. 假設其餘條件不變，債券的到期日愈長，則其價格對利率的敏感度會愈：
   ⑴ 高　⑵ 低　⑶ 不變　⑷ 未知
4. 商品型ETF不包含以下何者？
   ⑴ 黃金　⑵ 石油　⑶ 貨幣　⑷ 天然氣
5. 按性能區分ETF產品，不包括：
   ⑴成長　⑵ 價值　⑶ 債券

6. ETF 的風險，包括：
   ⑴ 交易對手　⑵ 稅務　⑶ 皆是
7. 交易對手風險與以下何種風險密切相關？
   ⑴ 投資組合風險　⑵ 信用風險　⑶ 稅務風險　⑷ 交易風險
8. 槓反型ETF主要是由哪種資產所形成的投資組合？
   ⑴ 期貨　⑵ 股票　⑶ 債券
9. 槓反型ETF需要承擔什麼樣的風險，使得報酬偏離預期？
   ⑴ 複利風險　⑵ 信用風險　⑶ 稅務風險　⑷ 交易風險
10. 衡量期貨 ETF 績效的方式有：
   ⑴ 效率性(Efficiency)　⑵ 交易性(Tradability)
   ⑶ 配適性(Fit)　⑷ 皆可

簡答題

1. 若是正向 2 倍 ETF 所連結的指數連續兩天都上漲 10%，此 ETF 累積之報酬率為？
2. 若是反向 2 倍 ETF 所連結的指數第一天上漲 10%，第二天下跌 10%，此 ETF 累積之報酬率為？

Ch 03

交易篇

第1節　ETF 投資的好處與風險

本節回顧前兩章的重點，以利後續討論之便。

ETF（指數型證券投資信託基金）是一種在證券交易所掛牌集合式投資的載體。不論在原交易所掛牌和其他潛在交易所的交叉掛牌，都允許 ETF 的股份在交易日內由市場決定的價格進行買賣。ETF 可以追蹤一籃子證券的表現，例如：廣爲人知的股票或債券指數，也可以追蹤商品或其他一籃子資產。ETF 透過持有與指數本身成比例的證券來複製指數的成分股。有些 ETF 使用合成複製策略得以進行槓桿和做空，並試圖代表股票組合的某些特定主題，例如：網路安全，或投資風格，例如：價值或動量。與主動型共同基金不同，ETF 的目標是盡可能接近並複製標的指數的收益和風險特徵。

由於 ETF 像股票一樣交易，它們具有傳統（指數）共同基金所不具備的靈活性。它們可以透過不同類型的市場訂單（例如：市價單或限價單）進行買賣，也可以使用槓桿或賣空來購買，儘管後者通常僅限於 ETF 的機構類型用戶。另一個不同之處，在於 ETF 的成分股對投資者是透明的，因爲 ETF 的經理或經辦人(Sponsor)每天會向市場提供投資組合的構成。最後，與共同基金收取買賣佣金不同，ETF 不收取此費用，但投資者需按費用率支付包括稅與交易成本等支出，通常會低於同類型共同基金的費用。

ETF 的便利性，相對於其他而言，可說是唾手可得的投資標的，因此也廣受投資大衆青睞。投資 ETF 的優劣，分爲以下幾點敘述：

一、交易便利且流動性高

ETF 在證券市場掛牌，與一般證券交易規則相同，投資人只需備有證券帳戶，即可在開盤交易時段自由買賣。與一般證券不同的是，ETF 在上市之初就能進行信用交易，看好未來趨勢融資買進，看壞未來趨勢融券賣出，投資人能更有效地使用資金；另外，在許多國家的股市有平盤下不得放空的規定，ETF 並未受到相關規則的限制。

因為 ETF 追蹤的標的多為市值較大且流動性較高的股票，ETF 本身也會同樣具備高流動性的特點。

二、成本低廉

一般傳統基金是主動式的管理，可能會頻繁地進行買賣，而 ETF 這種被動式管理模式，只需要依照指數進行投資組合的變動，使得交易成本較低，所收取的管理費也比主動式管理少了許多，更能省下一筆分析研究的費用。在交易稅上，ETF 交易稅約為千分之一，僅僅為股票交易稅千分之三的三分之一。

整體來說，我們只需要付出少許費用，就能夠輕鬆地複製大盤指數的報酬，比起自行去組合大盤指數的成本，實在划算。

三、資料透明化

全球各國所編製的指數成分權重等資訊皆有揭露，資料透明，而 ETF 本身所追蹤的標的即為指數，投資人只要上網便能夠查詢到成分股與其占比，可於投資過程更加精準地預測報酬率。

四、多樣化且資金需求較小

ETF 連結的指數涵蓋各個國家、市場不同產業，範圍廣泛，提供多樣化的選擇，不像股票或是其他金融商品，可能因為國家不同、投資平台不足或是資金不夠而無法交易。另外，由於 ETF 交易方式與證券相同，可用小額資金買進低單位數的一籃子股票或標的，讓投資人有更多使用資金的空間。

五、風險分散

因ETF編製方式，投資人買進ETF就是擁有了一籃子股票，資金被分散在各個標的上，單一股票的漲跌波動，並不會對績效造成太大影響，有效降低個別公司所帶來的風險與投資組合的波動性，使投資人能夠處在比較安全的位置上。

六、作為市場上有效的避險工具

過去，期貨被視爲一種長期避險工具，但常遇到各種問題，像是每日平倉、結算、交易價差、交易成本等等。而ETF本質就是一籃子股票，可多空操作沒有限制，透過ETF來進行避險，就不會遇到上述的到期日及轉倉的麻煩，提供投資人更多元的操作選擇。

談了以上關於ETF的優點，相信投資人對於投資ETF躍躍欲試；但是市場中沒有任何一項投資工具是安全無虞的，投資人還是必須注意投資ETF時所需承受的風險：

（一）流動性風險

ETF爲開放式基金，雖然投資人並未參與ETF增設與贖回的過程，但實際上，基金單位會不斷浮動、定期調整增減來應對市場上的動態。流動性風險指的就是，當市場成交量不足或缺乏願意交易的對象，進而導致買進或賣出無法在理想的時間點完成的風險。

（二）系統風險

系統風險又稱爲市場風險，亦稱不可分散式風險，指的是歸因於某種因素，導致市場上的股票下跌，最終使投資人蒙受損失。投資人可利用投資策略搭配自己的投資組合，避免個別企業的風險；但是大環境變動所帶來的損失是無法趨避的，深深影響每一項投資工具。ETF亦暴露在這一類風險當中。

（三）匯率風險

匯率風險發生於跨國或是跨區域的投資上。當投資人選擇了海外的ETF，由於其屬於外幣計價的金融資產，務必要特別注意匯差上面的損益，有時候匯率的波動會造成獲利的減損。

（四）追蹤差異與追蹤誤差

追蹤差異（Tracking Difference，簡稱TD），指在某一段時間內，ETF與其追蹤指數之間每日報酬率差異的平均值；追蹤誤差（Tracking Error，簡稱TE），會量度ETF與其追蹤標的之間的一致性，以波幅顯示，亦即每日報酬率差異的標準差。

以兩個例子解釋二者所代表的意涵：某ETF的表現長期大幅度地劣於其追蹤的指數，但差距幅度穩定，可描述為這檔ETF追蹤差異TD大、追蹤誤差TE小；另一ETE的表現則是緊貼其追蹤的指數，但每一時間點的差距不穩定，則可描述為此ETF追蹤差異TD小、追蹤誤差TE大。

造成上述影響原因有二：一為交易費用，當基金發行商在購買標的成分的時候，需要付出交易稅及手續費，這些支出會被算進ETF的績效當中，造成與追蹤指數的偏離；另外則是前文提及之流動性問題，當市場上成交量低或缺乏交易對象時，基金發行商可能無法即時取得標的成分股而造成誤差。

圖3-1　追蹤差異 VS. 追蹤誤差

追蹤差異（Tracking Difference，簡稱 TD）

在某一段時間內，ETT 與其追蹤指數之間報酬率的差異。

舉例：

- 某 ETF 的表現長期大幅度地劣於其追蹤的指數，但差距幅度穩定。
- 追蹤差異(TD)大、追蹤誤差(TE)小。

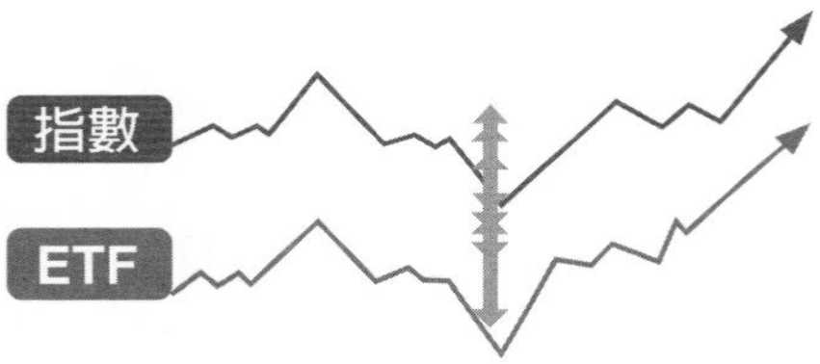

VS.

追蹤誤差（Tracking Error，簡稱 TE）

會量度 ETF 與其追蹤標的之間的一致性，並以報酬率的波幅顯示。

舉例：

- 某 ETF 的表現緊貼其追蹤的指數，但每一時間點的差距不穩定。
- 追蹤差異(TD)小、追蹤誤差(TE)大。

金融市場中，投資金融商品報酬與風險並存，每一項投資工具都有它的好處與風險，本文探討投資 ETF 時的優點與風險。最重要的，是投資人心中有一把尺，評量、評估自己能夠投資的工具、資金、可承受的風險程度與可承擔的損失後，再去對照市場上所能夠使用的投資工具，享受投資工具所帶來的好處之外，不能忽視投資可能造成的損失，定期研究檢視標的，並且注意投資標的是否有任何詭異的變動，才能夠掌握自己的財富，不至於虧損。

回顧 ETF.com 提供投資人一些衡量 ETF 的方法，評分的方向主要分成三項，如圖 3-2。

1. Efficiency（效率面）：考量投資者持有 ETF 的相關成本和風險。
2. Tradability（交易面）：此 ETF 在公開市場中，是否能夠進行公平的交易。
3. Fit（配適度）：考量 ETF 與相對應的追蹤標的之間的相關性。

在這三個方向中，ETF.com 分別會給予 0 到 100 的分數，其中 Efficiency 和 Tradability 都是在衡量投資者的成本，因此 ETF 額外將兩者的分數結合轉換爲等級，計算方式爲兩者的平均；Fit 的分數則會單獨呈現，因爲 Fit 是在告知投資者 ETF 與追蹤標的之間的相關性有多高。

圖3-2　ETF評分標準

效率面 (Efficiency)

考量投資者持有ETF的相關成本和風險。

交易面 (Tradability)

此ETF在公開市場是否能夠進行公平的交易。

配適度 (Fit)

考量ETF與對應的追蹤標的之間的相關性。

ETF.com 分別會給予 0~100 的分數

- Efficiency 和 Tradability 都是在衡量投資者的成本與流動性，因此ETF額外將兩者的分數結合轉換為等級，計算方式為兩者的平均。
- Fit 的分數則會單獨呈現，因為 Fit 是在告知投資者與追蹤標的之間的相關性有多高。

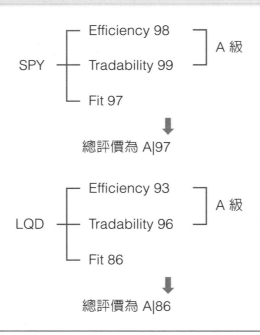

SPY
- Efficiency 98 ┐ A 級
- Tradability 99 ┘
- Fit 97

↓

總評價為 A|97

LQD
- Efficiency 93 ┐ A 級
- Tradability 96 ┘
- Fit 86

↓

總評價為 A|86

圖 3-2 介紹兩個例子，分別是 SPY 和 LQD。在 ETF.com 上，SPY 獲得了 Efficiency 98、Tradability 99 及 Fit 97 的分數，其中 Efficiency 和 Tradability 的平均取得了 A 級的等級，因此總體評價爲 A|97。LQD 的三項評分爲 93、96 及 86，前兩項的平均分數同樣獲得了 A 級等級，總體評價便爲 A|86。

第2節 如何打敗大盤：《他是賭神，更是股神》讀後感（上）

電影《決勝 21 點》中描述一群麻省理工(MIT)師生，在 21 點(Blackjack)的發牌過程中，如何以科學化方式計算玩家獲勝的機率，他們策略性地在賭城拉斯維加斯(Las Vegas)的牌桌中遊走，逆勢減碼，順勢加碼（稱作凱利的致富公式），大獲全勝，導致賭城改變 21 點的遊戲規則。幕後眞實故事的主角，正是索普(Edward Thorp)博士，21 點算牌的發明者。他在 1962 年出版的《戰勝莊家》(*Beat the Dealer*)，立刻成爲暢銷書，並影響今日衆所周知的 PIMCO 債券天王葛羅斯(Bill Gross)。

索普原先志在物理，後來成爲數學家，與資訊理論(Information Theory)大師，MIT 的夏儂(Shannon)教授，在著名的 Multimedia Lab 合作完成世界第一套穿戴式裝置，後來自學財經知識後，輾轉進入金融領域。1965 年轉戰「地表最偉大的賭場—— 華爾街」，掀起了另一齣高潮迭起的好戲，與在賭城的情節相較，勝之不及，像是發現致富的選擇權公平計價方式、公司遭到紐約前市長朱利安尼（R. Giuliani，時任檢察官，曾任美國總統川普律師）的搜索與起訴、另一位紐約前市長彭博（M. Bloomberg，金融資訊供應商）的發跡、預見龐氏騙局等對手戲，儼然是金融市場發展的現代啓示錄，書中內容滿滿的實務案例，刻劃十分鮮明。

圖3-3　逆向「效率市場假說」示意圖

「絕對報酬」的康莊大道，成為避險或量化基金的原型。

「打敗大盤」是許多交易者的夢想。索普以逆向「效率市場假說」的操盤經歷，精確估算出衍生品的正確價格，採配對交易的方式，率先探索出「絕對報酬」的康莊大道，成爲避險或量化基金的原型。用今日的術語說明，在風險可控的狀態下，以大數據探勘交易資料，深度使用電腦計算力，挖掘出統計套利、風險中性等交易策略，極大化獲利的可能性，並執行自動化交易。在1974、1987、1998年等幾次金融海嘯中，索普成立的投資公司不但全身而退，還績效卓著，勝出後來以量化投資見長的超級明星公司長期資本管理公司（LTCM，當中有兩位諾貝爾經濟獎得主）。因達到財富自由，索普在2002年決定要結束公司，享受人生。難以想像的是，運營這家持續打敗大盤的公司，管理4.7億美元，最終僅需六人。

索普博士終生秉持不隨意相信別人告訴的任何事情，凡事要加以驗證。例如：有人告訴他，在賭城不可能賺到錢，也不可能打敗莊家，後來他發明系統性的算牌方法，能夠很快地看牌，且每張牌都有對應的數字，使得他可以計算莊家在發牌的過程時勝率有多大。

後來有人跟他說在賭城最多能下注的金額有限，然而在華爾街，賭注是沒有上限的，於是在1965年，他到號稱地表最大賭場的華爾街，一本初衷地要闖闖試試。他將在Las Vegas賭場部分贏到的錢拿到華爾街操盤，並坦言兩個經常犯的錯誤，第一就是不要買自己不了解的股票；第二個是錨定效應(Anchoring Effect)的迷思。如買了一檔股票，但沒有如預期的漲，反而是跌了，就等該檔股票價格回到買進的價位再決定動作，此即為錨定效應。投資人會對買入價格很在意，但市場不會在意，當損失發生到一定程度的時候，就是要把股票賣掉。

索普提出兩個長尾風險，特別值得我們去思考，包括第一，風險管理的盲點：VaR, Stress Test；第二，萬一市場暴跌25%，他的公司會面臨多少損失。他批評現在主流的風險管理，例如：使用VaR等方式並不能精確地認識尾端風險之下，他真正關心的是5%的尾端風險會發生什麼事，也就是問：「已經跌了25%，預期的損失會有多大？」此尾端風險不只告訴我們，在某種可能性下，你的風險就只會損失到這裡，事實上，真正發生風險的時候，損失會更大，那個才是真正要去算的。此外，他也講到一些數學與電腦可能無法判斷的事：詐騙，像龐氏騙局影響到價格是很難判斷的，這些是他提出的一些風險概念。

後來他在某些因緣下，慢慢地接觸到一些特別的金融商品——權證、可轉債等，便開始研究這類型的衍生性金融商品，很幸運地，之後有了系統性的發現。例如：他經常發現權證（在60年代已經有了，事實上，在更早之前的20世紀初就已經存在於市場上），其價格時常被高估，同時也發現權證跟個股的股價一定存在某種關係，所以他有個很聰明的想法，就是對權證進行避險，用現在的說法即是Delta Neutral。換言之，如果股價變動，整個投資組合對此變動則不敏感。一旦變成風險中性時，要如何賺錢？

如果權證的價格會被高估，則一方面放空權證，一方面買入股票，讓該投資組合能夠達到風險中立的狀況，所以這個投資組合本身不存在著風險，對持有此投組對投資人而言是穩定的，因投組之於價格變動並不敏感。同樣地，在避險投組裡，如果權證的價格被低估，策略就會是買進權證，待價格回復時，再把它賣出，賺取價差，這都是量化交易的早期策略。1969 年索普成立了一家投資公司 PNP，可算是避險基金操作的前身，他從該年開始，大量有系統地對權證套利。

如表 3-1，從績效來看，在 1969 年第四季時，S&P 500 跌了 4.8%，他的公司小賺了 3.2%；隔年他的表現不錯，賺了 13.7%；1971 年的狀況還好；1972 年是比較有趣的，該年表現反而沒有 S&P 500 的表現好。索普解釋說這其實不是壞事，因爲對於避險的投資組合，我們的期待不是說它很會漲，而是要「穩定」，因爲此投組同時被避險部位平衡住了，因此不會有超高的報酬。但有意思的是 1973 年及 1974 年時，S&P 500 跌了 15.2% 之後又跌了 27.1%，他的避險基金不但沒有跌，反而還賺了一筆，當然之後差距愈拉愈大，最後到1987 年的金融危機，S&P 500 跌了 22%，他的避險基金是以消除風險爲主，而非賺錢，因此績效相對穩定。

表3-1 索普的投資公司績效表

	S&P 500	PNP
1969 Q4	-4.8%	3.2%
1970	3.7%	13.7%
1971	13.9%	26.7%
1972	18.5%	12%
1973	-15.2%	6.5%
1974	-27.1%	6%
1987 Q3, Q4	-22%	9%

・1969-1979: S&P average return 4.8%, PNP 14.1%

・1979-1988: S&P average return 11.5%, PNP 18.2%

接著看看他累積的報酬有多少，從 1969 到 1979年，S&P 500 十年平均報酬爲 4.8%，他的避險基金平均報酬爲 14.1%，接下來 1979 到 1988 年，S&P 500 是 11.5%，他的避險基金是 18.2%，所以很顯然地是一家打敗市場的公司。他講到每年報酬率取決於套利的品質，經常性地去做配對交易的套利，因此無論漲跌，都可能會賺錢，只是說不會大賺。還有一個描述很有意思，他需要用工具去計算，但在當時 CBOE 交易所是不准帶計算機進去的，只能用手寫，所以他們會印一本小冊子，看到對應的數字指標，就像查常態分布的機率對照表，取得交易資訊。他形容這種交易模式像是拿著槍砲對著弓箭（圖 3-4）。在結束這個避險基金前，他總共管理 2.7 億美元。

以上所描述的策略，在財務工程的角度來看，並不是一件很新鮮的事，對權證等衍生品做避險，形成一個市場風險中性的避險投資組合，這件事情現在來看是很稀鬆平常的。現在我們甚至可以做得更好，如Gamma Neutral、Theta Neutral等，以使之有更多的風險中性。

圖3-4　量化交易的顯著優勢

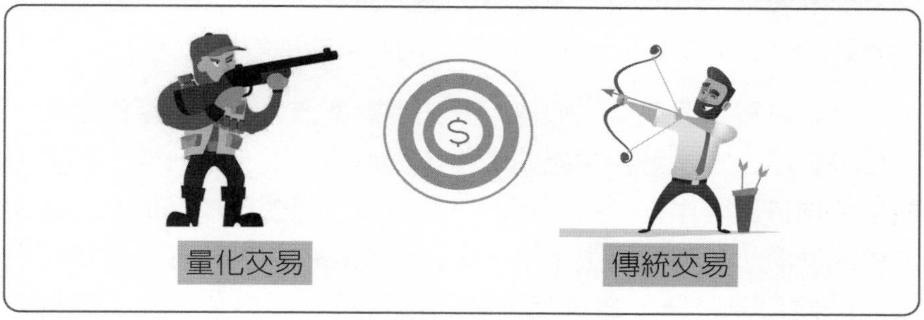

第3節 進行指數化投資：《他是賭神，更是股神》讀後感（下）

索普在 1994 年有一些新想法，並成立一家新的避險公司，叫做稜線合夥(Ridgeline Partners, RP)，跟過去做的事情比較不一樣，只對買股票比較有興趣。當時有一個策略他們稱作 MUD，就是買過去表現差的股票，賣過去表現好的股票，通常此策略會帶來一些收益，但這個策略的不穩定性高。他們經過改良後，把它叫做 STAR(Statistical Arbitrage)，這是一種統計套利的策略，他們開始在以交易股票爲主的投資組合中，建立期貨的放空部位，盡量把股價變動帶來的風險變小，也設法把個別產業的風險變小。

例如：買進股票後，放空一些如指數型或各類別資產的期貨，形成投資組合，這是件複雜的工程，因爲超過上千檔股票，都盡可能地要維持風險中立。這時可把股票避險投組想像成好似在一個大海中的漣漪，隨時間上上下下，好比資產池的波動一樣，當漣漪上來的時候代表賺錢，賣掉就會賺到一筆錢，這邊有浪，那邊也有浪，所以很忙。對 RP 這間公司而言，必須使用很多的電腦設備，每天交易一千多檔股票，演算法不斷地偵測，有賺錢賣掉，等價格跌回再買回，所使用的仍是一種風險中立的策略，只是標的資產是股票，跟之前交易標的是衍生品的避險策略不同。現在這些策略已經廣爲專業操盤機構熟知，在很多如華爾街及各地股票搭配期權市場使用這類的演算法交易，市場眞是要有期權交易才算「齊全」！

我們來看看 RP 的績效，這家公司從 1994 到 2002年，它的年報酬大約是 18%，年標準差是 6.68%，夏普比率是 2；S&P 500 則是 7.77%，年標準差是 15.07%，夏普比率只有 0.18，所以該公司的績效相當好。同時間 LTCM，有諾貝爾獎得主，非常多的機關如聯準會都在裡面，操作部位大約 1,000 億美元，平均報酬率也不錯，有 30%~40%，不過有個問題，就是它用到高槓桿，將近 30 倍的槓桿，如果用1倍來計算，報酬率只會有約1%，因爲後來發生了金融海嘯，這家公司被清算，並幾乎撼動了整個金融體系。

能不能打敗大盤？我們透過索普經營兩家公司的策略，這是兩個打敗大盤的例子，是否能給我們一些啓示，創造贏過多數投資人的辦法？索普建議可以從指數基金開始並運用投資的模式。因爲指數基金大多追蹤大盤指數，但追蹤大盤指數是不是分散性夠？就如前述所說的，他的公司就投資了約1,000檔股票，S&P 500只有500檔，所以指數是不是能代表整個市場，這都需要考慮。

圖3-5　量化交易的顯著優勢

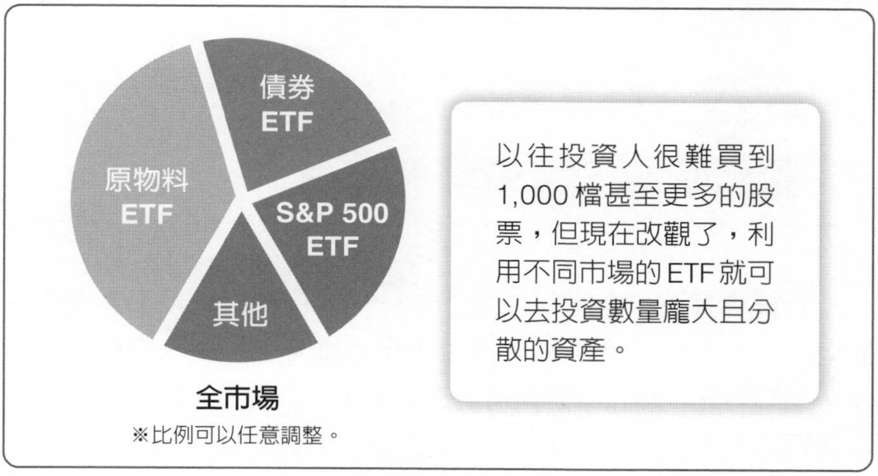
債券
ETF
原物料
ETF
S&P 500
ETF
其他
全市場
※比例可以任意調整。
以往投資人很難買到1,000檔甚至更多的股票，但現在改觀了，利用不同市場的ETF就可以去投資數量龐大且分散的資產。

指數基金分成主動式（如共同基金）與被動式（如ETF），現在因爲ETF非常多元，在美國大約有2,000檔左右的基金，很多追蹤如S&P 500、債券、原物料等等，在以往，投資人很難買到1,000檔甚至更多的股票，但現在改觀了，利用這些ETF就可以去投資數量龐大的標的資產。在交易的時候，要善用複利（複合成長）的力量，長期來看，因爲這些指數市場是會成長的；不過投資人不免要有風險意識，如跌了10%或是20%，我們是否能夠承受？

圖3-6　投資人應思考複合成長的風險

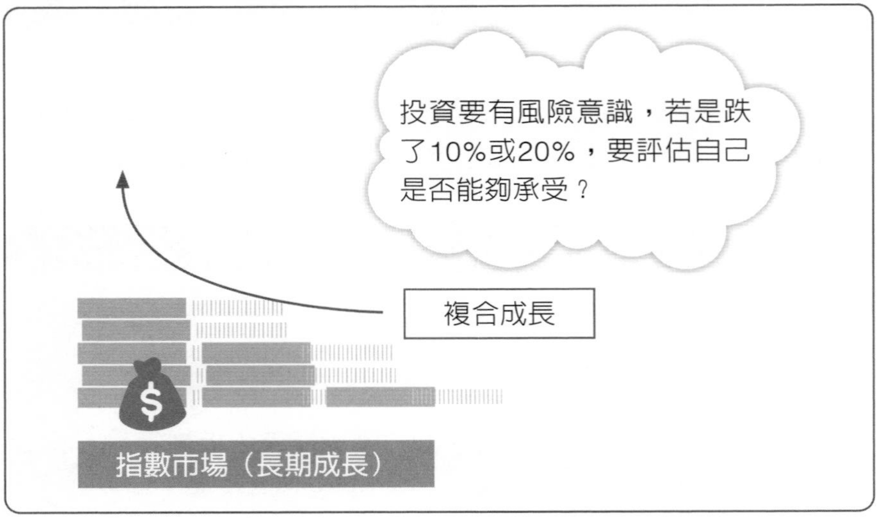

有機會打敗市場的條件如下：一、取得正確、精準、完整的訊息；二、理性投資；三、使用量化分析方法；四、當機會來臨時，一馬當先。現在智慧理財的工具很多，根據我們所示範的一個系統顯示，表3-2左邊看到的投資組合，包含美國的股市，也持有一些債券及信託；右邊是追蹤S&P 500的股票。因爲現在有ETF的關係，這些資產很容易買，這些投資組合也有一定的分散性，因此Beta值可能就很低。從圖3-7可以觀察到從2006年到2018年，即便大盤跌了很多，但因爲與大盤關聯性低，每種資產間彼此有消長，又因爲系統會自動調整權重，如金融海嘯發生時，會把債券的權重調高一些。因此在過去十幾年的回測，可以看到每年都不會跌，這個表現算是挺不容易的，不知道各位能不能做到這種操作？以該投資組合而言，在過去十年的報酬為 13.89%，波動為 8%，同期間 S&P 500 的報酬為 7.26%，波動為 25%，所以很容易在回測上看出任何人都可能打敗市場。

表3-2 投資 ETF 與一般股市、債券的比較

1992.12~2002.9	An account in RP	S&P 500
年化報酬率	18.2%	7.77.%
年化標準差	6.68%	15.07%
夏普比率	1.98	0.18

- 1994~2002 年：稜線合夥(Ridgeline Partners)
- LTCM：運用高槓桿約 30 倍，投資部位達 1,000 億美元
- 年化報酬約 30%~40%，1998 年已清算
- RP：管理 4.7 億美元資產，員工 6 名

圖3-7　歷年報酬率

投資組合列表

US Equity		**46.94%**
VOO	Vanguard標普500指數ETF	26.94%
AMZN	Amazon.com, Inc.	5.00%
RTN	Raytheon Company	5.00%
EL	Estee Lauder Companies Inc.	5.00%
NOC	Northrop Grumman Corporation	5.00%
Fixed Income		**40.28%**
MUB	iShares美國市政債券ETF	35.00%
TLT	iShares 20年期以上美國公債ETF	5.28%
Commodities		**12.78%**

歷史年化報酬率

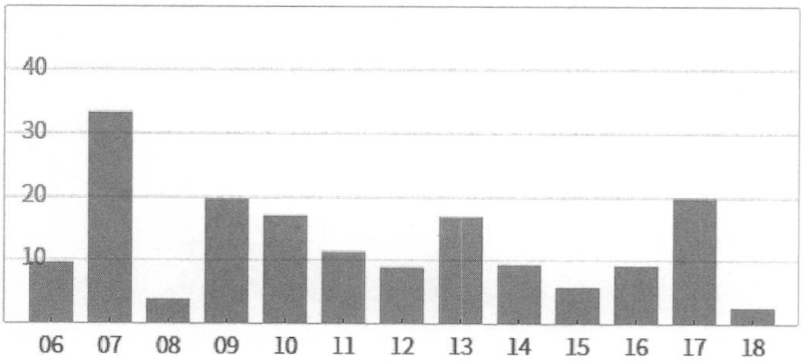

這組投資組合過去十年來的平均年報酬率為 **13.89%**，同期間 S&P 500 指數平均年報酬率為 **7.26%**。

另外，此投資組合的波動率（通常用來衡量政策的風險程度）為 **8.99%**，相較之下，S&P 500 的波動率為 **20.37%**。

以上數據說明了此投資組合將能夠產生投資 S&P 500 指數更為穩定的報酬。

第4節　大眾專屬的理財顧問：機器人理專

在2018年6月24日，英國公投以51.9%比48.1%的比率，確定離開歐盟，全球股市被這出乎意料的結果深深震撼。這一天各國股市相繼大跌，金融市場一片綠油油，走到哪，彷彿都可聽到股民們發出的悲鳴。這種無預警、突如其來的系統性風險，其實每年一再地發生，小至造成股市短期5%~10%的向下修正，大則釀成金融海嘯，全球股市經歷40%~50%的劇烈跌勢。打開財經媒體，看到即便是在金融市場打滾多年的專家們，對於市場行情的預估，從來誰也說不準。那小股民或從未參與過投資的民眾們呢？看金融市場就像是霧裡看花，看似美麗卻也難以捉摸。

圖3-8　股市的不確定性

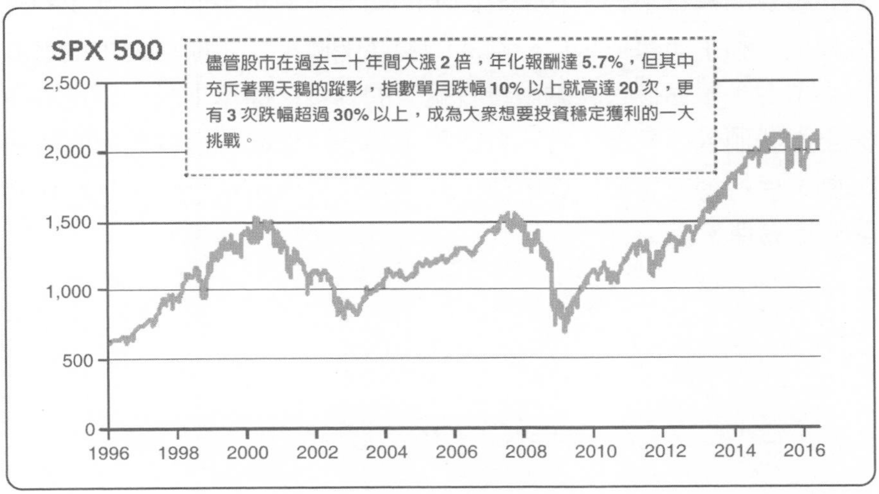

SPX 500
儘管股市在過去二十年間大漲2倍，年化報酬達5.7%，但其中充斥著黑天鵝的蹤影，指數單月跌幅10%以上就高達20次，更有3次跌幅超過30%以上，成為大眾想要投資穩定獲利的一大挑戰。
2,500
2,000
1,500
1,000
500
0
1996
1998
2000
2002
2004
2006
2008
2010
2012
2014
2016

一、大眾投資的新幫手：機器人理財顧問

就在這樣詭譎的投資環境下，很多民眾對投資相關的商品敬而遠之，大家存在著一個普遍的認知，金融投資是一個輸多贏少的遊戲。然而，或許大部分的人尚未察覺到，這一切即將開始發生轉變。隨著近年人工智慧的發展臻至成熟，全世界趨之若鶩地將人工智慧應用在各種面向，而在眾多的應用領域當中，金融投資市場——一個資訊、服務不對稱，並且有著眾多規範的古老產業，想當然耳，首當其衝，即將面臨徹底的改變與挑戰。試想，如果人工智慧可以思考、學習，那為何不能幫大眾理財、挑選股票呢？這樣的想法，催生了機器人理財顧問的誕生。

那麼，到底什麼是機器人理財？機器人理財是提供自動化、客製化投資的網路平台，利用網路上的問卷，衡量每個人可承受的風險程度，利用演算法來做分散式的資產配置，並定期自動化地追蹤市場情況，幫助投資人調整投資組合的內容。簡單來說，就是電腦完全幫我們管理資產，它不會隨著市場的高低起伏而有任何的情緒波動，保持絕對的理性與紀律，完美實踐投資組合理論，幫助我們做資產管理。

圖3-9　理財機器人的作用

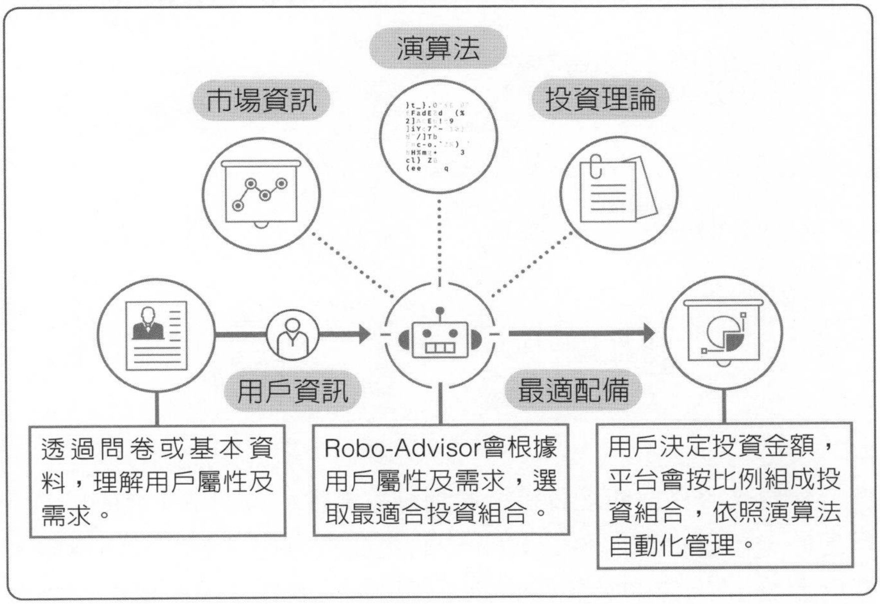
演算法
市場資訊
投資理論
用戶資訊
最適配備
透過問卷或基本資料，理解用戶屬性及需求。
Robo-Advisor會根據用戶屬性及需求，選取最適合投資組合。
用戶決定投資金額，平台會按比例組成投資組合，依照演算法自動化管理。

與傳統的理專與投資方法相比，機器人理財的服務具有以下特性：

（一）更低的成本

機器人理財顛覆了傳統的金融服務模式，大幅降低了享有理財服務的門檻。傳統上，若是在美國想要享有理財顧問服務，平均需要擁有 50 萬美元的資產，且每年所需的管理費更高達 1%~2% 不等；反觀機器人理財服務，只需要 100 美元即可享有服務，且每年管理年費下降到只需要 0.25%。傳統銀行提供資產管理服務只瞄準前 10% 高資產客戶，而透過機器人理財這樣的方式，讓原本享受不到傳統金融機構服務的 90% 投資人能輕鬆享有。

圖3-10　機器人自動分配投資標的

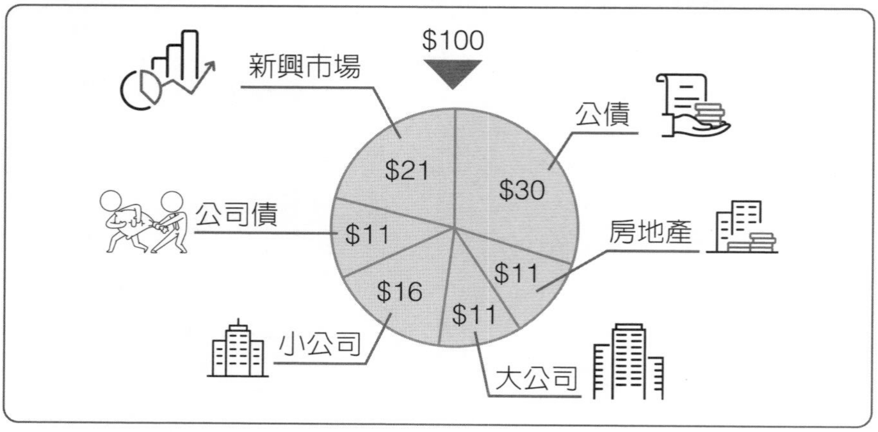

機器人服務爲使投資組合達到分散風險，會利用多元的ETF進行配置，儘管每個服務的 ETF 標的可能不盡相同，但每個機器人理財服務會考慮 ETF 額外的管理費用、流動性、追蹤標的之能力等，將使用者資產配置在固定標的上（如圖 3-10 的六檔 ETF 相關標的），並利用演算法來計算合理的配置權重，每季做調整。

（二）自動化管理

機器人理財服務會依據投資人可投資的金額，自動分配至投資標的，並且將收到的股利再自動化分散投資到既有的投資組合內。結合儲蓄與複利投資的概念，讓錢滾錢自動幫投資人累積財富，而這一切，全部交由機器人背後的演算法執行，投資人不需要每天盯盤，可以享有更好的生活品質。

（三）穩定的投資報酬

機器人理財大多採指數型投資的方法。從 2009 年至今，整體市場指數約可產生 7% 的年化報酬率，而目前市面上的機器人理財服務平均同期可產生4%~5%的報酬。雖然不比大盤的報酬率，但靠著多角化的投資組合配置，大幅降低投資組合價值的波動，如即便在2009年金融海嘯，機器人投資組合均能較大盤有更小的虧損。

二、超級比一比：大盤、經理人 & 機器人投組

回到投資人最關注的話題：機器人理財服務的績效比起其他經理人或大盤又是如何呢？大部分的機器人投組採指數型投資，這種利用多元資產分散風險的方法，可產生不遜於大盤的報酬，卻同時擁有更低的波動率，讓整個報酬曲線相較於大盤平穩許多。

爲了讓讀者更容易了解差異，根據TradingValley團隊依照不同的風險屬性——風險趨避、風險中立以及風險追逐，創造了三種類型的機器人投資組合，並將其與大盤及私募基金經理人的績效與風險程度做比較，資料期間從2010年起至今。不同投資組合間的報酬率，如表3-3。

表3-3　不同投資組合間的報酬率

	年化報酬率
S&P 500大盤指數	9.79%
基金經紀人平均報酬率（80%~100%股票部位）	5.50%
基金經紀人平均報酬率（60%~80%股票部位）	4.70%
基金經紀人平均報酬率（40%~60%股票部位）	3.60%
基金經紀人平均報酬率（0%~40%股票部位）	2.50%
TradingValley機器人投資組合（保守型）	8.7%
TradingValley機器人投資組合（中立型）	9.34%
TradingValley機器人投資組合（積極型）	9.68%

注：1. Ave. private client data return use data from the ARC private client indices.
2. 資料來源：睿富者部落格。

可以看到自2010年的多頭市場，S&P每年有近8.71%的年化報酬率。在這樣的多頭市場，平均的私募基金經理人的報酬卻非常慘澹，即便持股接近100%，承擔高風險的結果下，也只有平均5.5%的投資報酬率。相較之下，三種不同風險屬性的機器人投組表現得相當亮眼，即便最保守的機器人也可以產生不遜於大盤的報酬率。

不過，既然機器人可以產生與大盤相仿的報酬率，投資人爲何不選擇投資大盤就好，反而相信機器演算法的操作？這時我們可以探討影響投資組合價值的另一個層面——風險承擔。投資組合價值波動率愈高，代表此投資組合的風險愈高，資產漲跌變化的幅度愈大。圖3-11顯示大盤與三組機器人投資組合的資產價值變動，從圖中可以觀察到大盤相較於其他投資組合變化幅度比較大。若將其轉換年化波動率時，結果如表3-4所示。

從結果來看，即便是承擔最高風險的積極型機器人投資組合，波動率也較大盤來得低。因此這類型機器人投資組合提供的是比大盤更穩健的報酬率，也讓使用者不需每日盯盤，亦可享有與大盤相若的報酬，提供普羅大眾一個比起定存、基金更好的投資標的物。

表3-4　投資組合波動率比較

	大盤	TradingValley 機器人投資組合（保守型）	TradingValley 機器人投資組合（中立型）	TradingValley 機器人投資組合（積極型）
波動率	15.4%	7.02%	9.11%	13.33%

圖3-11　三組機器人投資組合與大盤的比較

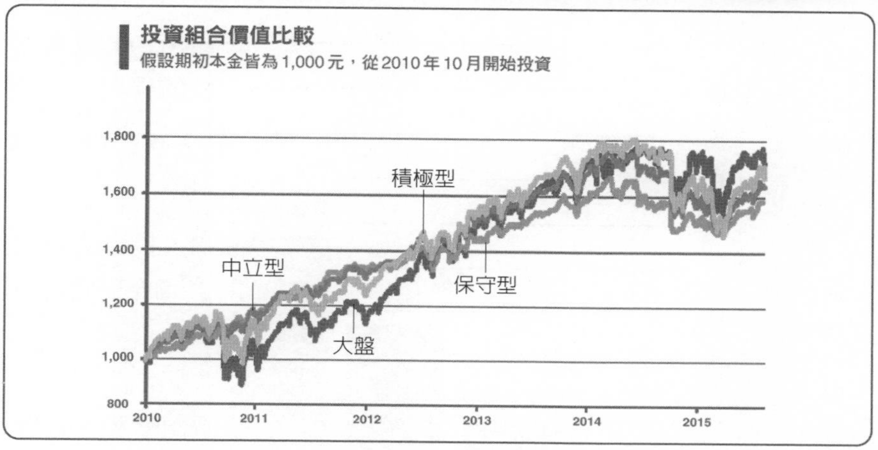

三、市場的機會與挑戰

挾著2008年金融海嘯後，民眾對金融機構的不信任，美國機器人理財服務快速成長，以科技公司爲發展主軸，所提供的機器人理財服務標榜完全中立，民眾再也不需要擔心是否會買到金融機構因業績、政策導向所推出的金融商品，而由機器人管理的理財服務擺脫舊有金融機構的束縛，一切眞正地以服務使用者爲出發點。

根據彭博的報告（圖3-12），至2016年年底，機器人理財的管理資產總額可達到3,000億美元，至 2020年時，該管理資產的總金額可成長到2.2兆美元。

圖3-12　機器人管理的資產總額逐步上升

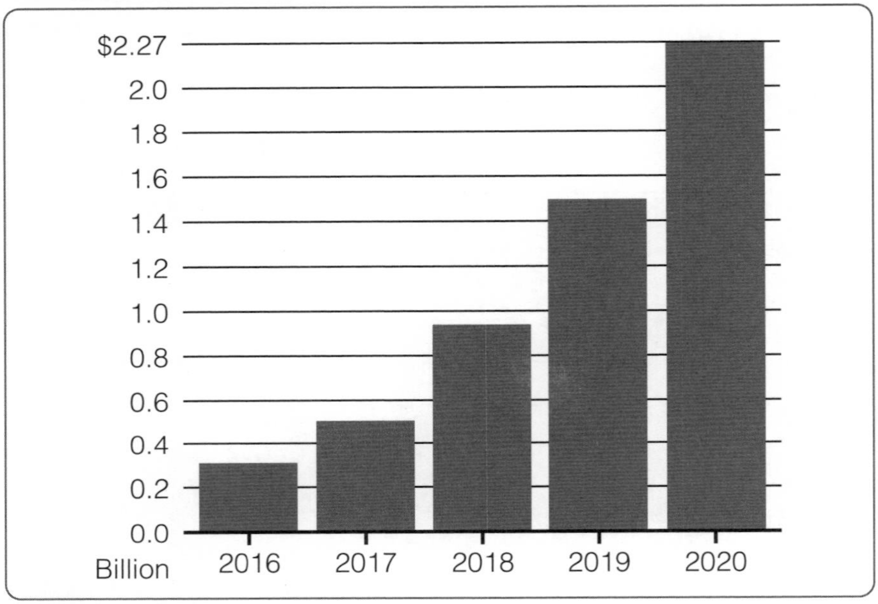

然而，當愈來愈多人使用機器人理財服務，其簡潔的服務特性逐漸也受到一些質疑，如：現有機器人理財服務並無達到眞正的客製化服務、投資使用的演算法過於單調等等。甚至，因爲英國脫歐造成的市場劇烈波動，更有國外知名的機器人理財公司，將旗下的機器人演算法暫停服務的情況。種種的質疑與挑戰，似乎暗示著機器人理財顧問的背後還是或多或少由人爲操縱。這也延伸出了另一個討論議題：到底，我們傾向的是全自動化的投資理財服務，還是要有人爲干預呢？

在機器人、人工智慧的服務背後，到底服務我們的是披著機器人外表的人類，還是有著如人類外表的機器人呢？

但不難想像的是，這些種種質疑將會隨著時間一一被解決，許多擁有技術、創新的新創公司相繼投入此領域，最終，機器人理財服務一定會持續演化，爲投資人提供更加多元的策略組合、全面自動化、趨近完美的理財服務。

或許，這個走向將會比你我想像的，來得都還要快。

第5節 如何建構最佳投資組合：關於稅賦管理

稅賦管理對建構投資組合而言是相當重要的一環。好的稅賦管理可以幫助投資者減少不必要的支出，創造更大且穩健的收益。本節將著重在稅賦管理中的一部分：Tax Loss Harvesting，從解釋何謂Tax Loss Harvesting、Tax Loss Harvesting的運用，再到最後在進行Tax Loss Harvesting時，我們應該注意什麼。

一、何謂 Tax Loss Harvesting

所謂Tax Loss Harvesting即是指將資本利得與資本損失互抵，讓原本所需繳的稅變低，在美國是一種合法的節稅。

圖3-13　Tax Loss Harvesting 示意圖

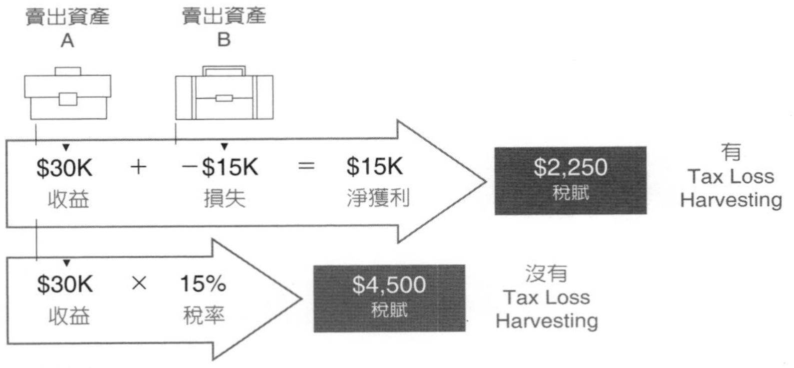

資料來源：Wealthfront Tax-Loss Harvesting White Paper

舉例來說：我今天同時賣出A跟B，A資產讓我獲得3萬塊收益，B資產讓我有1萬5千元損失，等於我的淨損是1萬5千元，我需要繳的稅是淨獲利1萬5千乘以稅率15%，也就是2,250元。上述是有Tax Loss Harvesting的例子。若是沒有Tax Loss Harvesting，我們又要付多少稅呢？

沒有Tax Loss Harvesting，等同於我並無有效節稅，也就是我今天的獲利直接被課稅，例如：我獲利是3萬元，需繳的稅是4,500元。對照上述例子，我們可看出Tax Loss Harvesting可以減輕我們的稅賦負擔。

然而要如何充分發揮Tax Loss Harvesting的效益，同時又該注意什麼？這個問題可分成兩個方向來討論：長短期投資的稅率差異、我們要在什麼時候實現我們的損失。

二、Tax Loss Harvesting的運用

第一個問題我們可從長短期稅率差異來討論，美國政府希望能刺激投資人多進行長期投資，而非靠短線交易來獲取報酬，因此短期投資的資本利得稅率會遠比長期投資高。所以當我們想要發揮Tax Loss Harvesting的最大效用時，我們應該注意，長期投資是遠比短期投資來得有效益。

以下我們可以舉兩個例子來比較，Tax Loss Harvesting在短期投資與長期投資的效果差異。

（一）短期投資

假設我們今天購入價格為$100的ETF A 1,000單位，亦即我的資產組合現在價值$100,000，過了幾個月後，ETF A每單位價格下跌到$90，我的資產組合變成價值$90,000，我將ETF A賣出實現損失，再用賣出資產組合的錢，全數買進1單位為$180的ETF B，買進500單位。年底ETF B漲到每單位$200，這時我賣出我所有的ETF B，結清我的投資。
因為我有$10,000的損失，同時也有$10,000的獲利，所以結算時，不需要繳任何的稅。

（二）長期投資

假設我今天一樣也購入價值 $100,000 的 ETF A，過了幾個月後，我的資產組合價值掉到 $90,000，我賣出我所有的 ETF A，實現 $10,000 的損失，並用 $90,000 購入 ETF B，在第一年結束後，ETF B 價格上漲，我的資產組合價值變為 $100,000。我在第一年有 $10,000 的損失，這損失為我帶來 $4,000 的稅賦減免。

▶ 第一年，損失：$10,000
稅賦減免：$10,000×0.4＝$4,000
0.4 為短期投資稅率

▶ 第二年，我繼續持有價值 $100,000 的投資組合，並多投資上一年的稅賦減免金額($4,000)，因此現在我的投資組合價值 $104,000，第二年結束時，我原本價值 $104,000 的投資組合增值為 $106,000。

▶ 第三年年底，我的投資組合價值下跌變成 $93,600，此時我在第一年底多投入的 $4,000，因為跌價變成 $3,600，我因此又多了 $400 的損失，這損失為我帶來 $160 的稅賦減免。

▶ 第四年，我將 $160 的稅賦減免投資我原有的資產組合。資產組合變為 $93,760。

▶ 第五年，我的資產組合價值上漲到 $104,160。我將所有的部位賣出，要付的稅為 $2,600。
資本利得：$104,160－$93,760＝$10,400
$10,400×0.25＝$2,600
0.25為長期投資稅率

▶ 這五年讓我最後有 $1,560 的收入。
賣出 $104,160
－建構資產組合的成本$100,000
－實際付出的稅 $2,600
＝$1,560

從這個例子，我們可以觀察到，由於長短期資本利得稅率的差距，我可以藉此獲得收益。

三、Tax Loss Harvesting的實作

首先，我要思考當我賣出資產（例如：股票），發生損失（停損）時，我要利用什麼資產來填補我原有的部位。

（一）若原本的投資標的爲股票，則可以考慮以該股同一產業類型的ETF，來當作暫時性資產。

（二）若原本投資標的爲 ETF，則需要找到一個鎖定不同指數但關聯性非常高的 ETF，追蹤相同指數表現，但不同發行商的 ETF 是沒有辦法用來進行操作的。若沒辦法找到一檔 ETF 和原來有令人滿意的高度關聯性，則我們也可以考慮以兩檔 ETF 來組合成和原有ETF 有高度關聯的投資組合。

第二，需要想一下，填補我短部位的資產，是暫時性填補呢，或者是繼續持有，直到該資產決定停損。

最後，什麼時機點將資產賣出，也是相當重要的。理想的狀態是以最少的賣出次數，實現最多的損失，原因是因爲每次買入賣出，除了交易手續費，賣價買價之間存在的差額也是需要考量的成本。爲了在最好的時機點賣出，應該要密切觀察我的投資組合，並以標的物的歷史走勢、報酬率、波動率等等設定賣出門檻，檢視是否超出門檻的時間點應該愈密集愈好。若是想要在每年計算稅賦時，才實現損失，其實是較沒有效率的。

四、Tax Loss Harvesting 需注意的限制

Wash Sale 是我們在進行 Tax Loss Harvesting 需注意的事，根據

美國法規的規定，賣出資產的前後30天，不得買入相同資產（追蹤同指數不同發行商的ETF也算在內）。

這樣的限制是我們須密切注意的，若違反的話，則我們的損失，會無法用來進行資本利得減免。然而這裡有一個要注意的部分，Wash Sale 的規定，不代表我們眞的不能在時間限制內買回資產，我們一樣可以買回，只是不能抵減資本利得。

五、小結

根據研究顯示，妥善利用 Tax Loss Harvesting，能夠爲本來的資產組合增加穩健的報酬，然而其限制與適合的投資時程，也是我們該思考的事。

▶▶ 幸福投資練習題

是非題(T/F)

1. 機器人理專多採取主動投資策略。
2. 機器人理專背後的原理，考量到風險與報酬。
3. 在美國，Tax Loss Harvesting 是一種將資本利得與資本損失互抵，讓原本所需繳的稅變低的節稅方式。
4. ETF 的交易成本通常低於主動式管理的共同基金，因爲它採取被動管理模式。
5. 投資 ETF 無法實現資產的多樣化，因爲 ETF 通常僅追蹤單一股票或債券指數。

選擇題

1. 機器人理專的投資建議以何種爲主？
   ⑴ 投資組合　⑵ 個別資產　⑶ 皆可
2. 機器人理專主要交易何種標的資產？
   ⑴ 股票　⑵ 基金　⑶ ETF
3. 機器人理專的興起，跟以下哪些因素有關？
   ⑴ 法規　⑵ 市場風險加劇　⑶ 皆是
4. 機器人理專的資產配置以何種模型爲策略主軸？
   ⑴ 質化　⑵ 量化　⑶ 皆非

5. 以下哪一項不是現行機器人理專缺點？
   (1) 無面對面服務　(2) 低波動　(3) 缺乏客製化

6. 在某一段時間內，ETF 報酬率與其追蹤指數報酬率之間的差異是指：
   (1) 追蹤差異（簡稱TD）　(2) 追蹤誤差（簡稱TE）
   (3) 皆非

7. 在某一段時間內，ETF 報酬率與其追蹤指數報酬率差異的標準差是指：
   (1) 追蹤差異（簡稱TD）　(2) 追蹤誤差（簡稱TE）
   (3) 皆非

8. 假設投資組合 A 和 B 有相同的平均報酬，相同的報酬標準差，但投資組合 A 相較於投資組合B有較低的貝塔值(Beta)。以夏普比例(Sharpe Ratio)而言，投資組合A的表現：
   (1) 優於投資組合 B 的表現
   (2) 相同於投資組合 B 的表現
   (3) 劣於投資組合 B 的表現
   (4) 資訊不足以判斷此問題

9. 目前全球最大的資產管理公司是：
   (1) BlackRock　(2) Wealthfront　(3) Betterment

10. 目前全球最大的 Robo Advisor 科技公司是：
   (1) BlackRock　(2) Wealthfront　(3) Betterment

簡答題

1. 何謂錨定效應(Anchoring Effect)？
2. Tax Loss Harvesting 是一種在美國，將資本利得與資本損失互抵的合法節稅方法，長期投資遠比短期投資具有效益，以下請計算長期投資的最後利得。

短期投資稅率：0.3。

長期投資稅率：0.15。

假設我今天購入價值 $100,000 的 ETF A，幾個月後跌價到 $90,000，我賣出全部的 ETF A，並用 $90,000 購入 ETF B，而第一年結束時，ETF B 上漲到 $100,000，但我在第一年仍然實現 $10,000 的損失。第二年繼續持有 ETF B，但價值下跌到 $91,800，而在第三年上漲到 $104,500，並在第三年將持有資產賣出。請問：我最後的實際稅收爲何？這三年讓我最後有多少收入？

Ch 04

技術篇

第1節 投資組合理論先驅：Markowitz's Mean-Variance Model

此篇文章主要介紹諾貝爾經濟獎得主馬可維茲(Markowitz)於1952年提出的均值一變異模型（Mean-Variance Model，以下簡稱MV 模型），應用了統計模型證明分散投資對於投資組合降低風險的可行性。爾後會在文章中以 Python 程式語言實現此模型的演算，並利用簡單的例子驗證此模型的有效性，及說明可能發生的問題，最後會提出機器人理財(Robo-Advisor)在此模型上的應用及可能的改良。

一、模型簡介

MV 模型爲馬可維茲於 1952 年提出的投資組合模型。

對於一項投資，通常會利用簡單的報酬與風險兩個項目進行衡量。其中的報酬，通常會利用平均報酬來表示，也就是模型中的均值；而風險，也就是報酬率的波動度（標準差），與模型中的變異息息相關，因爲變異即爲標準差的平方。若比較兩項投資，當報酬相同時，風險較低的投資組合會是投資人選擇的對象；而當兩項投資風險相同時，則投資人會選擇報酬較高的組合。這即是對 MV 模型最簡單的概述。

但若是兩項報酬及風險皆不同的投資選項，又該如何決定呢？更延伸的問題則是，當有兩種，甚至多種投資目標時，該如何決定在每個目標上投資金額的多寡呢？

二、模型數學式與說明

當以兩個投資目標A及B進行組合時，會有以下幾個項目：

（一）報酬率：R_A、R_B 分別爲A及B的個別報酬率。

（二）波動度：σ_A、σ_B 分別爲A及B的報酬率波動度（標準差）。

（三）投資權重：ω_A、ω_B 分別爲在A及B上投資金額的權重。

（四）投資組合：

$$R_P = \omega_A R_A + \omega_B R_B \text{（以矩陣表示爲 W' R）}$$

$$\sigma_P^2 = \omega_A^2 \sigma_A^2 + \omega_B^2 \sigma_B^2 + 2\omega_A \omega_B \sigma_A \sigma_B \rho_{AB}$$

（以矩陣表示爲 $W' \Sigma W$）

（五）其中 ρ_{AB} 爲A及B報酬率間的相關係數。

根據上述即可以計算出投資組合的報酬率及波動度。進行投資前，可簡要地利用過去的報酬率及波動度，作爲對未來的預期報酬率與波動度，再根據上述的式子計算投資組合外來的預期統計量。

選擇最佳投資組合的方法，通常會是在選定的風險(σ_*)下，找出報酬率最高的投資組合，如式(1)：

$$\text{Max}_\omega (R_P) \text{ subject to } \sigma_P^2 = \sigma_*^2 \qquad (1)$$

或是在選定的報酬（R_*）下，最小化投資組合的風險，也就是以下的式(2)：

$$\text{Min}_\omega (\sigma_P^2) \text{ subject to } R_P = R_* \qquad (2)$$

上述的式子是MV模型最一般的寫法，若僅討論限制式爲權重和是1($W'e = 1$)的二次最佳化問題，可以得到封閉的最佳解如下：

$$W^* = \Sigma^{-1} (\lambda_1 e + \lambda_2 R)$$

其中：

$$\lambda_1 = \frac{c - bR_*}{\Delta}，\lambda_2 = \frac{aR_* - b}{\Delta}，\Delta = ac \lambda b^2$$

$$a = e'\Sigma^{-1}e，b = e'\Sigma^{-1} R，c = R'\Sigma^{-1} R$$

若將最佳化的式子寫得更一般化，則可以表示爲式(3)，以矩陣表示爲式 (4)：

$$\text{Max}_{\omega}\ (R_P - q\sigma_P) \text{ such that } \sigma_P = \sigma_* \quad (3)$$

$$\text{Max}_{\omega}\ (WR' - qW\Sigma W') \text{ such that } W\Sigma W' = \sigma_*^{\ 2} \quad (4)$$

根據上述的式子，即可在每個風險下找出最佳的投資組合，這些投資組合預期風險與預期報酬的點集合，可畫出一條「效率前緣」(Efficient Frontier)[3]，也是模型中選擇「最有效」的投資組合的依據。

3 https://www.investopedia.com/video/play/explaining-efficient-frontier/
Investopedia – Explaining the Efficient Frontier

圖4-1　從模型找出最有效的投資組合

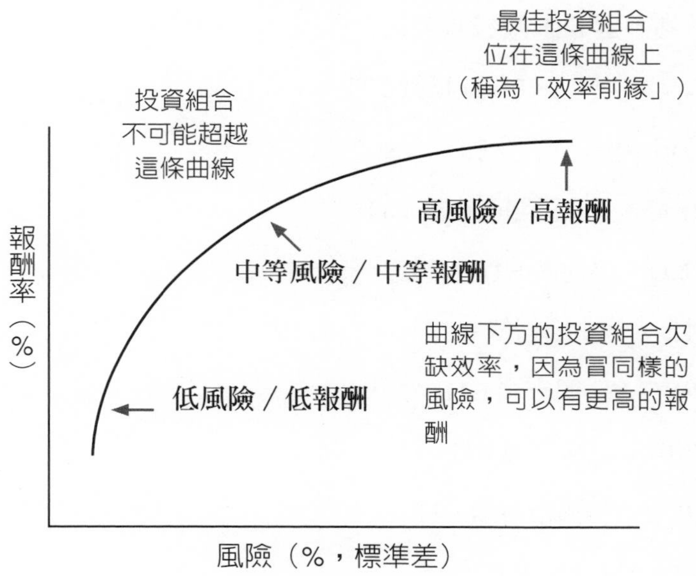

注：Copyright 2003, Investopedia.com

三、以Python程式實現模型

社群交易網站參考 Quantopian 及 GitHub 上的討論內容，以 Python 程式語言實現 MV 模型。模型當中的預期報酬及預期波動皆參考過去一季的平均日報酬及日報酬之標準差。

在 Python 中，有幾個最佳化的函式可以使用，一個爲 scipy 模組中的 optimize 的 minimize 函式；另一個爲 cvxopt 模組，是協助進行「凸函數」優化的模組。

（一）讀取數據——以 pandas-datareader 讀取 Yahoo Finance 數據爲例：

以下列美國 ETF 爲投資標的：

1. IVV：美國 S&P 500 指數 ETF。

2. VB：美國小型股 ETF。

3. VEA：全球已開發市場 ETF。

4. VNQ：房地產 ETF。

5. TLT：美國公司債 ETF。

6. VWO：新興市場 ETF。

7. EMB：美國公債 ETF。

8. MUB：美國市政債 ETF。

9. IAU：黃金 ETF。

讀取 2017 年至 2018 年 2 月「調整後收盤價」數據作爲計算依據。（加上 sort_index() 使之按日期順序排列。）

圖4-2　讀取數據之程式碼

```
import datetime
start = datetime.datetime(2017, 1, 1)
end = datetime.datetime(2018, 2, 28)

underlying = ['VNQ', 'IAU', 'EMB', 'TLT', 'MUB', 'VWO', 'VEA', 'IVV', 'VB']

import pandas_datareader
symbol_price = pandas_datareader.DataReader(underlying, 'yahoo', start, end)['Adj Close'].sort_index()
symbol_price = symbol_price.fillna(method = 'pad')
symbol_price
```

根據上圖的程式碼，可以得到 data 爲一個包含四個標的調整後收盤價的 dataframe：

表4-1 四個標的的調整後收盤價

	EMB	IAU	IVV	MUB	TLT	VB	VEA	VNQ	VWO
Date									
2017-01-03	105.034081	11.16	222.374664	105.244957	116.211296	127.869354	35.708111	79.363510	35.296978
2017-01-04	105.689369	11.21	223.719208	105.459183	116.658112	130.008575	36.145111	80.523285	35.619015
2017-01-05	106.506081	11.38	223.513123	105.663673	118.484222	128.973480	36.465576	80.782089	35.989849
2017-01-06	106.449104	11.30	224.396408	105.507881	117.396317	128.796036	36.319916	80.791664	35.843468
2017-01-09	106.325638	11.38	223.670151	105.770798	118.338531	128.027084	36.232510	80.063210	35.784912
2017-01-10	106.154701	11.44	223.572006	105.741570	118.260811	128.963623	36.271355	79.382675	35.980087
2017-01-11	106.259171	11.46	224.170685	106.062920	118.659088	129.328354	36.523846	78.893837	36.292362
2017-01-12	106.468094	11.51	223.738831	106.393997	118.396805	128.628433	36.552979	79.296425	36.380188
2017-01-13	106.515587	11.55	224.151047	106.296631	117.833412	129.436798	36.688938	79.181396	36.341160

（二）計算日報酬率，並匯出價格及累積報酬率數據線圖，簡單檢查資料的完整性及合理性。

圖4-3 計算日報酬率

```
import plotly
import seaborn
import cufflinks
% matplotlib inline
cufflinks.go_offline()
seaborn.set_style('whitegrid')

symbol_price.iplot(title = 'price')
((symbol_price - symbol_price.iloc[0]) / symbol_price.iloc[0]).iplot(title = 'cumulative return')
symbol_price.pct_change().iplot(title = 'daily return')
```

圖4-4　價格折線圖

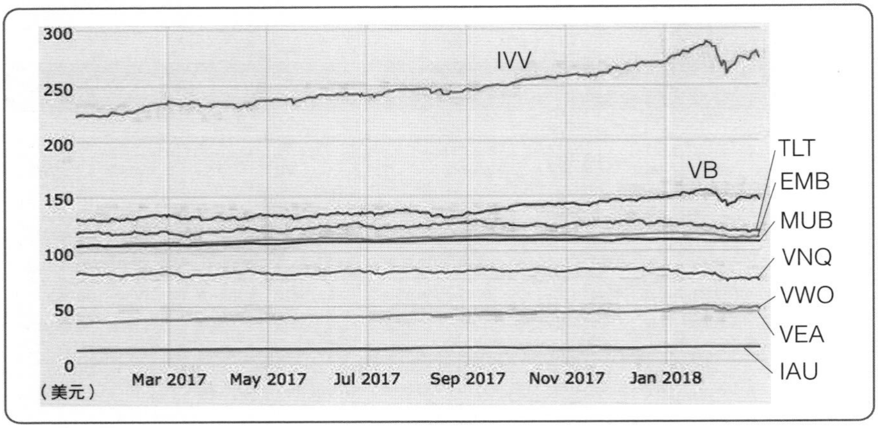

圖4-5　累積報酬率折線圖

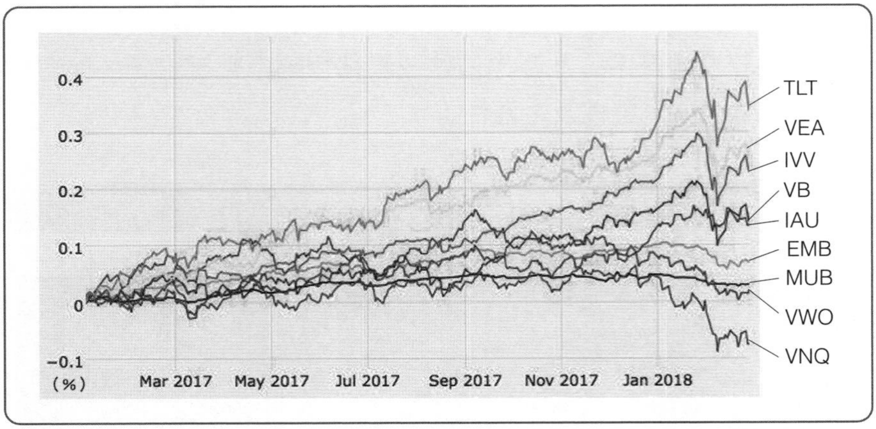

（三）計算過去一季日報酬率之統計量。

選取 2017 年 11 月至 2018 年 3 月的價格，計算期間的累積報酬率及標的間的共變異數，並進行「年化」。

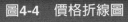

圖4-6 計算過去一季日報酬率之統計量

```
daily_return = symbol_price.pct_change()['2017-11':'2018-02']
cum_ret = ((1+daily_return).cumprod() - 1).iloc[[-1]]
cum_ret = (1+cum_ret)**(252.0/len(daily_return))-1
cum_ret
```

Last executed 2018-03-21 08:38:21 in 18ms

	EMB	IAU	IVV	MUB	TLT	VB	VEA	VNQ	VWO
Date									
2018-02-28	-0.056818	0.119182	0.202688	-0.037162	-0.113202	0.066625	0.060674	-0.264029	0.20557

注：通常設定一年交易日共252天，年化的共變異數只需利用日的變異數乘上252即可；報酬率的年化須以「複利」思考：

$$R_{年化} = (1 + R_{期間})^{252/期間長度} - 1$$

（四）以最佳化公式及模組，尋找效率前緣（程式碼可參考GitHub[4]）。

在進行最佳化之前，須先對限制式進行設定：

1. 權重和為1。

2. 權重不能小於0。

4 https://github.com/Vinci-Investments/Portfolio_optimization/blob/master/portfolio_optimization.py Github – Vinci-Investments/Portfolio_Optimization

圖4-7　以最佳化公式及模組，尋找效率前緣

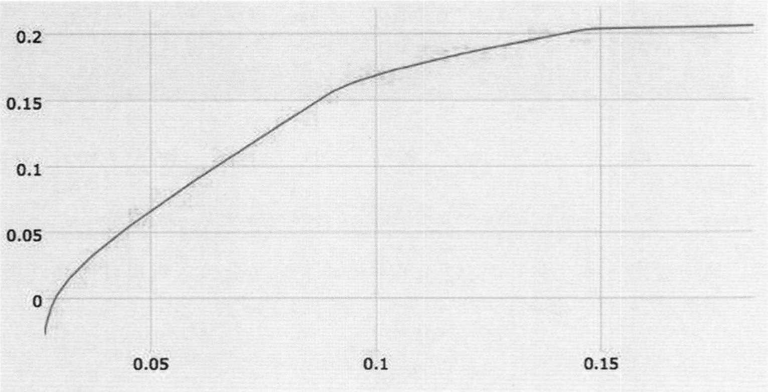

注：根據參考程式碼，可以直接得到效率前緣的上半部分，程式中只選取了150個點進行繪製，若選取的點數增加，可使效率前緣更圓滑。

（五）印出效率前緣上投組權重（如圖4-8）。

圖4-8　印出效率前緣上投組權重

```
1  print(frontier.Result['Weights'][3])
```

Last executed 2018-03-21 08:54:45 in 4ms

```
[ 3.29e-09]
[ 8.35e-09]
[ 1.77e-05]
[ 3.51e-09]
[ 2.84e-09]
[ 5.11e-09]
[ 4.94e-09]
[ 2.05e-09]
[ 1.00e+00]
```

（六）從上述的結果可以發現，投資組合會非常集中於其中一檔標的，這是MV模型其中一個缺點，圖4-9再用簡單的限制權重在5%~35%的方式，得出一個較分散的投資組合。

圖4-9　限制權重在 5%~35%

```
1  print(frontier.Result['Weights'][3])
Last executed 2018-03-21 08:58:22 in 4ms
[ 5.00e-02]
[ 5.00e-02]
[ 3.00e-01]
[ 5.00e-02]
[ 5.00e-02]
[ 5.00e-02]
[ 5.00e-02]
[ 5.00e-02]
[ 3.50e-01]
```

注：以上是以MV模型最簡單的步驟進行的範例，在標的上也選取了不少類別的ETF以實現多角化投資組合，讀者可以對各種不同的標的組合進行測試，也可以實驗不同標的、不同資料長度、不同權重限制分別會對模型結果產生什麼影響。

四、MV模型的缺點

MV模型存在著三個最主要的問題：

（一）權重可能過度集中

可參考上述程式步驟的結果。

（二）模型結果會對輸入值非常敏感

MV模型只與各投資標的過去的報酬與共變異兩個統計量有關，且當這兩個值稍有變化時，可能會對模型結果（投資組合權重）產生較大的影響。

（三）使用方法較無直覺性

MV 模型所產生之結果，單純根據各投資標的過去的報酬與共變異，但過去並不代表未來，因此單純以過去的統計量作爲投資組合權重依據，並沒有太多的直覺性。

五、機器人理財在模型上的應用與改良

以機器人理財的實作而言，由於 MV 模型較爲單純，經過簡單地加工後，對需要即時進行較多次計算的「自選投資組合」，會是一個適合的模型。

我們可以透過線上平台「投資組合大擂台」(qffers.qf.nthu.edu.tw:8002)，經 email 註冊後，設定密碼即可使用。

網站目前使用 S&P 500、元大台灣50以及NASDAQ 100 指數的成分股、BTC/ETH 加密貨幣的歷史日資料，也可以自行上傳資產資料。每次計算標的權重，都是取 6 個月的資料，依照馬可維茲的理論，畫出效率前緣，然後在樣本內（訓練集）取夏普值最大的權重，再用接下來 3 個月樣本外（測試集）的資料，觀察投資組合的價值如何變化。我們每 3 個月更新一次權重，再把許多 3 個月區間內投資組合的價值變動拼接起來，得到2015年中到最近投資組合的價值變動，藉此求出平均年報酬、年波動率，再把報酬除以波動率得到整個投資期間的夏普值。另外，我們還算出最大跌幅(Maximum Drawdown)，就是投資過程中，會從到目前爲止的最高點，最多下跌多少幅度。

投資組合大擂台

在評估投資組合的表現時，經常使用的是以上所述絕對性的指標，例如：報酬率、波動率、夏普指數、MDD等，不過也有相

對性的指標Alpha、Beta值。基於財務的資本資產定價理論(Capital Asset Pricing Model, CAPM)比較投組與另一個標的（例如：大盤指數），我們可以透過回歸式，估計出作爲超額報酬的Alpha值，以及作爲相關性的Beta值。Alpha值表示投組的獲利能力，愈高愈好。Beta值代表了投組對系統性風險的曝險程度，愈低愈好。

此外，以風險控管的觀點，風險值（Value-at-Risk，簡稱VaR）是風險管理中用以預估投資組合損失的一種測度，基本上就是統計中百分位數的概念。在給定一個信心水準（此爲95%）後，10-day 95% VaR是計算10日內，投資組合的最大損失爲何。以上這些關乎最佳投組的績效評估以及風險分析，投資組合大擂台目前提供了免費的算力。

藉由擂台的算力，可以計算出不同投資組的績效，例如：以下股、債、黃金與比特幣等組合SPY/IET/IAU/BTC-USD，讀者應自行使用與比較。

投資組合大擂台可視爲「社群交易」的一個平台，期望藉由開放環境下的分享，共尋聖杯，提供更有效能的投資組。

除了以MV模型爲之外，現行機器人理財實作中的主要演算法，爲了解決上個部分提到的模型問題，也會加入Black-Litterman Model（貝萊克－立德曼模型），在市場均衡下加入「House Views」。

六、結論

本文介紹了一個投資組合的先驅模型，是較爲簡單、基礎的投資組合模型，也就是馬可維茲在1952年的均值－變異模型(Mean-Variance Model)。雖然模型只是利用簡單的報酬及波動來選擇最佳的投資組合權重，但仍是現今部分人們及機構在決定投資組合時的基本依據。

第2節 崛起的程式語言：Python 簡介

本節主要介紹近年愈來愈受重視的物件導向(Object-Oriented)程式語言Python，Python於2017年在IEEE Spectrum中獲得了第一名，除了一些知名企業利用Python作爲網站或演算法基礎程式語言外，近年來也有許多學術界或小企業漸漸以Python爲主要程式語言；並且Python被列入Google三大官方語言之一（Python、Java、C++）。

一、為何使用Python

Python吸引人的地方在於它程式易讀、功能強大，而且是可跨平台操作的程式語言。

（一）易讀性

Python簡易之撰寫規則是促使人易讀的重要原因。與一些程式語言不同，Python並沒有使用大括弧（{}）等來表示區塊（Block，如使用 if、elif、else、for、while等關鍵字）的概念，而是利用「縮排」來表示，同一縮排等級的程式碼代表同一個區塊。另外，Python語法的簡潔性也讓讀Python Code像是閱讀一篇文章一樣，大幅降低了上手Python的難度。

（二）功能強大

Python具有許多支援的模組或函式庫(Modules、Libraries)可供下載使用，並且也提供了函式庫的自行開發。程式的使用者只需要一行程式碼，就可以將這些模組及函式庫引入到程式中進行使用（如圖4-10）。

因爲有了這些資源，Python程式可以被使用在許多不同的功能下，包含科學及數值的計算、網站的開發、圖形化使用者介面的製作(Graphical User Interface, GUI)，甚至是軟體的開發及作業系統管理。

圖4-10　Python函式庫

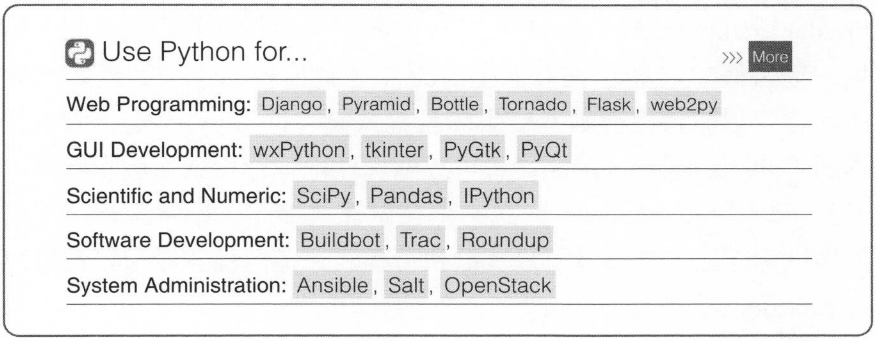

Use Python for...
>>> More
Web Programming: Django, Pyramid, Bottle, Tornado, Flask, web2py
GUI Development: wxPython, tkinter, PyGtk, PyQt
Scientific and Numeric: SciPy, Pandas, IPython
Software Development: Buildbot, Trac, Roundup
System Administration: Ansible, Salt, OpenStack

（三）跨平台

Python能夠在大部分主流的平台上被使用，在Windows下所撰寫的Python程式，也能夠在Mac OS和Linux等作業系統上直接被執行。

二、如何執行Python

（一）下載Python

Python有2及3兩個版本，已有公告指出第2版只會停留在2.7版，由於許多第2版問題已在第3版進行修正，第2版將不會再繼續做更新；而第3版出版至3.8版，新的開發成果會繼續在第3版中做更新。在Python的官網可以供不同平台直接下載2.7版及第3版。

（二）開發環境

對 Python 簡單的程式碼進行測試，可以直接在命令提示字元(cmd)中執行。在下載 Python 時，也會同時下載 Python 的簡易使用者介面編譯器——IDLE。

若希望使用使用者介面較完整的開發環境，可以下載 Spyder 或 Jupyter Notebook。在 Spyder 中，會將目前的程式碼、結果、變數等訊息顯示在頁面上，讓開發者很容易了解到變數的狀態，也可以直接從變數及結果驗證程式碼；而 Jupyter 是一個筆記本形式的開發環境，讓開發者可以區塊性地執行程式並確認結果，並且可以「Markdown」形式的語言做程式筆記，相當適合用來動態地展示作品，讓讀者可以實際執行程式。這兩種開發環境都可以在 Anaconda 中執行。

（三）Anaconda

圖4-11　Anaconda 的使用介面

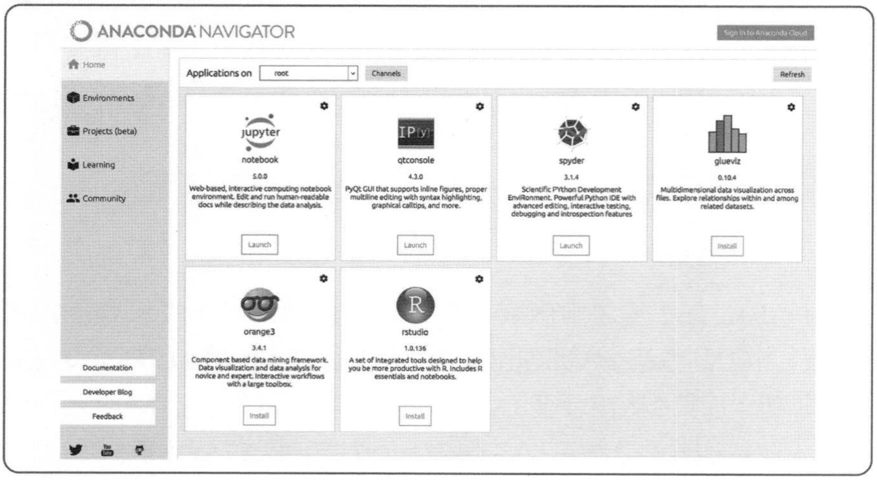

Anaconda 是 Python 語言的一個發行版，囊括了大部分數值計算所需的函式庫，並包含了功能強大的套件管理工具 Conda。對於 Python 開發環境不熟悉的人，可以簡單將 Anaconda 視作功能增強版的 Python「懶人包」。Anaconda 也包括了 Navigator 及 Cloud。Navigator 是一個包含開發環境、教學資源、群組討論的應用程式。在教學資源中，包含了不少說明的文件、影片及網站；Cloud 是一個雲端的環境，讓開發者可以將程式碼儲存在雲端上。

三、如何使用Python

（一）運算

四則運算	+、-、*、/	4+5=9
取餘數	%	8%3=2
次方	**	3**4=81
運算後賦值	+=、-=、*=、/=、%=	C+=a 相當於 C=C+a
判斷	And、or、not、==	和、或、非、等於

（二）資料結構

數字	浮點數(Float)、整數(Integer)
文字	字元(Character)、字串(String)
串列(List)	[‘a’, 1, ‘apple’]
字典(Dictionary)	{‘a’:[‘apple’, ‘an’], ‘b’:[‘book’, ‘bear’]}
資料框(DataFrame)	需要引入pandas模組
日期(Datetime)	需要引入datetime模組

（三）模組

在使用支援的模組時，需要先將模組引入到程式中（import 模組名稱），以下為較常使用的模組：

1. numpy、scipy

numpy 和 scipy 皆是進行科學計算的模組，有一些重複的功能，可進行簡單的數值、陣列及矩陣運算外，還可以進行多維度的代數運算、傅立葉轉換等，也包括了最佳化及統計相關的函式。使用 numpy 模組還可以大幅地加快許多計算速度，增加程式的效率。

2. pandas

是一個非常強力的資料處理、分析模組，其中的函式包含了 Excel 檔、Json 等等資料格式的輸出及輸入，也包含了以 DataFrame 的形式處理、統計這些資料。尤其對於時間序列的資料，例如：金融交易資料，pandas 提供了非常完善的處理、整理資料的函數。

3. datetime

這是與時間、日期有關的模組，它可以取得日期、時間及時間差等。

4. matplotlib

Python 中簡易但完整的畫圖模組，幫助開發者以不同的形式呈現資料及結果，並且可以加上一些需要的標示。

四、Python的參考資源

除了 Python 的官網有包含一些程式撰寫的文件，以及 Anaconda 中的網路資源外；在程式語言教學誌[3]中，有 Python 及其他大家常使用的程式語言的完整教學；在 GitHub[4] 程式的分享、討論網站中，也有許多利用 Python 程式撰寫的例子與問答。

五、範例：將資料對齊

在資料的處理上很容易遇到日期不對齊的狀況，這時候我們需要將不一樣的資料刪掉，留下相同的日期並對齊，以 TYVIX、VIX、AGG、IEF、SPY 這五筆資料爲例，以下是用 Python 整理的步驟與 Code：

（一）先將 Excel 資料讀進 Python

圖4-12　讀取 Excel 資料

```
[1]: import xlrd
     import pandas as pd
     import numpy as np
     import math
     import matplotlib.pyplot as plt
     %matplotlib inline

[2]: read = pd.read_excel("動態追蹤指數資料 2.xlsx") #先將excel讀進python

[3]: tyvixdate=read.iloc[:,0]#將每一行擷取下來
     vixdate=read.iloc[:,2]
     aggdate=read.iloc[:,4]
     iefdate=read.iloc[:,6]
     spydate=read.iloc[:,8]
     tyvixvalue=read.iloc[:,1]
     vixvalue=read.iloc[:,3]
     aggvalue=read.iloc[:,5]
     iefvalue=read.iloc[:,7]
     spyvalue=read.iloc[:,9]
```

3. https://pydoing.blogspot.tw/2014/07/python-guide.html 程式語言教學誌
4. https://github.com Github – 程式分享網站

整理之前的資料爲：

圖4-13　整理前的資料

```
read
```

	TYVIX	Unnamed: 1	VIX	Unnamed: 3	AGG	Unnamed: 5	IEF	Unnamed: 7	SPY	Unnamed: 9
0	2003-01-02	9.06	2002-12-31	28.620001	2003-09-29	60.687218	2002-07-30	47.865902	2002-12-31	63.660934
1	2003-01-03	8.69	2003-01-02	25.389999	2003-09-30	61.002064	2002-07-31	48.304947	2003-01-02	65.710060
2	2003-01-06	8.71	2003-01-03	24.680000	2003-10-01	60.972328	2002-08-01	48.503994	2003-01-03	65.912109
3	2003-01-07	8.15	2003-01-06	24.910000	2003-10-02	60.877331	2002-08-02	48.878586	2003-01-06	67.073807
4	2003-01-08	7.85	2003-01-07	25.129999	2003-10-03	60.437767	2002-08-05	49.124451	2003-01-07	66.907829
5	2003-01-09	8.19	2003-01-08	25.530001	2003-10-06	60.526844	2002-08-06	48.726402	2003-01-08	65.940971
6	2003-01-10	8.00	2003-01-09	24.250000	2003-10-07	60.318958	2002-08-07	48.878586	2003-01-09	66.965538
7	2003-01-13	8.06	2003-01-10	24.320000	2003-10-08	60.467422	2002-08-08	48.708832	2003-01-10	67.145920
8	2003-01-14	7.79	2003-01-13	24.900000	2003-10-09	60.253628	2002-08-09	49.071781	2003-01-13	67.124268
9	2003-01-15	7.71	2003-01-14	24.570000	2003-10-10	60.586266	2002-08-12	49.171307	2003-01-14	67.340752
10	2003-01-16	7.77	2003-01-15	25.510000	2003-10-13	60.318958	2002-08-13	49.563477	2003-01-15	66.669724
11	2003-01-17	7.57	2003-01-16	25.010000	2003-10-14	60.200169	2002-08-14	49.417118	2003-01-16	66.395546
12	2003-01-21	7.69	2003-01-17	25.700001	2003-10-15	60.051689	2002-08-15	49.130302	2003-01-17	65.414246
13	2003-01-22	7.31	2003-01-21	27.590000	2003-10-16	59.891300	2002-08-16	48.808361	2003-01-21	64.396889
14	2003-01-23	7.48	2003-01-22	29.010000	2003-10-17	60.176395	2002-08-19	48.855186	2003-01-22	63.617645
15	2003-01-24	7.64	2003-01-23	27.530001	2003-10-20	60.140762	2002-08-20	49.305916	2003-01-23	64.007286
16	2003-01-27	8.41	2003-01-24	31.510000	2003-10-21	60.259563	2002-08-21	49.182991	2003-01-24	62.326103
17	2003-01-28	8.40	2003-01-27	34.689999	2003-10-22	60.526844	2002-08-22	48.919567	2003-01-27	61.474674

（二）將資料全換成numpy的形式

圖4-14　用 Python 將資料轉換成 numpy 的形式

```
[4]: from datetime import datetime
     from datetime import timedelta

[5]: import pandas as pd

[6]:
     tyvix_value=np.array(tyvixvalue)
     tyvix_date=np.array(tyvixdate)

[7]: vix_value=np.array(vixvalue)
     vix_date=np.array(vixdate)

[8]: agg_value=np.array(aggvalue)
     agg_date=np.array(aggdate)

[9]: ief_value=np.array(iefvalue)
     ief_date=np.array(iefdate)
```

（三）將每一組對應的日期與數值合併，須先將每一行轉換成pandas DataFrame的形式(pd.DataFrame)，並把每一行加上名稱方便讀取，再用pandas的cancat函數合併：

圖4-15　將日期與數據合併

```
[11]: df1=pd.DataFrame(tyvix_value,columns=['tyvixvalue'])

[12]: df2=pd.DataFrame(tyvix_date,columns=['Date'])

[13]: res1 = pd.concat([df2,df1],axis=1, join_axes=[df1.index])
      res1.head()
```

[13]:

	Date	tyvixvalue
0	2003-01-02	9.06
1	2003-01-03	8.69
2	2003-01-06	8.71
3	2003-01-07	8.15
4	2003-01-08	7.85

（四）將剛剛第三步驟所合併的資料，運用pandas的merge函數（「inner」爲交集，「outer」爲連集，「on」爲要對齊的資料），即可對齊資料：

圖4-16　資料對齊

```
[22]: test1=pd.merge(res1,res2,on='Date',how='inner')

      test1.head()
```

[22]:

	Date	tyvixvalue	vixvalue
0	2003-01-02	9.06	25.389999
1	2003-01-03	8.69	24.680000
2	2003-01-06	8.71	24.910000
3	2003-01-07	8.15	25.129999
4	2003-01-08	7.85	25.530001

將上述步驟重複整理完的資料爲：

圖4-17　完成資料整理

	Date	tyvixvalue	vixvalue	aggvalue	iefvalue	spyvalue
0	2003-09-29	9.51	21.670000	60.687218	53.402409	73.663864
1	2003-09-30	9.57	22.719999	61.002064	53.919224	72.948586
2	2003-10-01	9.57	21.070000	60.972328	54.158508	74.503212
3	2003-10-02	9.88	20.799999	60.877331	53.963829	74.773232
4	2003-10-03	10.53	19.500000	60.437767	53.216564	75.459305
5	2003-10-06	9.96	19.510000	60.526844	53.373528	75.802315
6	2003-10-07	9.95	19.410000	60.318958	53.065826	76.094246
7	2003-10-08	9.69	19.180000	60.467422	53.160023	75.904480
8	2003-10-09	9.67	18.820000	60.253628	52.990467	76.108879
9	2003-10-14	10.23	17.370001	60.200169	52.852295	76.831413
10	2003-10-15	10.27	17.690001	60.051689	52.663902	76.627075
11	2003-10-16	10.41	17.190001	59.891300	52.375008	76.933617
12	2003-10-17	10.21	17.620001	60.176395	52.657593	76.094246
13	2003-10-20	10.41	17.040001	60.140762	52.695309	76.663536
14	2003-10-21	9.89	16.549999	60.259563	52.789486	76.532166
15	2003-10-22	9.51	17.670000	60.526844	53.172543	75.568787

此範例有助於本書第 7 章〈深入篇〉中，以 VIX／TY VIX 進行市場擇時與資產輪動策略之探討。

六、手把手寫Python程式在雲端

利用 Google 提供的雲端平台 Colab，可以免費使用算力學習 Python，現在就隨著以下的線上教學材料，開始學習成爲 date scientist的第一步。

線上 Python 教學網址如下：

https://drive.google.com/drive/folders/1XPiX-0TkzeYNp77q8Fhb4EH7Cm4gryYc?usp=sharing

第3節 Quantopian 演算法交易平台

這節介紹Quantopian所開發的大眾平台，依功能分四段介紹。因爲網路上已經有文章詳細介紹Quantopian這間公司的經營理念，本文專注於介紹此公司所提供的服務及功能。

Quantopian所提供的開放平台爲免費，只要註冊帳號即可使用。它提供了豐富的使用資料，其中可交易資產除了美股外，還包含了美國的ETF與期貨，平台也提供完善的研究環境Notebooks，與開發環境IDE、詳細的教學說明以及許多相關知識的課程。其使用對象由不具交易經驗的初學者到專業人士都有，包含了學生、科學家以及專業開發人。根據官網2018年統計，使用此平台的人數在全球已超過23萬人，且每年持續以倍數增加，並有超過60萬個交易策略，爲全球規模最龐大的交易測試平台。之所以全球有這麼多的人會選擇使用此平台作爲策略開發以及回測的工具，這就要從Quantopian所提供的功能開始說起。

一、社群

首先，註冊的會員可在平台的社群中討論交易的想法與心得，也可分享或複製他人所提供的交易或研究的程式碼。Python是Quantopian所使用的唯一程式語言。使用者可透過關鍵字搜尋自己有興趣或想開發的主題，看看社群中別人的想法以及他們的程式碼，往往使用者會把分享的程式碼複製下來並做改善或開發一套新的策略，然後再上傳至社群中討論。也會有使用者基於程式能力的限制，只把交易的想法分享在社群裡並詢問交易程式碼，如果是個有趣或是可行的方法，不久後便會有人在社群的回應中貼上程式碼。在如此一來一往的互動下，不僅僅會吸引更多人來討論，也會讓策略與交易程式得到更多的改善，也就因爲這樣，Quantopian的社群中，討論都很活絡。

二、使用說明與相關課程

其次，此平台提供了非常完整的操作說明、豐富的相關知識課程。操作說明包含從介紹平台提供的開發交易策略所需的主要函數，到如何完整地把策略用程式碼表達，進而到如何在程式碼中交易期貨，都有詳細的操作示範與教學影片。相關的知識課程囊括了各式內容，從最一開始如何使用平台的研究環境與 Python 教學，到初等或較高階的統計分析，再到交易策略的分析都有。所以初學者與專業人士都適合使用。此平台也提供了 API(Application Program Interface)與參考目錄，裡面對於資料來源、可使用的函數庫等資訊都有詳細說明。

三、研究與開發環境

甚者，此平台亦提供了研究與開發環境。在研究環境中，因爲 Quatopian 會提供它們自己開發的函數庫，所以在抓取或分析資料都很方便。如要做動態資產選擇的策略，可以不需要自己建立一個 DataFrame（爲 pandas 套件中的資料結構，可以想成表格）來實現，可直接使用 Quantopian 提供的 Pipeline（類似DataFrame 的資料結構，且其執行速度較快），因爲所有可交易資產都已被嵌入其中，可以讓開發者有更多的便利性，也可使程式的效率提高。另外，在開發環境中，與研究環境一樣，也可使用平台開發的函數庫，如在抓取資料上，只要用簡單指令就可以抓取要交易資產的資料，如要買賣資產，可以用 order 函數很直觀地寫下欲買進或賣出的資產及其數量。在交易的架構上，平台也提供了直觀的程式架構，從一開始設置初始條件的 initialize 函數，建立 Pipeline 以及在開市前執行的 my_assign_weigh 函數與 before_trading_start 函數，到開市後指定時間執行策略的 my_rebalance 函數。此平台也提供了每分鐘執行的 handle_data 函數（有些函數名稱可自訂），在如此直觀的架構下，開發者更能專注在策略開發上。

四、回測系統

開發環境中的回測系統，也提供了方便的操作以及完整的回測資訊與美觀的圖表。只要在介面上選擇欲回測的時段與初始持有現金，按下回測鈕即可執行回測，且開發者不須另外在程式碼中打上回測相關的指令，例如：不須特別在開發環境使用 matplotlib.pyplot 套件畫出回測資訊。執行回測後，介面會繪出累積報酬、週報酬以及交易日期等圖表，也會提供報酬率、夏普比率與貝塔值等資訊，或更詳細的每日持有部位、每日每週報酬率等相關資訊，當然也可在開發環境中，自行打上指令以匯出其他想要的資訊。值得一提的是，此平台不只提供回測功能，也提供即時模擬交易的功能，讓開發者可以直接觀察策略實際的表現，也可以直接把策略放入比賽中，與全世界的好手們一較高下。另外，值得一提的是在 2018 年中，Quantopian 有就回測介面以及其策略的風險做更新，它針對 11 項產業以及 5 種投資類型(Style)做因子曝險分析，讓使用者更加了解其採用的策略會受到哪些因子影響及其程度，進一步地改善策略的風險管理，如圖 4-18 所示。

圖4-18　實際回測的介面

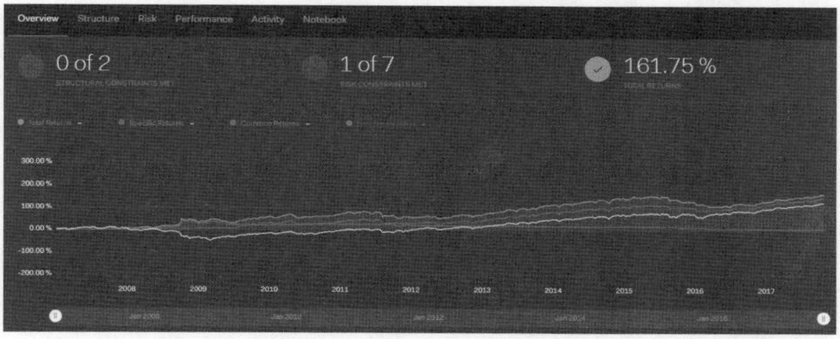

此爲 SPDR S&P 500 ETF (SPY)與 Pro Shares Short S&P 500 ETF (SH)所組成的配對交易（請見「第 2 章第 2 節〈槓桿型及反向型：槓反型〉），策略爲應用 RSI 與日均線做搭配以找出交易訊號，回測時間是2007 年 1 月 1 日到2017 年 11 月 26 日，初始資金爲 1,000 萬美元。上方一排數字顯示回測的結果。

由圖 4-18 可知，此策略的十年累積報酬率爲161.75%。另外，白線爲 SPY 的累積報酬，該策略的累積報酬顯然地較大盤高。按下最上方欄位的選項，可以叫出更詳細的資訊，如每日持有部位狀態或是風險分析等資訊。如按下「Risk」，即會顯示出圖 4-19 的曝險狀態。

圖4-19　策略在產業類別隨著時間的曝險程度

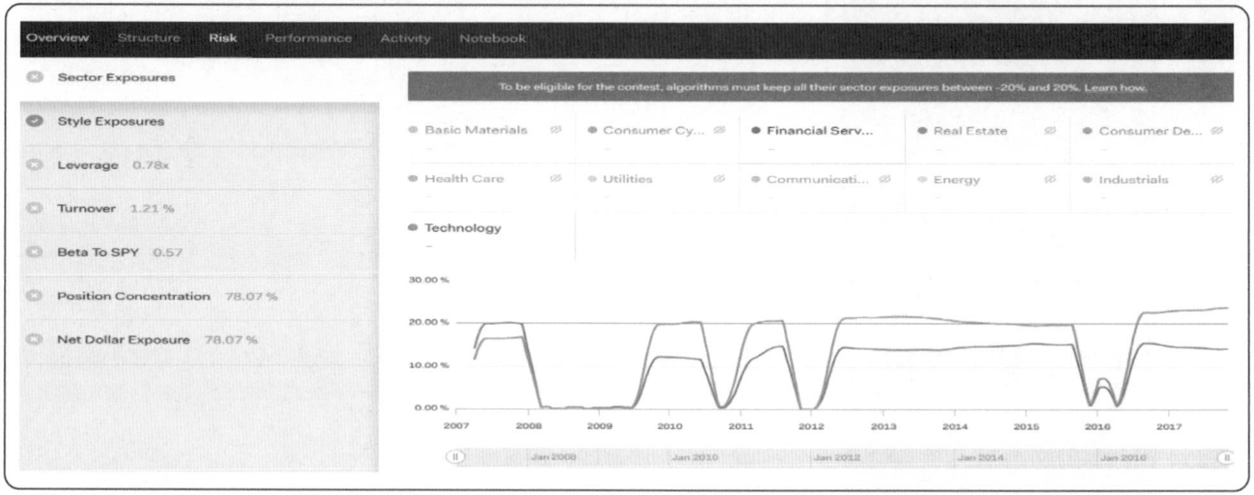

編注：請各位讀者按照內文於網頁上操作，即可看到清楚的分析圖。

由圖 4-19 中，可以很清楚地看到此策略在各產業類別隨著時間的曝險程度，因爲該策略僅持有兩檔資產，因此僅在金融服務類及科技類有曝險，這也是之所以上方會出現無法用此策略參賽提示的原因。另外，左側欄位可以看出如投資風格的曝險、槓桿、周轉率以及市場波動相關度等資訊。

五、小結

綜觀以上所述的特色，不論你想做市場研究，或想學習交易相關的知識，或想找尋策略的靈感與測試交易策略，甚至想跟世界上的高手交流，這些都可以在 Quantopian 的平台上實現，同時在開發上也享有諸多的便利，如不須另外輸入指令，平台即會提供完善的風險分析以及每日持有部位狀態等資訊，也有獎金的鼓勵，實爲一功能充足且強大的平台。所以如果想找工具來實現交易策略，Quantopian 會是個很好的選擇。

第4節 配對交易之期現套利

當股市反覆震盪運行，波動率加大，聰明人就會思考這其中是否有賺錢的機會，市場震盪正是期貨套利的好時機，考慮股指期貨和標的ETF之間價格的差異幅度，做期現套利。

首先了解什麼是配對交易和期現套利，配對交易(Pairs Trading)是一種提供投資人在二種相關性資產間進行交易的策略，期現套利是配對交易中的一類，指投資股票指數期貨合約和相對應的一籃子股票的交易策略，以謀求從期貨、現貨市場同一組股票存在的價格差異中獲取利潤。一種情況是當期貨實際價格大於理論價格時，賣出股指期貨合約，買入標的ETF，以此獲得無風險套利收益；另一種情況是當期貨實際價格低於理論價格時，買入股指期貨合約，賣出標的ETF，以此獲得無風險套利收益。

圖4-20　配對交易

是投資人在二種相關性資產間進行交易的策略

其中一種——期現套利，是指投資股票指數期貨合約和相對應的一籃子股票的交易策略，以謀求從期貨、現貨市場同一組股票存在的價格差異中獲取利潤。

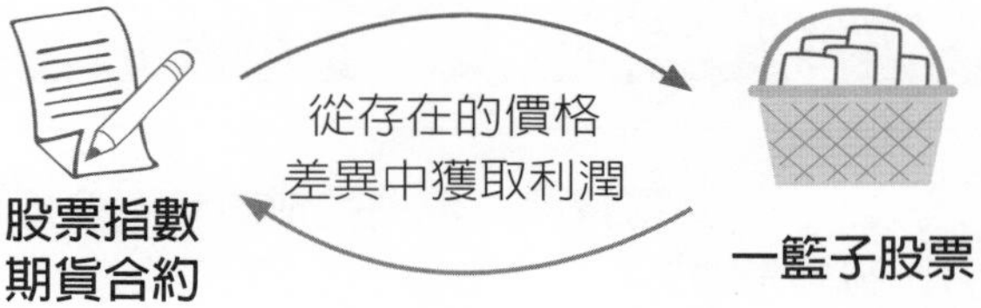

小知識

股指期貨定價公式如下，稱為無套利價格：

$$F_{(t,T)} = S_t \times \exp[(r-d) \times (T-t)]$$

- $F_{(t,T)}$：理論期貨價格
- S_t：現貨價格
- exp：指數函數
- r：無風險利率
- d：分紅利率
- T：期貨到期日
- t：當下時刻

理論上，我們可以賺取期現價差收益，但實際操作需要考慮各種交易成本，這勢必會減少套利機會，準確捕捉套利點是期現套利的第一步，即套利區間的確定。

如果實際期貨價格正好等於理論期貨價格，則套利者無法獲取套利利潤。但在實際操作中，會存在無套利區間。在這個區間中，套利交易不但得不到利潤，反而將導致虧損。具體而言，若將期指理論價格上移一個交易成本之後的價位稱爲無套利區間的上界，將期指理論價格下移一個交易成本之後的價位稱爲無套利區間的下界，只有當實際的期指價格高於上界時，正向套利才能夠獲利；反之，只有當實際期指價格低於下界時，反向套利才能夠獲利。顯然，對於套利者來說，正確計算無套利區間的上下邊界是十分重要的。

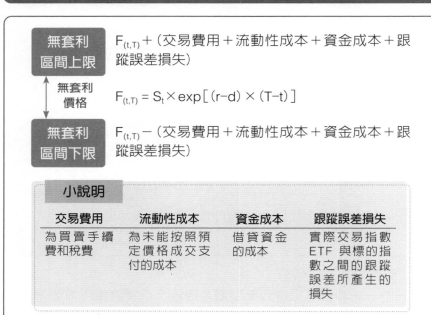

圖4-21　無套利區間

無套利區間上限：$F_{(t,T)}$ +（交易費用＋流動性成本＋資金成本＋跟蹤誤差損失）

無套利價格：$F_{(t,T)} = S_t \times \exp[(r-d) \times (T-t)]$

無套利區間下限：$F_{(t,T)}$ −（交易費用＋流動性成本＋資金成本＋跟蹤誤差損失）

小說明

交易費用	流動性成本	資金成本	跟蹤誤差損失
為買賣手續費和稅費	為未能按照預定價格成交支付的成本	借貸資金的成本	實際交易指數ETF 與標的指數之間的跟蹤誤差所產生的損失

當股指期貨價格高於無套利區間上限時，期貨價格被高估，可以賣空股指期貨，買入股指現貨。當股指期貨到期時，期貨價格和股指現貨價格必趨於一致，獲取價差收益。

一、實證一：正向套利

圖4-22　正向套利

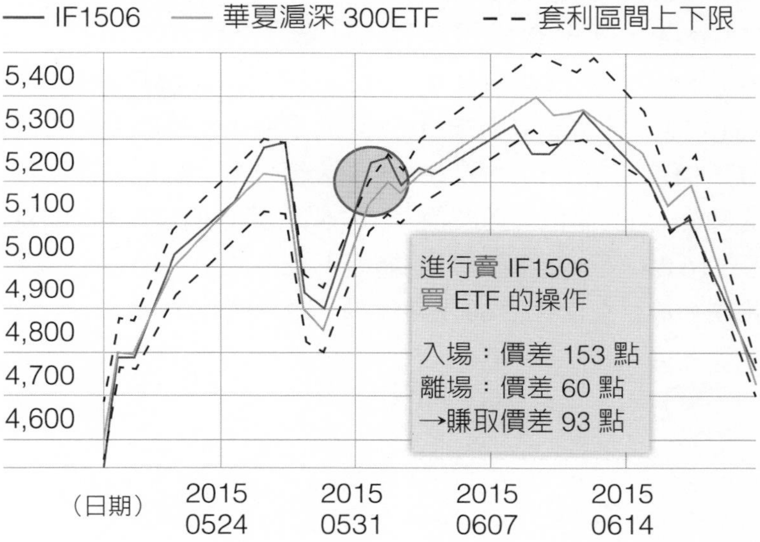

	期指進場點	ETF進場點	期指出場點	ETF出場點	淨收益	年化收益率
交易點位	5,212.6	5.098	5,191.2	5.143	15,310.59	147.06%
資金量（新台幣／元）	234,684.28	1,531,694.1	233,720.8	1,540,585.65		

根據無套利區間的計算，1506 合約價格 6 月 1 日收盤價偏離無套利區間上限，存在正向套利機會，即可進行買 ETF 賣 IF1506 的操作。投資者初始資金 190 萬人民幣，股票帳戶和期貨帳戶中分別預存 160 萬元和 30 萬元用於交易。2 日當日開盤價差 140 點，耐心

等待大於140點位入場，價差一度縮小後又擴大，盤中IF1506與滬深300指數期現價差擴大至153點，此時入場，進行買3,000張華夏滬深300ETF，賣一手IF1506的操作。

買ETF費用合計爲5.098×100×3,000×（1＋0.15%）=1,531,694.1元，賣股指期貨共花費5,212.6×300×（15%＋0.0075%）＝234,684.28元。此刻期貨帳戶中還剩餘資金65,315.72元，可承受期指217.7點的上漲。當日臨近午盤期指震盪下挫，價差縮小至67.7點，午後卻大幅拉升，臨近尾盤期指一度達到5,326.6點的高位，此時價差157點，持倉過夜。3日開盤價差下滑至110點，盤中震盪運行並繼續下滑，於是，耐心等待理想點位的出現。最終在價差爲60點時離場，賺取價差93點。

二、實證二：反向套利

圖4-23　反向套利

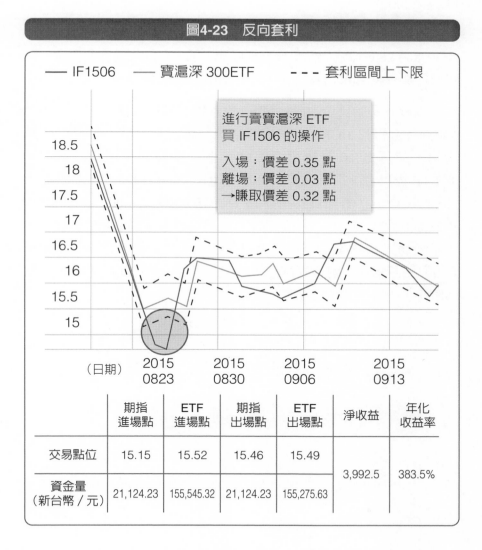

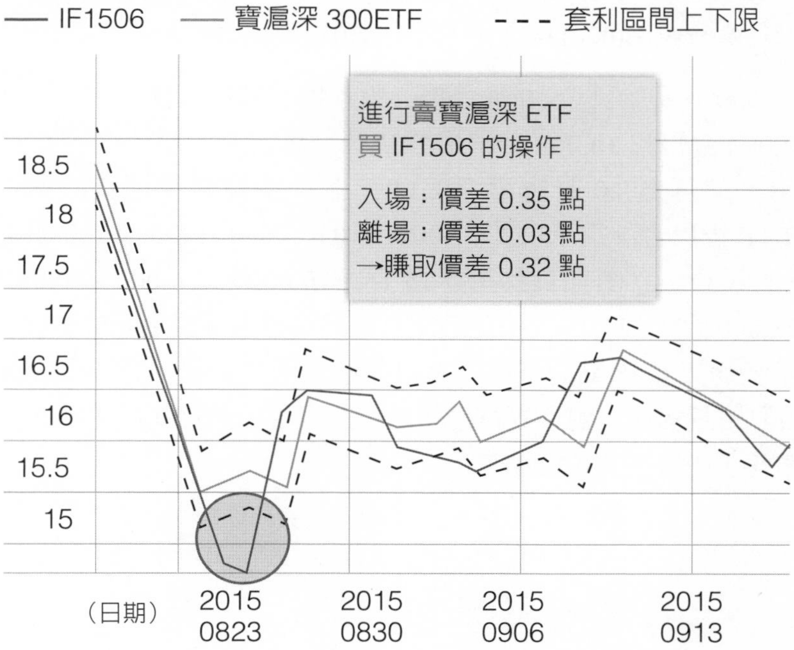

	期指進場點	ETF進場點	期指出場點	ETF出場點	淨收益	年化收益率
交易點位	15.15	15.52	15.46	15.49	3,992.5	383.5%
資金量（新台幣／元）	21,124.23	155,545.32	21,124.23	155,275.63		

考慮期現價差存在反向套利的情況，我們需要賣出 ETF，買入期貨操作，目前台灣也可買賣中國 ETF，在台灣掛牌的有四檔中

國 ETF，包括寶滬深(0061)、FB 上證(006205)、元上證(006206)、FH 滬深(006207)。

根據無套利區間的計算，寶滬深 2015 年 9 月期貨合約(0061＝U5)，8 月 25 日收盤價偏離無套利區間下限，存在反向套利機會，即可進行賣寶滬深(0061)買期貨合約的操作。

投資者初始資金 19 萬台幣，股票帳戶和期貨帳戶中分別預存 160,000 台幣和 30,000 台幣用於交易。26 日當日早盤價差 0.35 點入場，進行賣 10 張寶滬深 ETF，買一手寶滬深期貨的操作。賣 ETF 費用合計為 15.52×1,000×10×（1+0.1425%+0.08%）＝155,545.32 元，買期貨共花費 15.15×10,000×（0.002%+0.08%）＋21,000＝21,124.23 元。此刻期貨帳戶中還剩餘資金 8,875.77 元，可承受期貨 0.88 點的下跌。當日午盤後價差震盪上行，價差縮小至 0 點附近震盪，耐心等待理想點位的出現。最終在價差為 0.03 點時離場，賺取價差 0.32 點。

三、實證三：遠月合約套利

圖4-24　遠月合約套利

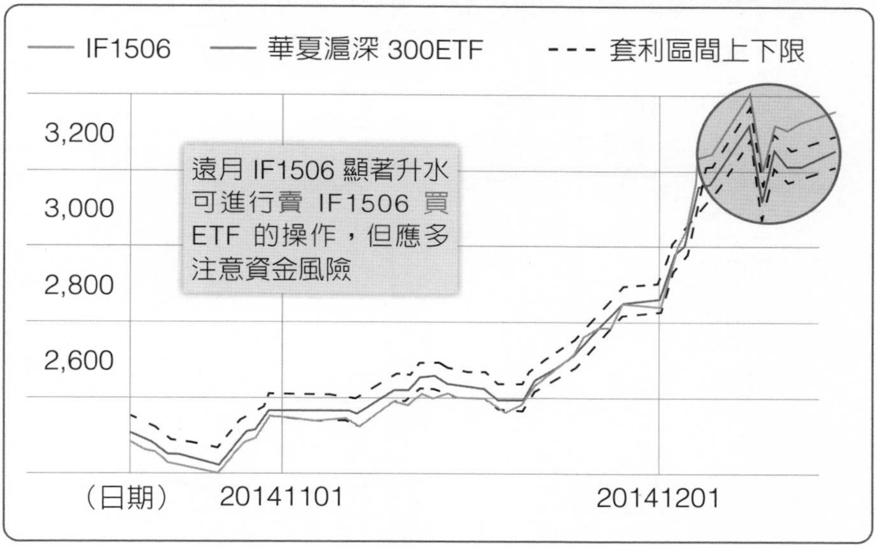

根據無套利區間的計算，12 月 1506 股指期貨合約對滬深 300 指數出現顯著升水，遠月 IF1506 升水遠離套利區間上沿數日，最高達到 298 點，套利機會不可多得，即可進行買 ETF、賣期貨合約的操作。但應多注意資金風險。

四、交易風險側邊

（一）資金風險（強行平倉）

當期現價差出現與預期走勢相反的極端情況時，無風險利潤將爲負，且由於期貨的保證金交易制度，存在被強行平倉的風險，因此需即時監控價差走勢並控制倉位。

圖4-25 資金風險

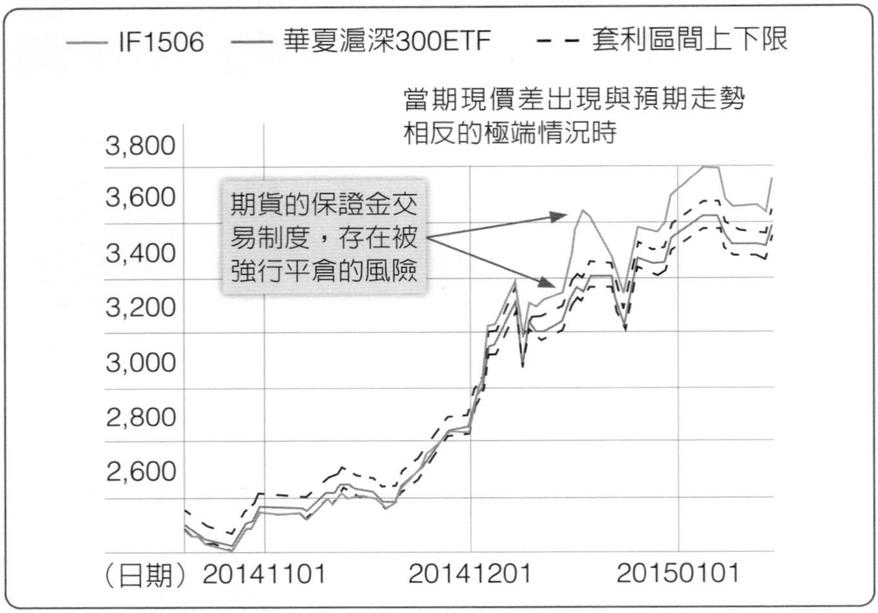

當極端情況出現時，根據資金總額計算可承受風險點位。例如：12月15日，進行IF1506的正向套利，若在當日期指收盤價3,460點進行套利，則期貨帳戶資金需能承受期指135點的上漲，否則日內存在被強平的風險，而且接連兩天期指持續上漲近200點才有所回落，價差利潤回吐，甚至為負。

（二）ETF指數追蹤誤差風險

利用滬深300指數進行期現套利，存在指數追蹤誤差風險，因滬深300指數本身不可交易，因此只能交易相對應的ETF，如華夏滬深300ETF，將其價格乘以1,000，與滬深300指數進行比較，存在一定程度的偏離，有無法避免的跟蹤誤差。

圖4-26 ETF指數追蹤誤差風險

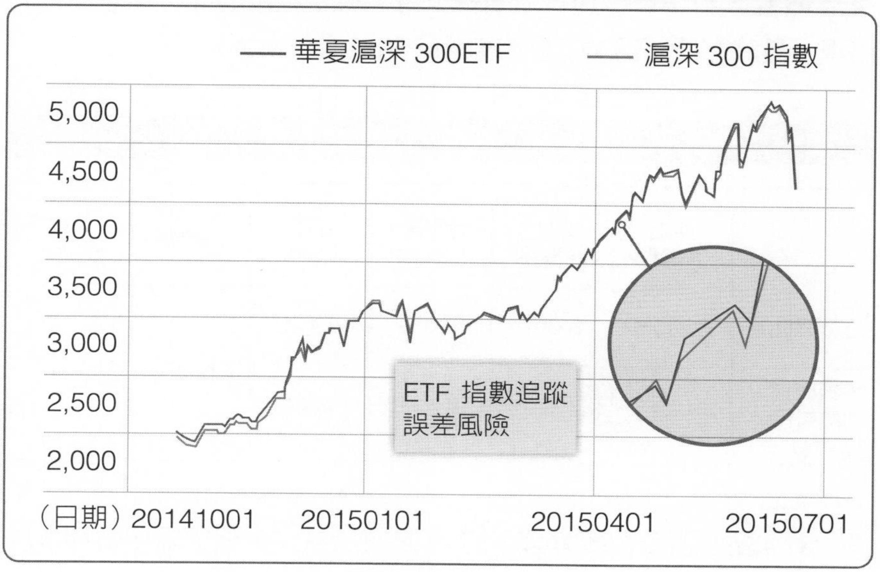

以實證一爲例，其中入場和出場所觀察的數據使用 IF1506合約和滬深 300 指數的價差，而實際使用華夏滬深 300ETF 交易，實際價差嚴重縮水，所以此次交易將直接參照 IF1506 與華夏滬深300ETF的價差進行。

2 日當日開盤價差 220 點，迅速回落至 80 點，耐心等待合適點位入場，盤中 IF1506 與華夏滬深 300ETF 指數期現價差擴大至 119.6 點，此時入場，進行買 3,000 張華夏滬深 300ETF，賣一手 IF1506 的操作。買 ETF 費用合計爲 5.097×100×3,000×（1+0.15%）＝1,531,393.65 元，賣股指期貨共花費 5,216.6×300×（15%+0.0075%）＝234,864.37 元。此刻期貨帳戶中還剩餘資金 65,135.63 元，可承受期指 217.1 點的上漲。當日臨近午盤期指震盪下挫，價差縮小至 64 點，午後卻大幅拉升，臨近尾盤期指一度達到5,306.4點的高位，此時價差143點，持倉過夜。3日開盤價差下滑至95點，盤中震盪運行並繼續下滑，於是，耐心等待理想點位的出現。最終在價差為32.2點時離場，賺取價差87.4點。

圖4-27　實證一的收益成果

	期指進場點	ETF進場點	期指出場點	ETF出場點	淨收益	年化收益率
交易點位	5,216.6	5.097	5,203.2	5.171	21,598.8	207.46%
資金量（新台幣／元）	234,864.37	1,531,393.65	234,261.07	1,548,973.05		

87.4點的價差相較實證一的93點有所減少，但實際收益卻多於實證一，這是因為實證一中存在指數追蹤誤差。

（三）成交風險

由於期現價差套利為配對交易，計算的最優交易點位的前提為期現同時交易，但實際上通常無法嚴格同時成交，因此存在套利組合部分成交而部分暴露於價格波動的可能，及平倉時無法確保成交於獲利價位的可能。

第5節 ETF的指數追蹤

2008年金融海嘯後，很多主動式基金的績效表現不若大盤，愈來愈多人相信長期跟著大盤走，進行「指數投資」才是獲利之道。因此「指數型基金」在市場上愈來愈風行，特別是「被動式」的指數型基金ETF，儼然成為目前成長最迅速的金融商品。

對於某些投資者而言，藉由持有與指數相同成分的標的資產，進而追蹤指數，可能不切實際，以下列舉兩個理由。理由之一是若需要持有的資產數目龐大，可能導致其管理成本過高，資金控管不易。例如：一位主動式投資的基金經理人，在追蹤S&P 500指數時，可能不會將指數成分股總數量近500種股票，全部都納入投組標的，以便減輕管理的成本或是交易所衍生的費用。

理由之二是複製指數時，需要向指數發行商購買指數完整資訊，並經常性地每日進行調整，這也會衍生出一些授權與管理上面的成本。因此，藉由適當地找出目標指數的某些資產、計算其權重，以建構成為追蹤該指數的投資組合，減少該資產組合與目標指數之間的追蹤誤差，此為「ETF的指數追蹤問題」。

文獻中曾利用第4章第1節的Mean-Variance模型，將投資組合的報酬率，設定成為所要追蹤指數的歷史報酬率，不過可以想見的是，誤差偏離度不小。

此「指數追蹤」問題的核心概念應回歸於考慮隨機最佳化(Stochastic Optimization)，因為牽涉到較艱澀的機率模型與隨機控制理論，此處便不多加著墨。反倒是如何以實際可行的方式，例如：大數據中的機器學習方法，易獲專業投資人的關注與使用，其理由是隨著科學技術的進步，電腦的演算速度愈趨快速，機器深度學習與強化學習，開始成為解決金融市場問題的一大利器。近來有不少的研究是以人工智慧的方法去進行，如利用新型態演算法CNN（卷積神經網路）、RNN（循環神經網路）、DNN（深度神經網路）的方法預測商品交易所的期貨交易量，或是運用支援向量機(Support Vector Machine, SVM)的方法或長短期記憶(Long Short-Term Memory, LSTM)網路的方法去預測股票市場。

以下論述如何解決ETF的指數追蹤問題，我們可以將問題區分爲兩個子題，子題一是如何找出目標指數中的代表性資產？子題二是根據所找出的代表性資產後，如何找出其權重以組成複製目標指數的投資組合？子題一的難易程度取決於指數編製資訊的取得成本。

對於著名的大型指數，例如：道瓊指數、S&P 500指數、台灣50指數、滬深300指數等等，它們的成分股都相對容易取得。然而大部分的ETF指數，例如：TLT是一檔債券ETF，追蹤ICE U.S. Treasury 20+ Year Bond Index，其成分債券就不是那麼爲人所知。在這種情形下，利用盲試(Blind Test)，將子題一與二合併處理，以期找到最小追蹤差異(Tracking Difference)下的標的資產組合，而龐大的計算資源也會被消耗，例如：使用機器學習中的LASSO回歸(Least Absolute Shrinkage and Selection Operator)，或是深度學習中的強化學習(Deep Reinforcement Learning)等方法。

回測結果

由以上方法建構的投資組合與目標指數做回測，來檢驗追蹤表現。我們追蹤了台灣卓越50指數，所選取的回測時間爲2002年1月1日到2017年12月31日，並以22天的移動天數來作爲每次追蹤的天數，再用自建的投資組合與目標指數的累積報酬和兩者間的追蹤差異作爲追蹤表現的衡量標準，其回測結果，如圖4-28、圖4-29所示。由圖4-28可看出，投資組合與目標指數的累積報酬相當貼近；由圖4-29顯示，標的0050 ETF與我們自建投資組合的追蹤差異分布圖中也很貼近，顯示我們所建立的投資組合追蹤指數的效果頗佳。

圖4-28　投資組合與目標指數的累積報酬

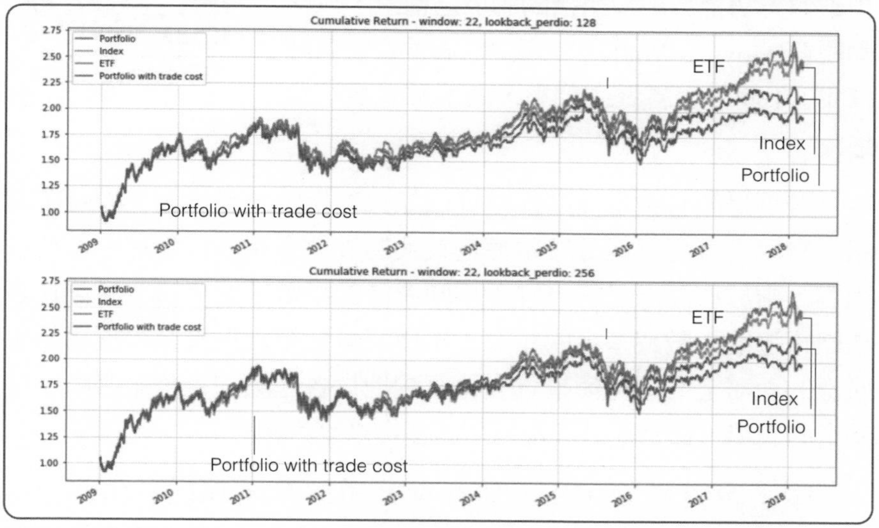

圖4-29　標的自建投資組合的追蹤差異分布圖

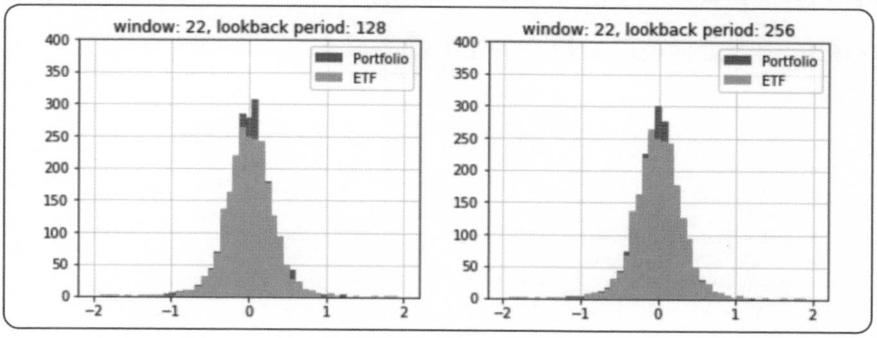

指數追蹤是透過建構投資組合去複製出某指數或是基金，藉由縮小追蹤差異(Tracking Difference)或是追蹤誤差(Tracking Error)，企圖獲取與目標指數或基金相近的報酬。此平台藉由數值方法推算出投組標的的最適權重，以移動視窗(Moving Window)方式，3 個月資料做訓練集，1 個月資料做測試集，做滾動式最適化追蹤。

指數追蹤平台

並不是所有金融商品都會提供如大盤指數一樣透明、即時的資訊，有些僅會提供成分股中權重較大的幾檔資產，或延遲公告持股內容。由於市面上已經有許多不同產業的指數，使用這些產業代表指數來追蹤指數或基金的績效，不僅可以把指數追蹤技術運用於更廣泛的範疇上，還可使投資人更直觀地以各產業的趨勢來判斷一檔基金的表現，甚至是近一步地預測基金未來的績效。

本平台透過 GICS 全球行業分類標準(Global Industry Classification Standard)，將產業分成十一種類別，挑選產業代表標的的標準是藉由ETF.com該公司對每檔指數所提供的評分爲參考基準，來尋找代表各產業的指數，而最後採用的十一檔產業ETF與其對應的指數全稱及產業類別，如下表所示。

表4-2　產業(Sector) ETF 列表

產業指數代號	指數全稱	產業類別
SPSIMM	S&P Metals and Mining Select Industry Index	Basic Materials
SPSIBK	S&P Banks Select Industry Index	Finance
SPSDEUP	S&P Energy Select Sector Daily Capped 25/20 Index	Energy
SPSIHP	S&P Health Care Services Select Industry Index	Healthcare
SPSDUUN	S&P Utilities Select Sector Daily	Utilities
SPSDTUP	S&P Technology Select Sector Daily	Technology
DWRTF	Dow Jones U.S. Select REIT Index	Real Estate
SPSITE	S&P Telecom Select Industry Index	Communication
SPSDRUN	S&P Consumer Staples Select Sector Daily	Consumer Defensive
SPSDIUP	S&P Industrials Select Sector Daily	Industries
SPSDYUN	S&P Consumer Discretionary Select Sector Daily	Consumer Cyclical

運用以上的指數追蹤技術，可以進一步發展出許多應用，例如：替投資組合估計出各式績效評量(Performance Measure)的指標或分數，像是證券分析師的綜合推薦分數(Recommendation Score)，或是近期流行的ESG評比或分數，這些種種的應用有助於對投資組合的風險評估。

第6節 AI／機器學習在投資管理的應用

應用數據分析在投資上面，比較典型的案例就是所謂的機器人理財(Robo Advisor)，它的定義簡單來說是線上的財富管理平台。因爲Robo Advisor牽涉到資產配置，而配置的過程需要去分析、預測資產未來可能的價格，這裡就存在運用AI、機器學習等分析數據方法的可能。

一般而言，AI可以對一些資產未來的價格做某些預測，下圖4-30中顯立了預測的準確率目前大概有70%以上的效果，但是相較於大家熟知在工程上的應用，包括手寫辨識、人臉辨識，準確率皆達到九成以上，那麼金融應用的成效是遠遠落後。不過我們也要注意到很多工程的這個資料集是靜態的，像數字、照片，這些都是靜態的，機器學習上比較單純！

然而金融資料是非常動態的，而且訊號的雜訊通常相當高，因此如何提升AI對動態資料的預測性，其實具有相當高的挑戰。有關更多AI投資管理上的應用，可以參閱Growin (https://www.growin.tv/zh)。

雖然預測的效果未臻理想，然而透過投組將風險分散，仍然可以得到不錯的投資績效。各位在圖4-30裡面可以看到，譬如USA的那個子圖，位在左上角，就是說我們可以根據AI預測性的能力建構一個投資組合，績效顯示在藍色的那一條線。相對於大盤S&P 500指數是綠色的那一條，藍色有較佳的表現，而在其他的市場也有類似的績效表現。

圖4-30　AI預測漲跌只有74%準確率

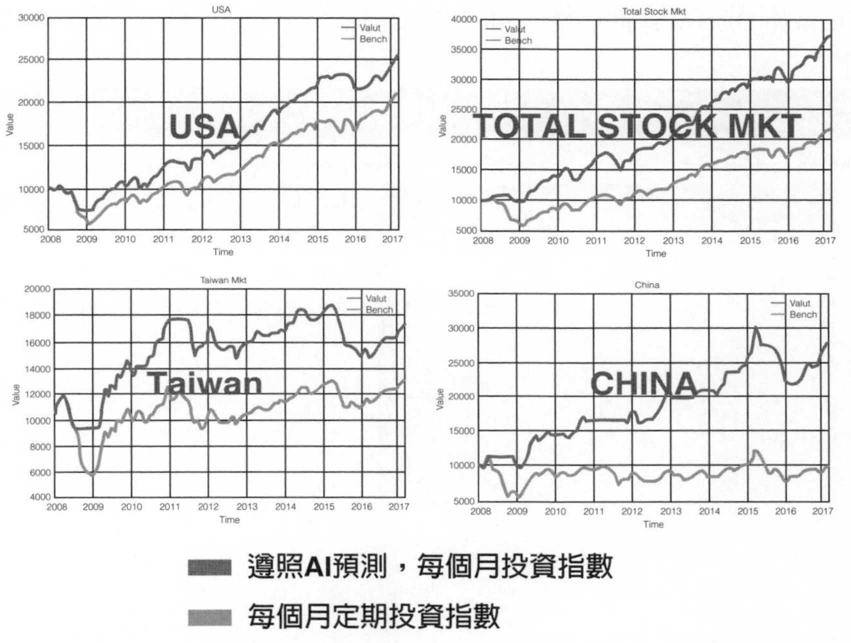

繼續列舉另一個關於交易的案例。「技術分析」(Technical Analysis)是投資交易最經常被使用的量化方法，它主要包含了：一、技術指標、二、型態辨識。由於技術指標甚為普遍，也已存在許多應用AI/ML的成果，在此不加贅述。而「型態辨識」(Chart Pattern Recognition)，這個也是交易裡常被使用的分析技術，卻相當難以自動化。實務上，通常需要累積足夠多的經驗，才能透過線圖將未來資產的可能變化研判得精準。那麼看線圖這件事情能不能讓機器來學習？我們開發了一套小軟體，透過掃以下圖4-31的QR Code，在連結的網頁上畫出你想要的線圖，之後電腦就會自動地幫你搜尋出過去已經完成型態的股價，其原理也是利用Machine

Learning的相關技術，讀者們甚至可以思考是不是還有其他的型態，在多變的金融市場尚未被挖掘出來，這就屬於「型態發現」(Pattern Discovery)的問題，也是屬於相當有趣的AI應用問題。

圖4-31　股價型態搜尋線上系統

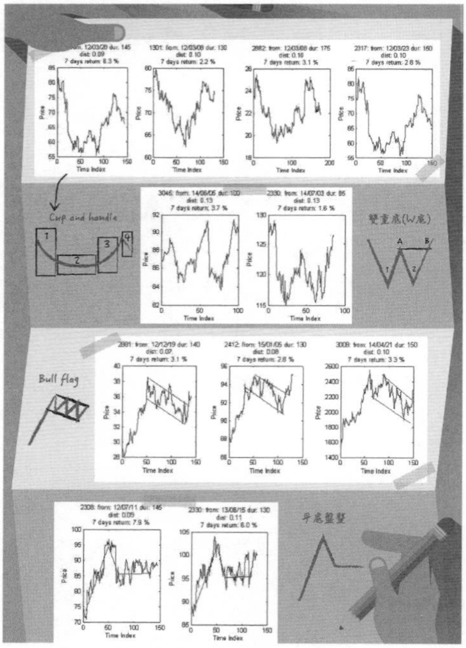

在上面白色的區塊用滑鼠畫個型態（draw M頭、W底、cpu and handle……），系統就會幫你搜尋，反應時間約3到5秒。

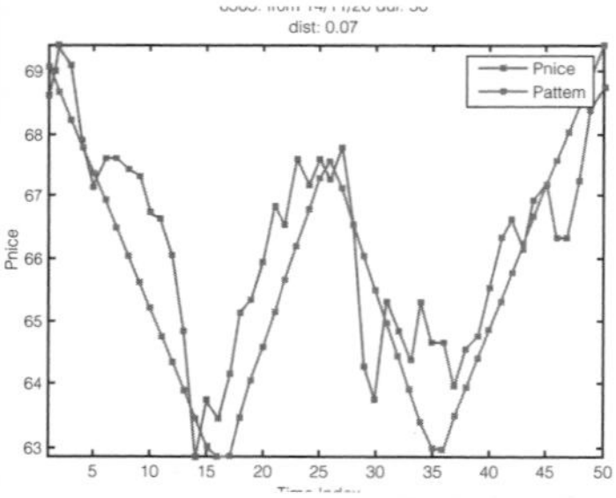

一、AI投資管理的機會與風險

2018年的世界經濟論壇發表The New Physics of Financial Services – How artificial intelligence is transforming the financial ecosystem，當中特別提到AI可以帶來以下的機會：

（一）AI 使投資經理能夠透過改變或取代核心差異化功能來調整其業務模式。

（二）AI 允許財富顧問以具有成本效益的方式，向大眾市場客戶提供個人和有針對性的投資建議。

（三）AI 正在承擔愈來愈多的投資管理職責，以更低的成本提供高品質的服務。

（四）AI 導向的個人化投組管理可用於生成客製化的產品。

AI 也可能帶來以下的風險，特別值得留意：

（一）AI 對勞動力市場的影響是全球關注的一個重要問題，尤其是對中低技術的勞工。

（二）運用在金融服務產生了一些新的道德危機與意外的風險偏誤，需要進行反思新模式的道德規範。

（三）AI 創新可能會給金融體系帶來新的系統性風險，並增加危機的擴散效應。

（四）AI 很可能對全球金融體系產生變革性影響——金融系統的任務，是在最大限度地提高效益的同時，減輕危害。

二、以人為本的可信任AI：機會與風險

隨著數位科技的發展一日千里，新興的通訊與線上交易正持續不斷地演進，形成平台式的數位經濟。數位金融服務對於消費者和創新者的好處是除了讓本地市場更有效率，它也促進了跨境、跨域的交易，並藉此拓展新的市場。儘管大家對於這些變革的好處已有共識，然而在這個過程中所產生的一些偏誤，如線上交易未被核准

或風險未被充分揭露的商品、傳播不實的資訊內容，甚至是線上服務所採用的演算法有被操縱的可能性等等，使得平台被不肖人士所利用，因而產生一些對數位經濟以及社會上的負面影響，特別是對於線上用戶的基本權利可能產生很大的衝擊。

舉例而言，人工智慧模型的不透明，已使得立法與執法產生困難，一方面AI正不斷地擴大應用的範圍，例如：分析消費模式、生理資訊、駕駛行爲等，以決定借貸的信用風險，以及核保時過濾保險用戶；另一方面AI可能因爲預測的準確性而伴隨著某些特定的風險造成誤判。因此爲了平衡保護使用者與數位金融創新，法律介入必須符合必要性的最小侵害原則，例如：可以將風險就使用場合以及可能造成的損害與損害發生的機率等做分級，聚焦高度風險的監理，例如：徵才、信用評分、司法判決等等，以避免過度監管。

AI 發展的利基點在於，（一）治理與協調：需要一個高效、有效的治理和協調框架；（二）數據：需要大量、高品質、安全的數據；（三）計算基礎架構：有一個計算基礎設施儲存、分析和處理這些數據。因此只要數據源充足，應用AI的領域就可能相當廣泛，目前包括了金融、醫療照護、農業、教育、就業、能源、安全等相關產業。以創新而言，協調並加強AI的採用與投資，進行轉型，可以減輕企業，特別是中小企業的行政和財務負擔。

儘管大多數AI系統，如聊天機器人並不會帶來太多的風險，並且可以用來解決許多社會上的挑戰，但某些AI系統會產生必須解決的風險，以免產生不良後果。因此需要探討如何建立「可信任AI」的機制，特別是必須以人爲本，保障人權。這些機制包括：（一）對AI應用的風險分級；（二）建立高風險清單；（三）對高風險應用的用戶、AI系統開發商設定明確的要求與義務；（四）投放AI系統前的合格評估；（五）投放AI系統市場後的建議執行與協調等。

歐盟提出了投放高風險AI系統到市場落地之前，所必須遵守的義務如下，相當具前瞻性，值得參考。

- 適當的風險評估和緩解系統；
- 提供給系統的高品質數據集可最大程度地降低風險和歧視性結果；
- 記錄活動以確保結果可追溯；
- 詳細的文件，提供有關系統及其目的的所有必要訊息，以供當局評估其合規性；
- 向用戶提供清晰、充分的訊息；
- 適當的人爲監督措施，以最大程度地降低風險；
- 高水平的健全性、安全性和準確性。

以上藉由監管AI開發人員、部署人員和提供用戶有關AI特定用途的明確要求和義務，都相當值得數位金融部門的從業人員參考，謹愼開發或使用AI這類強大的工具以避免偏誤。特別是對於高風險AI系統的提供者，在投放市場後，主管部門將負責市場監控，服務提供商維持適當的售後監控環境，並就嚴重事件和故障進行滾動式修正。

第7節 生成式AI 金融應用

一、簡介生成式 AI

ChatGPT（Chat Generative Pre-trained Transformer，聊天生成預訓練轉換器）是一種生成式AI，自從2022年11月由OpenAI公司推出以來，ChatGPT已創下了消費者應用程式成長速度最快的驚人記錄。甫推出一年內，每週即擁有約1億活躍用戶，而且超過92%的財富500大企業都在使用OpenAI的平台，突顯了OpenAI在AI領域的強大影響力和市場地位。在此背景下，微軟高達100億美元的鉅額投資爲OpenAI提供了強大的支持，成爲了2023年最大的AI投資案。

生成式AI是指透過學習數據中的規律或模式來生成建立文字、圖片、音樂、音訊和影片等內容。透過提問(Prompt)，可以獲得諮詢、學習、分析、輔助決策等功能，是目前增進使用者體驗的最佳模式之一，其發展歷程如下：

（一）1986年深度學習和神經網路中最關鍵的後向傳播算法(Backpropagation)，由神經網路之父Geoffrey Hinton提出，自此掀起對於神經網路研究的熱潮。

（二）生成對抗網路於2014年由Ian Goodfellow提出。GAN透過兩個神經網路相互博弈的方式進行學習，使得輸出的結果能盡可能模仿訓練集中的眞實樣本。

（三）2017年Transformer的提出，成爲這一領域的重大突破，後來分別在2019年和2020年推出的GPT-2、GPT-3，以及ChatGPT，都是基於Transformer的架構。

（四）在圖像生成領域，GAN的統治地位持續了五年，學術界對GAN的架構不斷進行調整和優化，其中也有Nvidia的研究人員，提出了Progressive GAN, Style-GAN 2。

（五）音頻生成領域中，DeepMind在2016年推出的WaveNet標誌著音頻生成模型的巨大進步。之後在2022年和2023年，相當多成熟的音頻生成工具推出，其中包括有Google的AudioLM、MusicLM、Meta的Voicebox等。

根據T. Davenport and M. Alavi.(Harvard Business Review, July, 2023)，將專有內容納入建構生成式模型的主要方法有三種：

（一）從頭開始培訓生成式模型

案例：彭博社就是採用這種方法的公司之一，該公司最近宣布，它已經為特定於金融的內容創建了BloombergGPT，並為其數據終端創建了自然語言介面。彭博社擁有四十多年的財務數據、新聞和文件，並結合了大量來自財務備案和網路數據的文字。彭博社的資料科學家總共使用了7,000億個令牌(Token)，即約3,500億個單字、500億個參數和130萬小時的圖形處理單位時間。很少有公司擁有這些可用資源。

（二）微調現有生成式模型

案例：Google在其Med-PaLM2(https://cloud.google.com/blog/topics/healthcare-life-sciences/sharing-google-med-palm-2-medical-large-language-model)（第二版）模型上使用了醫學知識的微調訓練。該研究計畫從Google的通用PaLM2 LLM開始，並根據來自各種公共醫療數據集精心策劃的醫學知識對其進行了重新培訓。

儘管比從頭開始培訓所需的計算能力和時間要少得多，但培訓成本仍然很高。

（三）即時調整現有生成式模型

案例：以著名投資銀行 Morgan Stanley 爲例，他們在 2023 年 9 月提出 AI @Morgan Stanley Assistant，採用 GPT ChatBot 連動金融資產，使 16,000 名財務顧問(FA)能夠快速存取包含約 100,000 份研究報告和文件的資料庫，目標是爲公司的財務顧問提供關於他們在爲客戶提供建議時，所遇到的關鍵問題之準確且易於獲取的知識。經過即時培訓的系統在私有雲中運行，只有摩根史坦利員工才能存取。可能的提問內容包括：投資建議（如我們的研究組織對Alphabet 股票的看法是什麼，以及其未來表現的牛市和熊市情況如何？）、一般業務問題（如 IBM 的五個主要競爭對手是誰？）和流程問題（如何將 RA 納入不可撤銷的信託中？）。

投資研究公司晨星(Morningstar)在其基於生成人工智慧的 Mo研究工具中使用了即時調整和向量嵌入。它包含了超過 10,000 項晨星研究成果。經過大約 1 個月的系統工作後，晨星就向其財務顧問和獨立投資者客戶開放了 Mo 的使用，甚至將 Mo 附加到一個可以說出答案的數位化身上。這種技術方法並不昂貴，在使用的第一個月，Mo回答了 25,000 個問題，每個問題的平均成本爲 0.002 美元，總成本爲3,000 美元。

二、幾種常見的生成式AI

ChatGPT（Chat Generative Pre-trained Transformer，聊天生成預訓練轉換器），是一種人工智慧聊天機器人程式，程式是基於 GPT-3.5、GPT-4 架構的大型語言模型，並以強化學習訓練。ChatGPT 目前仍以文字方式互動爲主，而除了可以用人類自然對話方式來互動，還可以用於甚爲複雜的語言工作，包括自動生成文字、自動問答、自動摘要等多種任務。GitHub Copilot 是一種爲程式設計師產生程式碼建議的人工智慧工具，在技術性高的編程問題上取得了令人印象深刻的表現，如果被要求，可以用自然語言解釋所生成的程式碼是如何運作的。Claude等「人工智慧助理」服務可用於產生令人信服的商業案例分析，包括閱讀和解釋財務報表以及提供策略評估。

三、金融應用生成式AI的技術背景

結合了大型語言模型(LLM)的應用，同時引入了檢索增強生成(RAG)技術，並搭配社群軟體的使用，旨在更方便、更全面、更詳盡地回答具有高度專業性的知識問題。我們的目標是透過這一系統，實現對專業領域知識的更深入理解，並提供更具深度和準確性的回答，以滿足使用者對於複雜問題的需求。系統分爲兩個部分，第一個部分爲如何訓練專業領域知識，並且將這些內容透過資料處理，使它們可以方便後續回答使用者問題。第二部分爲當使用者提出問題，系統該如何進入到資料庫當中，快速地找尋到相對應的資料，並且透過大型語言模型(LLM)完整地回答使用者。

由於Microsoft 365 Copilot背後使用ChatGPT，暫將Copilot與ChatGPT一視同仁。根據史丹佛大學AIIndex評測的結果顯示OpenAI的ChatGPT與Claude相當，但優於Google Gemini。而實證經驗亦指出針對投資組合分析、公司財報摘要等，Claude表現較爲出色，文字內容與結構通常較爲豐富。

四、生成式AI的機會

近期麥肯錫的一項調查報告，對生成式AI熱潮提供了更多見解。他們調查47個國家的850種職業、63個應用示例和2,100多項詳細的工作活動，基本涵蓋全球80%的勞動力，出版「生成式AI經濟潛力」報告，指出生成式AI能產生2.6~4.4兆美元的價值，而高科技、銀行、零售和包裝消費品、醫療保健、高級製造成爲受影響最大的幾個行業。具體而言，受生成式AI影響最大的4個業務場景，包括客戶運營、行銷和銷售、軟體工程、產品研發。

五、生成式AI的風險

IMF研究報告(Shabsigh & Boukherouaa, 2023)中提到雖然生成式AI對金融具有巨大潛力，但金融機構在應用中需更加謹慎，並給予足夠的監督和監管。生成式AI可能帶來以下的風險：

（一）嵌入式偏見

由於使用的數據更爲多樣和廣泛，偏見問題可能更爲明顯，且更難檢測和校正。若金融業愈來愈依賴AI支持的決策，內嵌偏見可能導致道德風險和損害公衆信任，特別是在客戶評估和交易監控中。此外，GenAI可能不僅繼承了訓練數據中的偏見，還可能放大這些偏見。

（二）隱私問題

由於GenAI的特性是生成新的內容，訓練時可能會需要來自多方的數據，增加了洩露敏感金融數據和個人訊息的風險，尤其是在受到嚴格監管的金融領域。包括訓練數據的洩露、揭露匿名數據，以及GenAI在使用和丟棄數據後，仍然「記住」訓練數據集中的個人訊息。

（三）結果不透明

由於其模型的複雜性和生成新內容的能力，解釋GenAI的決策過程可能更爲困難。

（四）效能穩健性

有可能產生「幻覺」，即產生聽起來合理，但實際上是錯誤的答案。此外，由於 GenAI 的複雜性，它可能在異常或未知情況下，給出不好的回覆。在金融業中，這種風險可能比想像中的還要嚴重，可能損害公眾對 AI 系統和甚至是該銀行的信任。

（五）網路威脅

由於其能夠生成新內容和回應，可能成爲攻擊者的目標，用於生成誤導性的訊息或進行其他不當行爲。

（六）金融穩定性

1. 群體心態偏見

如果金融機構基於 GenAI 生成的報告做出決策，這些報告可能反應出 GenAI 系統使用的數據集中捕獲的公眾情緒，特別是在市場狂熱時。

2. GenAI 的「幻覺」

如果錯誤的訊息在金融系統中傳播，這可能成爲系統性的問題，尤其是考慮到 GenAI 服務提供商的集中度，以及解釋與識別訊息來源和交易對手的困難。

3. 資本充足和流動性風險

如果基於 AI 的交易爲了最大化利潤而承擔更高的信用或市場風險，且模型沒有得到適當的風險管理訓練，可能會產生資本充足和流動性風險。

4. GenAI的網路安全

考慮到GenAI生成僞造和惡意內容的潛力，其網路安全成爲特殊關注的焦點。這樣的內容可能導致公衆恐慌，若在金融服務中，可能導致銀行擠兌。

六、應對生成式AI幻覺的準則

針對生成式AI產生幻覺的風險，由於金融、醫療等高度監管的行業對於特定高風險應用是零容忍，以下兩個重要的準則值得參考與遵循：

準則一：「答案品質保證」，需要極爲準確地回答相關問題，可以設定一組已知正確答案的「黃金問題」，當GPT系統每次有任何變動，員工就會用黃金問題去測試，看看是否出現任何「退步」。

準則二：「內容必須是高品質」，以任何方式客製化LLM之前，內容必須是高品質。

摩根史坦利有很多內建的準確性檢查。他們每週都會向系統提交一組「黃金問題」，以確保系統給出的答案是正確的。在系統的日常使用中，當／如果存在內容似乎不正確的情況時，FA可以查閱原因代碼，該原因代碼引用回從中提取該內容的基礎文件。

OpenAI發現與GPT系統的長時間對話往往會導致許多報告的幻覺，因此摩根史坦利正在限制FA可以輸入系統的提示類型。更大的挑戰是確保提示後所回覆的答案是即時的。例如：如果FA要求分析師對某家公司的股票提出建議，他們會想要最新的資訊，因此模型必須經過訓練，並且從來源端取得最新的資料，分析後產生建議內容。另一方面，如果FA詢問如何最好地建立客戶信任，則該資訊不太可能隨著時間的推移而發生太大變化。

References:

T. Davenport and M. Alavi. (2023, July). How to Train Generative AI Using Your Company's Data. Harvard Business Review.

McKinsey & Company. (2023, June). The economic potential of generative AI. McKinsey & Company. https://www.mckinsey.com/capabilities/mckinsey-digital/our-insights/the-economic-potential-of-generative-ai-the-next-productivity-frontier#introduction

Morgan Stanley. (2023, September 18). Morgan Stanley kicks off generative AI era on Wall Street with assistant for financial advisors. CNBC. https://www.cnbc.com/2023/09/18/morgan-stanley-chatgpt-financial-advisors.html

Shabsigh, G., & Boukherouaa, E. B. (2023). Generative Artificial Intelligence in Finance: Risk Considerations. International Monetary Fund, Fintech Notes, August 22, 2023.

▶▶ 幸福投資練習題

是非題(T/F)

1. 指數追蹤問題解決如何將一個投資組合拆分成數個成分資產。
2. 投組優化問題解決如何將數個成分資產組合成一個投資組合。
3. Black-Litterman 模型中與觀點(View)有關的參數，可以採用 AI/ML 的方式做估計。
4. 指數型基金(ETF)通常是被動式管理，目的是追蹤特定指數的表現。
5. ETF 的指數追蹤過程不會產生任何追蹤誤差，因爲其成分股完全複製指數。

選擇題

1. 下列何者不是 MV 模型的缺點？
   ⑴ 權重分散　⑵ 輸入值敏感　⑶ 較無直覺
2. 衡量投資組合的績效可採：
   ⑴ 夏普指數(Sharpe Ratio)　⑵ 波動指數(VIX)
   ⑶ 大盤指數
3. 評估風險的量化因子是：
   ⑴ 報酬率　⑵ 波動率　⑶風險值
4. （歷史）波動率的定義與哪種統計量有關？
   ⑴ 標準差　⑵ 百分位數　⑶ 偏度(Skewness)

5. 在每個風險下找出最佳的投資組合，這些投資組合預期風險與預期報酬的點集合可畫出的曲線是：
⑴ 無異曲線　⑵ 資本市場線　⑶ 效率前緣

6. Python 具有以下哪些優點？
⑴ 易讀性　⑵ 可跨平台操作　⑶ 皆是

7. Quantopian 平台比較適合何種情境下使用？
⑴ 演算法交易　⑵ 高頻交易　⑶ 產業分析

8. 透過兩種資產間的關係（例如：相關性）所發展出的交易策略不包括：
⑴ 配對交易(Pairs Trading)　⑵ 期現套利　⑶ 避險套利

9. 當期貨實際價格大於理論價格時，賣出股指期貨合約，買入標的ETF，以此進行統計套利的交易策略是：
⑴ 配對交易(Pairs Trading)　⑵ 期現套利　⑶ 避險套利

10. 「以人爲本的可信任AI」是爲了回應AI預測可能造成某些特定風險的誤判風險，具體作法包括：
⑴ 謹慎開發或使用AI這類強大的工具以避免偏誤
⑵ 將風險就使用場合、可能造成的損害，以及損害發生的機率等做分級
⑶ 聚焦高度風險的監理，例如：信用風險等，以避免過度監管
⑷ 以上皆是

簡答題

1. 列舉兩個指數追蹤會遇到的問題。
2. 人工智慧(AI)與機器學習(ML)在金融上的應用愈來愈多，請簡述：
⑴ AI或ML可能帶來的風險。
⑵ 列舉一項AI或ML在期貨選擇權的應用。

Ch 05

主題篇

第1節 債券ETF

一、債券 ETF 興起

面對近來貿易保護興起，中美貿易戰砲火連連，使得之前股票市場表現亦隨之不安、全球主要資產多數爲負報酬，美國聯準會也曾四度升息，都是讓債券相關的產品走揚的關鍵因素。因爲債券擁有較低的風險、高於銀行定存的利息等優點，屬於防禦型資產，因此當市場面對較大的風險時，機構投資人會逐漸將其投資標的轉向債券市場，或調升債券商品在其投資組合中的持有權重。雖然債券看似擁有非常多的優點，但是債券亦有幾項相當致命的缺陷，如：流動性較低、單位交易金額太高的問題，造成一般投資人難以購買該項產品，因此「債券 ETF」應運而生。

台灣債券 ETF 市場更在受到壽險資金的推波助瀾下，成長率加速成長，截至 2018 年 11 月底，台灣的債券 ETF 規模已經成長 741%，從之前 377 億新台幣大幅增加到 3,169 億新台幣，與股權型 ETF 差距僅剩下大約 200 億（台灣整體 ETF 規模爲 6,568 億新台幣），由此可見債券型 ETF 成長相當快速，而台灣目前幾大主流債券型 ETF 發行公司有元大、國泰及富邦。

二、債券 ETF 的種類

一般來說，只要牽扯到債券，投資人總會直接聯想到配息，然後和固定收益劃上等號，但債券 ETF 又可以劃分爲五個種類：

（一）政府公債 ETF：該 ETF 主要追蹤由主要國家（如美國）所發行之債券指數，追蹤目標由國家擔保，因此風險也較低，包括美國國庫券 ETF (SHY)、抗通膨債券 ETF (TIPS)、抵押貸款證券化債券 ETF (MBB)、iShares 七至十年期美國政府公債 (IEF)等。

（二）公司債 ETF：該 ETF 追蹤由公司發行之債券所編製的指數，其風險較上一項來得高，包含投資等級公司債券 ETF (LQD)、高收益公司債券 ETF (HYG)、特別股ETF (PFF) 和高級信貸ETF (BKLN)等。

（三）市政債 ETF：該 ETF 追蹤由州、市政府所發行之債券所編製的指數，而這個種類的政府債其流動性低。由於 ETF 相對的流動性較高，因此可以提供投資人許多益處，包含美國市政債券 ETF(MUB)。

（四）總體市場債 ETF：這種 ETF 是將上面三者做打包混合後的產物作爲追蹤標的，而這種 ETF 也是作爲許多固定收益投資人的核心部位，例如：總體債券市場 ETF(BND)和美國核心綜合債券 ETF(AGG)。

（五）槓反型債券 ETF：與在第 2 章第 2 節介紹槓反型 ETF文中所提類似，僅是把標的資產換成債券，即是提供指數每日報酬指定倍數報酬的 ETF，例如：提供每日指數 2 倍或反向 1 倍的報酬。台灣尚未引入此類債券 ETF，例如：UltraShort Barclays 20+ Year Treasury (TBT)與 Direxion Daily 20-year Treasury Bear 3X (TMV)等。

三、債券 ETF 的優點

債券ETF是以債券指數作爲跟蹤標的的 ETF，一開始的主要訴求是提供一般投資人以低額度、低成本以及高度便利性的方式參與債券市場，讓不透明的議價交易市場（透過店頭市場交易），能夠轉型成爲透明化且集中交易的金融商品。但近年來，許多的機構法人也開始參與其中，主要是因爲以下幾項優點：

（一）分散風險：投資人只需要買入債券 ETF，視同買入檔數可觀的不同債券，輕鬆做到分散單一發行機構的信用風險。

（二）交易方便：投資人不再需要到店頭市場和賣方進行議價，僅需要透過網路即可方便地進行下單。

（三）流動性佳：債券 ETF 可以在交易時間內任意地買入和賣出，使投資人在投資該項標的時可以擁有較高的流動性。

（四）價格透明：由於 ETF 的價格都是公開透明，並且債券 ETF 的追蹤標的曝險明確，投資人可以輕易地理解該 ETF 的風險狀況。

（五）配息頻率高：不同於傳統債券每半年配息一次，債券 ETF 有些會每月配息（美國）或每季配息（台灣），因此讓投資人可以更靈活運用利息。

（六）成本低廉：購買債券 ETF 的作法，比起傳統作法買入一籃子債券，兩者成本相差甚鉅。

債券 ETF 和債券還有一個不同之處，債券 ETF 並沒有到期日，單一的債券則必定擁有固定的到期日（不考慮永續債券），因此債券 ETF 為了維持它與目標指數的相仿，其內的投資組合將會動態調整，將低於目標指數到期日的債券進行出售或重新配置，並引入新的債券（舉例來說，一個一至三年期美國公債 ETF 會視市場流動性，適時地將到期日小於 12 個月的債券售出），藉以維持該 ETF 與被追蹤指數的一致性，如殖利率、存續期間、報酬率等表現的一致。

四、債券 ETF 面對的風險

不像一般債券在到期時，投資人可以拿回一開始投入的本金，前面提及，債券 ETF 並不存在特定的到期日，因此購買債券 ETF 是沒有辦法拿回一開始投資的本金，因爲債券 ETF 本身的目的其實是透過持有不同的資產，進而複製出債券指數報酬率的表現。若讀者對於標的指數的計算方式有興趣，可以參考本節最後的附錄。

同時，因爲債券 ETF 的追蹤目標是債券指數，因此債券擁有的各種風險，如利率風險和違約風險等問題，債券 ETF 也會部分受影響。在利率風險的部分，運用前述提及的存續期間的概念來衡量利率風險，存續期間愈大的債券，會面對較大的利率風險，當利率走升時，債券價格會下跌，債券 ETF 的價格亦會下跌。但違約風險的部分則因爲債券 ETF 爲指數追蹤型，因此在上文提及，可以輕鬆分散風險的優勢下，債券 ETF 面對的違約風險（信用風險）相較單一債券已經有顯著地降低，然而新興市場債券 ETF 仍有一定的區域風險性。

另外，關於槓反型債券 ETF 的風險，如在第 2 章第2 節〈槓桿型及反向型：槓反型〉及第 5 節〈ETF 的風險〉中，所提到的複利風險，因爲槓反的倍數是每日調整，因此如長期持有，其報酬會受到複利的影響而不會如指定倍數一樣，故會出現如前所言的問題：「1 倍的報酬並不是我們所認知的 1 倍」，且因爲債券的槓反型 ETF 還有提供到 3 倍的正反向報酬，其價格波動會更劇烈。因此，此類資產與指數型的槓反 ETF 一樣，較適合作爲戰術型的投資工具。

五、小結

債券在資產配置和現金流量規劃中，都扮演舉足輕重的角色，台灣在近幾年來，不論是因爲前面提及世界市場脈動的影響，又或是法人機構的需求上升的推波助瀾下，因而蓬勃發展。債券ETF不僅提供了台灣投資人更多的投資管道和資產配置方式，也爲台灣的資本市場注入一股新的活力。雖然，債券ETF的市場仍然有很大的發展空間，同時也有很多的困難需要去克服，不論是增加更多的追蹤標的，以滿足更多投資人的需求，又或是減少指數追蹤誤差等問題，這些都是債券 ETF 未來要持續做改進的部分，而投資人也應該更加關注這部分的市場脈動，相信債券ETF很快就會成爲市場上最炙手可熱的金融商品之一。

六、附錄

這邊筆者使用彭博巴克萊指數(Bloomberg Barclays Indices)的編製方式來做簡單的介紹，彭博巴克萊指數每天提供ETF基金發行公司包含指數、成分債券、債息等資料，而有關成分債改變所引起的指數變化會提前通知，因此發行公司可以事先估計未來投資組合之調整內容，可滿足ETF發行人複製該指數之需求。彭博巴克萊債券指數是根據市值調整後加權法編製，其權重計算方式如下：

（一）債券市值＝債券面額×（債券價格＋應計利息）

（二）債券權重＝債券期初市值／指數投資池內各期初債券市值總和

（三）債券總報酬率＝價格報酬＋利息報酬＋償還本金價格報酬率

（四）償還本金價格報酬率＝〔（償還本金／期初流通面額）×（100－期末價格－期末應計利息）〕／期初市值

（五）價格報酬＝（期末價格－期初價格）／（期初價格＋期初應計利息）

（六）利息報酬＝〔（期末應計利息－期初應計利息）＋期間利息支付〕／（期初價格＋期初應計利息）

（七）指數總報酬＝Σ（債券權重×債券總報酬）

在建構完標的指數之後，其中各個成分債券還會適時做動態調整，以彭博巴克萊指數爲例，符合或不符合篩選標準的指數成分券並不會在月中進行調整，而是在每個月最後一個營業日進行調整，並於次月第一個營業日生效。

第2節　新興資產：比特幣的衍生性商品

比特幣(Bitcoin)，是世界上最大的虛擬貨幣，也是2017年最火熱的資產，目前仍持續發燒中，並且也帶領了新的衍生性商品的出現。在2021年3月底時，每單位的比特幣價格衝到了57,000美元。

有分析師指出，比特幣於2017年12月初暴漲的原因，可能與CBOE期貨交易所(CBOE Futures Exchange, CFE)於12月10日（台灣時間11日早上）開始進行比特幣期貨的交易有關。

比特幣火熱的市場正在參與一場賭注，看比特幣期貨的問世，是否能帶動新一波的需求？而這些需求的主要來源，是原先不能或不願意在非高度監理的傳統金融體系交易的機構與投資者。比特幣期貨成功的推行，也爲比特幣ETF的問世鋪了一條路。屆時，數十億美元的資金也將進入加密貨幣市場中。

一、比特幣期貨問世

芝加哥選擇權交易所(Chicago Board Opions Exchange, CBOE)比特幣期貨於2017年台北時間12月11日上午7時正式上路。這是第一個與比特幣相關的主流金融產品，比其對手芝加哥商品交易所(Chicago Mercantile Exchange, CME)早了一週。比特幣期貨問世的頭一天價格就暴漲26%。彭博資訊報導，比特幣期貨一度漲破18,000美元，高於開盤價的15,000美元，成交量超過2,300口合約。交易員指出，這種商品的初期成交量優於原先預期，反應投資人的濃厚興趣。

CBOE表示，比特幣期貨的暫停交易機制爲：

（一）若比特幣漲跌幅達到10%，將暫停交易2分鐘。

（二）若漲跌幅擴大至20%，將暫停交易5分鐘。

（三）若波動進一步擴大至30%，則至少暫停交易5分鐘。

對比特幣支持者而言，交易所推出期貨商品是比特幣向主流金融靠攏的一大分水嶺，因爲能夠測試讓專業交易人員與主流投資人更容易做多或放空比特幣的基礎設施，從而引導其價格走勢。

其實，比特幣期貨在開始交易的頭8個小時合約總價值約爲4億美元，遠少於同期約11億美元的比特幣交易金額。比特幣市場目前主要是散戶的天下，且並非所有經紀商一開始就支持比特幣期貨，在考量資本要求較高與風險限制偏嚴的因素後，比特幣期貨市場的投資人數可能有限。緊接芝加哥商品交易所(CME)推出比特幣期貨，專業交易人員在CBOE、CME及比特幣本身之間套利，明顯改善定價效率。

二、比特幣期貨的特性

（一）更均衡的市場

紐約大學史登商學院金融與商業轉型教授David Yermack表示：「期貨在標的資產波動劇烈時最爲有用，比特幣正好如此。」「這項商品將有可能穩定市場，並藉由人們交易期貨，抵禦比特幣的持續上漲。這是當前市場所缺乏的東西，我期望會有大量投資者對比特幣與其他加密貨幣期貨合約有興趣，例如：以太坊(Ethereum)。」因此，比特幣期貨的問世，可能會驅使比特幣價格下跌，或至少製造一個波動較低、更均衡的市場。

（二）期貨曲線(Futures Curve)

除了對價格的影響，在比特幣期貨交易開始後，人們也將會密切關注該期貨曲線的型態，大家也會希望了解CBOE列出的10份不同時段到期合約與比特幣的現貨價格之間的關係。

有些人認爲，一開始，比特幣期貨將會發生逆價差，隨後期貨價格會在陡峭上升之後下跌。與其他期貨市場相比，黃金幾乎都處在正價差，期貨價格隨時間長度上升。另一大交易商品石油，會在正價差與逆價差之間波動，取決於市場狀況。另外，VIX 期貨，以衡量股票市場隱含波動率指標 VIX 爲標的的期貨，在價格低時通常爲正價差，在價格高時爲逆價差。

CBOE Global Markets Inc. 的全球衍生性商品發展總監 Russell Rhoads 表示：「找出比特幣曲線的唯一方法是就是等待交易開始。」「我一直聽到有人問：『（比特幣）期貨價格和現貨價格的關係爲何？』我只能說：『我不知道。』」他總結道：「在過去產品推出之前，我會先做好學術研究，然而卻發現先前對新市場的假設總是不準確。」「我曾聽過有人對比特幣期貨交易應該以正價差或逆價差的爭議。但對我而言，最好的策略就是，在比特幣期貨交易之後，看看市場能不能告訴我們什麼。」

三、期貨與選擇權的最新進展

雖然在 2017 年，CBOE 以及 CME 相繼推出以現金結算的比特幣期貨，也是首次推出可以公開交易的密碼貨幣衍生品，然而現金交割的比特幣期貨，其交易量卻不若實物交割的期貨商品。CBOE 在 2019 年停止了新的比特幣期貨合約上架。不過 2019 年又有新的競爭對手 Bakkt（ICE 旗下）出現，以及比特幣選擇權的推出，市場仍對密碼貨幣衍生品有高度的興趣。表 5-1 爲CME 推出的比特幣期貨規格，保證金 35% 意味著投資人可以操作槓桿比率最高達 3 倍之高。

表5-1　CME比特幣期貨規格

交易所 CME	
產品代碼	BTC
標的物	比特幣
乘數	5
最小價格波動	25 USD
週期	近兩季（3、6、9、12）
價格限制	設有7%、13%、20%三檔日內波動限制
交割方式	現金交割
保證金	35%

目前市場上加密貨幣期貨存在著比特幣(BTC)、以太幣(ETH)、萊特幣(LTC)、比特幣現金(BCH)、瑞波幣(XRP)等合約，前兩者比特幣與以太幣期貨占比超過總體加密貨幣期貨的90%，2020年市場上的比特幣期貨平均日交易量爲300億美元，以太幣期貨平均日交易量約爲80億美元，目前密碼貨幣衍生品市場以最大宗的比特幣爲主。

至於選擇權市場，CME在2020年1月13日正式推出了比特幣選擇權，引發了市場熱潮，連帶迎來了比特幣的大漲。推出比特幣選擇權的機構相當多，但實際上Deribit才是主要的比特幣選擇權交易平台，其他的交易機構包含了CME、Bakkt、OKEx、LedgerX。遭逢全球疫情，在2020年3月全球市場暴跌，許多交易員進行做空操作，比特幣選擇權交易量創下2億美元的新高，近來比特幣選擇權平均日交易量爲4.6億美元，以太幣選擇權平均日交易量約爲5,000萬美元。

表5-2　比特幣期貨選擇權規格

交易所 CME	
產品代碼	BTC
標的物	比特幣期貨
履約型態	歐式
契約乘數	每口期貨等於5個比特幣
最小價格波動	25 USD
週期	近兩季(3、6、9、12)
價格限制	設有7%、13%、20%三檔日內波動限制
交割方式	有本金交割

四、比特幣ETF問世的可能性

在比特幣期貨問世後，比特幣 ETF 可能會是下一個發行的比特幣相關的商品。Blockchain Capital 風險投資公司的研究主管 Spencer Bogart 表示：「我認爲，一旦比特幣期貨市場發展出高度流動性與健全的市場，我們將會看到以這支期貨相關的 ETF 在未來 6 到 18 個月內問世。」

事實上，資產管理公司 VanEck 已在 2017 年 9 月時觸動了「比特幣 ETF」的開關，向監理機關——美國證券交易委員會(Securities and Exchange Commission, SEC)提出申請。而當時，SEC 希望 VanEck 可以等到「比特幣期貨」開始能夠正式被交易之後，再思考是否發行比特幣的 ETF，因爲 VanEck 提出申請的 The VanEck Vectors Bitcoin Strategy ETF 會以「比特幣期貨」爲標的。

另外，也有不少其他相關企業或機構開始蠢蠢欲動，希望能夠發行比特幣 ETF，如 Winklevoss Bitcoin Trust (COIN)、Rex ETFs、ProShares 等。在比特幣期貨發行的近日，或許比特幣 ETF 的未來會有更進一步的結果。

全球首檔比特幣 ETF 在 2021 年 2 月於加拿大多倫多交易所「Purpose Bitcoin ETF」掛牌，強調「領先全球直接投資實物交割的比特幣而非衍生品」。隨後亦有數檔密碼貨幣 ETF 在北美上市，可謂雨後春筍。

五、比特幣衍生性商品的影響

這一波比特幣相關商品的熱潮，不只是對市場上金融商品的數量產生了影響，亦可能會驅使比特幣市場的均衡發生改變。

另外，也將會開啓另一波比特幣相關產業（半導體）的動盪，甚至會影響到黃金相關金融商品的交易量。如此看來，這些將會是值得我們近期注意的商品以及產業。

圖5-1　比特幣衍生性商品的影響

- 不只對市場上金融商品的數量產生影響，也可能會驅使比特幣市場的均衡發生改變。
- 將會開啓另一波比特幣相關產業（半導體）的動盪，甚至會影響到黃金相關金融商品的交易量。

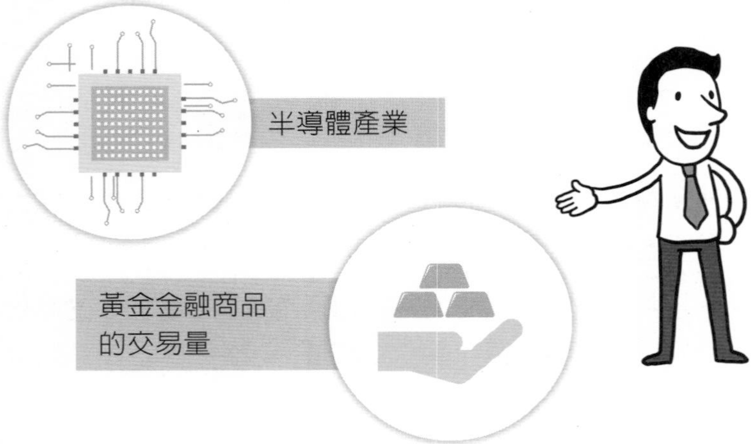

六、結論

比特幣近期的波動似乎不小，愈來愈多比特幣相關的商品已經快速地被思考以及申請，或許在不久的將來，市場上就會出現許許多多以比特幣爲標的的金融商品。

比特幣不像是一般的貨幣，似乎最大的影響成分爲市場的供需，因此比特幣的走勢似乎是更難預測！要如何在比特幣及其相關金融商品的交易上進行避險？這是投資者和發行商在投資這些商品初期可以思考的議題。

第3節 區塊鏈ETF

一、區塊鏈ETF發展概況

隨著加密貨幣的興起，與其相關的區塊鏈技術在近年也逐漸被廣泛地運用於各產業，包括服務業、生物科技、供應鏈管理等產業，這使得許多科技公司願意投入更多資金在研究區塊鏈技術上，也更願意去探索各種可能可以運用此技術的產業，如之前的ETF發行商Reality Shares的報告指出，預計於2022年以前，區塊鏈技術可以爲銀行節省約150至200億的成本。因此與區塊鏈相關的產業前景相當地被看好，投資人也開始有了投資區塊鏈技術的想法。

投資人有兩種方式可以投資加密貨幣以及區塊鏈技術。第一種是透過直接購買加密貨幣的方式投資區塊鏈技術，然而這種直接的方法會因爲各國的法規以及對投資人可能的諸多限制，而使直接投資加密貨幣成爲一道複雜的程序。另一個方法就相對地單純許多，可以間接地投資在與區塊鏈相關的產業或公司上，且爲了帶給投資人足夠的分散性，區塊鏈ETF因此應運而生。區塊鏈ETF目前在市場上（截至2018年6月），共有六檔區塊鏈ETF在市場中交易，分別爲BLOK (Amplify Transformational Data Sharing ETF)、BLCN (Reality Shares NASDAQ NexGen Economy ETF)、LEGR (First Trust Indxx Innovative Transaction & Process ETF)、KOIN (Innovation Shares NexGen Protocol ETF)、BKC (REX BKCM ETF)、BCNA (Reality Shares NASDAQ NexGen Economy China ETF)。

二、剖析區塊鏈ETF

上述六檔區塊鏈ETF有屬主動式管理的基金，也有屬被動式管理的。如BLOK與BKC爲主動式管理基金，其他的皆爲被動式管理基金。如BLCN追蹤Reality Shares NASDAQ Blockchain Economy

Index，LEGR 追蹤 Indxx Blockchain Index。它們都是關注與區塊鏈技術相關的產業，篩選機制也略有差別。例如：最早的區塊鏈 ETF，BLCN 所追蹤的指數之篩選標準為企業對於研究、發展、支持以及拓展區塊鏈技術達一定程度即會被選為標的資產，大部分的標的資產集中於中國(69.58%)以及香港(30.42%)，科技業(45.87%)占大宗，其次是金融業(26.17%)；而另一檔也是最早發行的BLOK，其篩選標的資產的標準為選取有開發或使用「資料轉換分享技術」(Transformational Data Sharing Technology)的公司，以及與此技術使用的公司合夥或投資的公司。雖然標的資產在產業面與 BLCN 相同，科技業(75.96%)與金融業(20.12%)占大宗，然其成分公司集中於美國(51.22%)與日本(21.46%)，關注的市場因此有很大的差異。

下面以最早發展之一的區塊鏈 ETF BLCN 作為簡介的例子，因為該檔 ETF 為被動式基金，且因為其追蹤指數的篩選過程在相關的指數中具有代表性，因此也會介紹其資產選擇的方法，以便使讀者更了解區塊鏈 ETF 與指數篩選資產的概念。BLCN 在2018 年 1 月發行，其成分公司的選擇標準如上段所提，選取發展研究或應用區塊鏈技術相關的公司。其所追蹤的指數 Reality Shares NASDAQ Blockchain Economy Index，屬於以因子為基準(Factor-Based)的指數，因此 BLCN 也屬一種 Smart Beta ETF。該指數相較於一般的指數如S&P 500，其特別之處在於，在以市值、流動性等基本因素篩選出的資產中，Reality Shares 與 NASDAQ 的指數委員會會以七個因子分別給予該些資產區塊鏈分數(Blockchain Score™)，再選取高於 50 分的公司作為指數的成分公司。

上述的七個因子的評分，反應出公司發展投資或研究的貢獻程度，該些因子分別為公司在區塊鏈相關產業所扮演的角色、在區塊鏈產品發展所處的階段、對區塊鏈產業能帶來的經濟效益、在區塊鏈發展的創新、與區塊鏈有關的研究發展成本、區塊鏈公司會員以及與區塊鏈技術有關的公司文件。因此可以看得出來其選擇指數成分公司的概念，不僅是選取研發或應用區塊鏈技術的公司，也會考量到發展區塊鏈技術的階段是否成熟，以及是否對該產業帶來實質的經濟效益。因此由 Reality Shares NASDAQ Blockchain Economy Index 選取資產的方法可得知，爲何其所涵蓋的產業別很廣泛的原因，從研究開發區塊鏈技術相關的公司到應用端，全部都被涵蓋在裡面，包含了科技業、資訊業、硬體及金融業等。

三、區塊鏈 ETF 的風險

不可否認地，所有投資工具都有風險，除了前面文章提到 ETF 皆有的風險外，區塊鏈 ETF 也有一些特定的風險。首先，因爲區塊鏈技術尚屬於發展階段，雖其技術被各界看好，但大部分的企業還在尋找該技術的應用方法。換言之，許多企業都還未有規模地把區塊鏈技術運用在實際的生產端，仍處於測試階段或甚至是規劃的初始階段。雖然前面有提到相關指數的篩選標準會看區塊鏈應用所帶來的實質效益，然而該指標都是在資產池中相對的指標而非絕對指標，因此在整體的成分公司營運中，運用區塊鏈技術的規模還僅是一小部分，在整體的營運收入所占的比例並不顯著。

另外，在製造端也是有相同的狀況，如台積電在幾檔區塊鏈 ETF 常扮演重要的角色，如在 BLOK 占有6.25%，在 LEGR 占有 2.60%，然台積電主要業務並非專注於挖礦晶片上，因此與區塊鏈技術的相關程度並不大。台積電僅是其中的例子，在許多區塊鏈 ETF 中的成分公司都有相同的問題。因此，區塊鏈 ETF 可否能眞實反應出與區塊鏈技術實質帶來的效益，這些都是投資人可能會需要承受的風險。

另一個是ETF市價與淨資產價值(Net Asset Value, NAV)偏離的風險。在2018年etf.com所提供的ETF評分（可參見ETF評分機制）中，六檔區塊鏈ETF的分數都很低，BLCN爲50分，BLOK爲31分，LEGR爲 37 分，KOIN爲39分，另因爲BKC與BCNA是於2018年6月才上市，因此還未有評分。該分數反應了ETF的配適度，意即ETF追蹤指數或與基準標的的表現，愈接近指數，分數愈高。其中分數最高的BLCN，它與追蹤指數的決定係數(R-square)爲0.81，分數最低的BLOK爲0.66，相較於另一檔同爲Smart Beta ETF的VIG (Vanguard Dividend Appreciation ETF)（分數爲76分），與其指數的決定係數 0.90 都顯得過低。因此，投資人可能會面臨ETF的市價很有機會偏離其淨資產價值，進而使投資人的成本上升。

四、小結

區塊鏈ETF開啓了投資人投資加密貨幣以及區塊鏈技術相關產業的大門，但在現階段，因爲各產業皆還處於尋找區塊鏈技術的運用端，大多數投資人因此都保持著觀望態度，故流動性略顯不足，也很可能會遇到市價偏離的風險，現在也許不是進場的好時機。但投資人仍能抱持樂觀的態度，因爲區塊鏈技術的潛力被各產業看好，待各產業找到區塊鏈運用的位置時，勢必會帶來強勁的需求，進而帶動製造端，使得挖礦晶片等硬體設備的產出增加，甚至在總體產品中的比例增加，相關資產價格會因此被牽動，區塊鏈ETF的價格也會因此上升。

第4節 Smart Beta ETF

近年來Smart Beta ETF出現爆發性成長，成為市場投資人新寵兒。在指數股票型基金竄紅且熱潮不退的背景下，台灣各家投信業者，在近年積極推出「Smart Beta ETF」，Smart Beta ETF不同於台灣50(0050)這類傳統指數型ETF，但Smart Beta ETF，眞是完美無瑕嗎？

Smart Beta至今尚未有明確的定義。大致而言，Smart Beta是一種建構指數的方法／策略。與傳統資本加權指數(Capitalization-Weighted Index)相比，Smart Beta希望能依照投資者的偏好，捕捉特定「因子」(Factor)（例如：高股息、低波動、資產品質等）在投資組合中的表現，發展有別於資本加權的策略，建構達到投資人目標的指數。

Smart Beta結合主動與被動式基金，它需要基金經理人打造一個專屬的投資策略（主動式），但卻同時具有明確的策略執行方針，不倚賴經理人對時事的判斷（被動式）。例如：以擊敗大盤、創造超額報酬、低波動爲目標，則技術上可透過經濟數據（公債價差、GDP、失業率等）、技術指標（MACD、RSI等）、計量指標（VIX，多維度動態波動矩陣(Dynamic Volatility Matrix)）等投資因子，進行最佳投資組合，以掌握市場投資機會、控制風險，進而創造報酬。

也正因爲具有明確策略框架，使Smart Beta透明度高、流動性佳等特性。相較於被動式基金，Smart Beta使用特制策略，因此Smart Beta的所需費用通常也會介於主動與被動式基金之間，如SPY操作費用爲0.09%，而在Smart Beta ETF中，操作費用幾乎是最低的iShares Russell 1000 Growth ETF之0.20%。

Smart Beta的出現使主動式基金管理人處境更加艱難，許多基金經理人所使用的「因子」被嘗試運用於Smart Beta中，比主動式基金更低廉的價格踏入市場。表5-3是Smart Beta常見的「因子」種類。

其他像是：高Beta值、低Beta值、成長率等，也是常見的「因子」種類。

表5-3 Smart Beta常見的「因子」種類

因子	目標	參考資料
價值	找出價格被低估的股票	本益比、股價淨值比、收益、股息、現金流……
高股息	找出股息高於平均的股票	股息……
動能	找出近期表現強勁股票	歷史Alpha、歷月／季／年收益……
品質	找出低債務、穩定成長、經營績效佳企業的股票	股本回報率、盈利穩定性、財務槓桿……
低波動	找出價格波動低的股票	波動率、Beta值……
小規模	找出市值小，但具有成長潛力的股票	市值……

一、Smart Beta ETF的風險

Smart Beta 乍看之下，似乎是個沒有瑕疵的商品，既可以為投資人帶來被動式基金的分散性，也可以提供主動式基金追求的超額報酬。事實上，Smart Beta ETF存在著不少風險，除了ETF本身的風險，如先前所提到的稅務風險以及交易對手風險等，還有許多特有的風險。

（一）表面的成功不代表策略上的成功：有些Smart Beta ETF 表面上績效不錯，但事實上其獲利是來自較高的操作費用比率，意味著該檔資金很有可能為追逐因子，而導致變換資產部位的頻率升高，使得操作費用比率增加。因此該獲利與投資人無關，甚至可能侵蝕到投資組合本身的績效，進而使投資人蒙受損失。

（二）流動性風險：準確來說，此雖不是Smart Beta ETF獨有的風險，但因為近年Smart Beta ETF 的市場愈來愈大，因此值得單獨論述。因為市面上愈來愈多類似的Smart Beta ETF，其中有許多ETF 過於複雜且未受到投資人的注意，導致流動性不足，此可能會使投資人買到此類的「殭屍ETF」，而使它們在價格下跌時難以售出，甚至會出現ETF 買賣價差擴大而須向基金經理人付出更高額的資產管理費用。

（三）過去的成功不代表未來的成功：因為Smart Beta ETF 選取因子的方式，是以回測的方式檢驗因子的表現，但由於不同的因子在不同的時期會有不一樣的表現，如以過去經驗來看，價值型的成長較遲於成長型與動量型的成長。

二、如何挑選Smart Beta

如前所言，Smart Beta ETF 的平均操作費用比率較一般市值權重的ETF 還高，如大部分在美國交易的Smart Beta ETF 的操作費用比率約為 0.4%。因此在選擇此類 ETF 時，必須銘記在心一個小概念：「雖然Smart Beta ETF 的操作費用高，但投資人不應支付過高的費用。」較高的費用往往代表基金經理人在管理基金上花費較高的成本，如頻繁調整管理的資產部位即是其中的主因，若有此狀況的發生，可能表示該檔ETF追蹤指數的追蹤誤差或追蹤差異較大。

另外，如前段風險提及，不同因子在不同期間的表現會不同，所以投資人也可以選擇多因子的 Smart Beta ETF，此概念就如同投資組合中的資產分散性一樣，也可用因子的分散性來避開某單一因子表現不佳的時候，以作為減少風險的方法。因此所選的多因子 Smart Beta ETF 中，因子間的相關係數愈低，可以達到因子分散性的效果愈好。如 JPMorgan Diversified Return U.S. Equity ETF 與提供價值、品質及動量三種因子，ETF 是一個參考選項。所以投資人挑選 Smart Beta ETF 時，除過去績效因素外，還可用指標衡量、操作費用比率高低及因子種類與數量。

第5節 ESG ETF

2007年，歐洲投資銀行(European Investment Bank)首次發行了6億歐元的「綠色債」(Green Bonds)，用於可再生能源投資；此後也發行用於保護海洋的「藍色債」(Blue Bonds)，從而拉開以ESG爲主題的金融產品序幕。所謂ESG (Environmental, Social Responsibility and Governance) 是新型資產投資評估的考量因素，相較於傳統評估元素：財務狀況、盈利水準、運營成本和行業發展空間等，ESG評估看重的是企業對環境的影響、企業的社會責任和治理等。

著名的指數公司MSCI提出ESG的評估系統，分別對三個指標進行篩查，具體細節如下：

一、環境(Environment)：對於從事煤炭和原油生產的行業進行剔除，因爲其理念與保護環境、提倡可持續發展的再生能源的使用相悖，從而在因素挑選的時候便進行篩查。當然，也不是全部拒之門外，例如：以營收的5%作爲門檻值進行區分，如果超過5%則進行剔除。

二、社會(Social)：主要針對的是菸草、爭議武器、民用武器、核子武器進行檢查，其中菸草和民用武器也以5%作爲區分。

三、治理(Governance)：根據聯合國全球條約(UN Global Compact)，透過公司從事項目或服務對全球的影響進行篩查，如果對全球影響爲積極則納入，反之亦然。

一、ESG Index

以ESG導向的金融創新，包括了SRI (Social Responsibility Index)基金與ESG ETF，而後者又是新一代的產品形式，採取「社會主動、金融被動」的建構原則。這種以社會優先的思維，也逐漸深入到金融產業中，例如：信評公司 Moody's 已將 ESG 加入成爲信評因子，以及大部分的ETF都會揭露 MSCI ESG Score。

二、在美國主要有二大指數公司編排 ESG 相關的指數

（一）S&P 500 ESG Index：該指數剔除了 S&P 500 指數中那些對環境和社會影響比較有爭議的公司，例如：軍火、菸草、石化等，以及在標普 ESG 評分系統中，分值比較低的公司，在 S&P 500 指數的 505 個成員以ESG 爲題材的成員，有共計 319 個。

（二）MSCI USA ESG Leaders Index：基於MSCI USA股票指數，選股標準寬泛，公司的ESG評級在BB以上有322支入選。從本質上而言，ESG指數成分其實就是MSCI的一個子集。MSCI USA SRI和MSCI USA ESG Leaders指數的成員數量，分別爲150和322個，少於MSCI USA指數覆蓋的股票數量（639個）。

此外，還存在更創新的作法，例如：透過市政債、證券化資產等等，將學貸、環保、基礎建設等項目納入ESG 指數的成分。許多市政債是以對抗氣候變遷作爲募集的主要訴求，例如：防制空氣汙染、防洪整治、電網設施維護等等。在證券化方面，將符合ESG的公司或相關研究開發計畫轉變爲可投資的資產，公司包括關心弱勢、性別平等、種族分散、員工福利等，而研究開發計畫包括罕見疾病的新藥開發等等。

三、ESG ETF 發展近況

策略爲「ESG」的 ETF 共有 53 支。不過，目前此類產品普遍規模偏小，結合 AUM 資料來看，iShares MSCI KLD 400 Social ETF (DSI)、iShares MSCI U.S.A. ESG Select ETF (SUSA)等 10 億美元以上規模的 ETF 相對具有代表性。

根據 ETF.COM 資料，截至 2018 年 12 月 17 日，美國市場上的社會責任主題 ETF 總規模爲 79 億美元，較年初的 48 億美元規模實現了 64% 的增長，全年新增了 16 支 ESG 主題的 ETF 基金，包括先鋒基金、貝萊德、瑞銀資管等國際資管巨頭也都在 2018 年紛紛加大發行力度。這些 ETF 投資於固定收益和權益兩類資產，其中的 42% 投資於美國的權益類資產。ESG ETF 中規模最大的是貝萊德旗下的 iShares MSCI KLD 400 Social ETF，也是目前唯一資產規模超過 10 億美元的 ESG ETF。相比整個美國 ETF 市場的 3.5 兆美元體量而言，ESG ETF 還有很大的發展空間。

在投資實務的建議是，因上述 ESG 因子未必全能量化，因此管理成本較一般型 ETF 高，不過仍不失爲在 Tax Loss Harvesting 的替代投資標的。

四、小結

投資的目的是在未來取得更多的財富，這從未改變過；改變的是究竟是哪些構成了財富。如果讓明天的環境更美好，弱勢族群得到適當的機會，這算不算？

第6節 石油 ETF 解析

一、現在適合進場嗎？先搞清楚現貨、期貨與期貨ETF

對於那些平常沒在接觸大宗商品市場的投資人來說，或許會認爲目前價格處於歷史低點的石油 ETF，例如：USO ETF，可以抄底逢低買進，持有幾個月或者一段日子後再賣出獲利了結。畢竟疫情總有結束的一天，而人們生活不可能沒有石油，未來價格勢必只會漲，不會跌。人們指的是石油的「現貨」價格，然而實際的情形是投資者只能交易「期貨」，而非現貨，所以事情不見得那麼簡單，這是因爲期貨是交易未來現貨的衍生性商品，風險程度較高。

石油 ETF 是由不同的近期(Near Term)與遠期期貨所構成的投資組合，將近期期貨轉倉到另一個遠期時，因正價差(Contango)會產生成本。一般而言，因爲石油儲存成本的因素，次近月期貨的價格會高出近月期貨價格約 1%，此正價差乃石油市場之正常現象。以 2019 年鬧得沸沸揚揚的西德州原油(WTI)5 月期貨合約而言，價格在結算倒數第二個交易日 4 月 20 日，竟然下殺到史上未見的負 37.63 美元之譜，等於賣方得付大錢給石油的買方。這個在交易上所產生的奇特現象，逆向擴大了正價差，猛增ETF的管理成本與追蹤誤差。此外，ETF 發行商所擁有的發行額度也已經達到上限，市價遠高於其淨值的溢價問題亦難以改善。

二、既視感：天然氣UNG ETF的故事

時間回溯到 2009 年的 9 月，燃料及加熱用天然氣的價格一路從 2008 年的 7 月高點 13.5 元下探至 9 月的低點 2.5 元。而在更之前的 4 月，價格下跌至4美元時，爆炸性的資金流入了全美最大的天然氣 ETF——UNG，當時每個交易日都有上億的資金湧入該ETF，承接從天上掉下來的刀子，直到初級市場中所能夠發行的額度達到上

限，無法再進入次級市場讓大衆交易爲止。爾後天然氣的現貨價格雖回升，天然氣期貨ETF UNG的價格卻如壯士般一跌不復返，正價差所隱含龐大的轉倉成本仍無法讓其績效相稱於天然氣現貨價格，而如今ETF市價更只剩下2008年高點的5%。

三、相似之後呢？

從發行商到市場甚至到整個結構，現在正在發生的USO石油ETF事件與過去十幾年前發生過的UNG天然氣ETF實在有太多雷同之處，或許USO很有可能正踏上UNG的後塵，在目前期貨正價差大、ETF溢價高，以及缺乏短期基本面支撐等因素下，投資人值得深思。

表5-4 USO石油ETF與UNG天然氣ETF大跌事件的雷同之處

	災難性的崩跌	爆炸性的資金湧入 導致ETF發行額度達到上限
USO 石油	在短短4個月中，崩盤了80%	4個月內湧入了59億美元 （原先總資產額只有12億美元）
UNG 天然氣	在1年內跌了高達80% （從13.5美元跌至2.5美元）	3個月內湧入了41億美元 （原先總資產額只有7.95億美元）

若是眞的要參與石油的現貨價格，而非變異大的期貨價格，那麼與石油公司股價連動的能源ETF，則是建議投資人的標的。

▶▶ 幸福投資練習題

是非題(T/F)

1. 債券 ETF 有一定的到期日。
2. 目前世界上最大宗的加密貨幣爲以太幣。
3. 投資者交易的石油價格爲現貨價格。
4. Smart Beta ETF 通常採用特定的因子（例如：高股息或低波動）來建構指數，以便達成投資目標。
5. 債券 ETF 與單一債券一樣，通常具有固定的到期日。

選擇題

1. 下列何者不是債券 ETF 的優點？
   (1) 分散風險　(2) 配息頻率低　(3) 價格透明　(4) 交易方便
2. 目前美國加密貨幣 ETF 的組成標的是：
   (1) 加密貨幣　(2) 加密貨幣期貨　(3) 加密貨幣選擇權
3. 以下何者可以作爲區塊鏈 ETF 之指數在選擇成分股的考慮？
   (1) 比特幣　(2) 資料轉換分享技術　(3) 以太幣　(4) 以上皆可
4. 以下何者並非作爲 ESG ETF 之指數在選擇成分股的考慮？
   (1) 再生能源　(2) 社會優先　(3) 性別平等　(4) 菸草
5. Smart Beta ETF 採用之因子可包括：
   (1) 低波動　(2) 高股息　(3) 價值　(4) 以上皆可

6. 假設其餘條件不變，債券的到期日愈長，則其價格對利率的敏感度會愈：
   ⑴ 高　⑵ 低　⑶ 不變　⑷ 未知
7. 下列何種資產的波動率最大？
   ⑴ 股票　⑵ 股票指數　⑶ 美國國庫票券　⑷ 指數股票型基金
8. 一般而言，下列何種資產的波動率最小？
   ⑴ 股票　⑵ 股票指數　⑶ 美國國庫票券
   ⑷ 指數股票型基金
9. 投資人在購買石油ETF時，應注意可能產生的追蹤誤差和成本上升的情況，這主要是由於什麼因素？
   ⑴ 石油現貨價格波動劇烈
   ⑵ 石油儲存成本導致的期貨正價差
   ⑶ 石油ETF的流動性不足
10. 單一債券 ETF 的組成標的是：
   ⑴ 債券　⑵ 債券期貨　⑶ 債券選擇權

簡答題

1. 試分析爲何能源相關的 ETF 成爲 2022 年獲利較佳的資產。
2. 將下列資產的波動率按大小排序：股票、美國國庫票券、比特幣、股票指數。

Ch 06

主動篇

第1節　主動型 ETF：方舟投資管理簡介

一、主動型 ETF (Actively Managed ETF)：以 ARK Investment Management 為例

隨著ETF市場的發展，不同類型的ETF因應而生，可以是被動追蹤，也可以是主動管理，在目前的市場中，約有2%的比例是屬於主動式ETF，而當中的一部分又是從共同基金轉變而來。

二、什麼是主動型 ETF？

顧名思義，主動式ETF以專業資產管理技術操作，由基金經理人主動挑選標的股票或債券，依據市場情形即時並且頻繁地調整部位以產生報酬，目標是打敗基準(Benchmark)，例如：大盤指數的表現。

三、指數型 ETF vs. 主動型 ETF

被動管理的指數型ETF和主動管理的ETF在設計上有些相似之處，但兩者的投資策略是截然不同的。作爲被動投資工具，指數型ETF的狀況取決於標的市場指數，基金經理人買賣資產是爲了追蹤標的並複製指數的表現。相較之下，主動型ETF是以市場指數爲基準，並試圖超越整體指數的表現，如果主動型ETF基金經理人操作得宜，將帶給投資人更高的回報。這兩種產品特性並不相同。

主動型ETF的一個優勢，就是能夠對即時的市場變化做出反應。在指數型ETF中，如果有公司表現不彰，導致營收日益下滑，可能會需要一年或更長的時間才會被剔除在指數之外，但在這段期間已經對整體ETF的表現造成傷害。相反地，主動式ETF能夠根據需求，隨時調整持有的股票，意味著它們可以迅速撤換股價遭到突

發事件衝擊的公司，在操作上就會靈活許多，也保持著很大的彈性空間。

至於在費用的方面，則是傳統的指數型 ETF 占有優勢。以美國爲例，股票指數 ETF 的平均費率約爲0.18%，而主動型 ETF 的平均費率則是 0.69%，相差了0.5% 左右，雖然看似微不足道的差距，但長期來說仍是一筆相當可觀的數目。除此之外，指數 ETF 雖然在短時間內績效或特殊時期間可能不如主動型 ETF，但將時間拉長來看，它的報酬往往優於主動型 ETF，因此對於追求長期穩定的投資人來說，指數型 ETF 通常是更好的選擇。

四、共同基金 vs. 主動型 ETF

相較於指數型 ETF 而言，主動型 ETF 更類似於積極管理的共同基金，兩者的目的都是爲了超越大盤的績效，且基金經理人都扮演著重要的角色，但它們之間仍然有些關鍵的區別。

首先，主動型 ETF 可以像股票一樣，在交易日內根據需求進行不限次數的買賣，但共同基金每天只能在市場關閉時進行購買。除此之外，主動型 ETF 在稅率方面和支付的費用方面也都是低於共同基金，而且共同基金通常有最低投入金額的限制。對於投資人來說，購入主動型 ETF 的門檻是低於共同基金的。

而主動型 ETF 和共同基金最大的差別之一，就是在於它們的透明性。如同所有的 ETF 一樣，主動式ETF必須公布前一交易日的投資組合，讓市場所有參與者都能知道其內含的成分股，對於投資人而言，這是一件弊大於利的事。雖然公開透明度高能讓投資人了解自己手中所持有的資產，但主動式 ETF「打敗市場」的目標，似乎很難在暴露投資部位的狀況下實現，這是爲何市面上這麼少主動式 ETF 的主因。由於基金研究團隊應不希望將他們「投資祕方」的結果公開，因此美國證券交易委員會SEC已經允許部分揭露的半透明(Semi-transparent) ETF上市，以維持自營的績效以及研究的成果。總之，相較於共同基金通常只會每月或每季揭露一次它們的投資組合，主動型ETF仍是高透明度的投資工具。

五、簡介ARK Investment Management方舟投資管理公司

（以下內容節錄自2020年12月ARK Investment Management Founder and CEO Cathie Wood 接受 Bloomberg 專訪，來源：https://www.youtube.com/watch?v=kfhgbZBWgBE）

（一）事實

自從2008年金融海嘯之後，ETF逐漸成爲投資市場寵兒有四個原因，包括：更高的透明度、更多的流動性、更低的費用，以及更具稅務效率。

（二）痛點

主動式的ETF在2014年相當普遍，但大部分的投資標的爲固定收益，很少會有股票，這顯示沒有人眞正了解在ETF世界中的主動管理模式。

（三）緣起

關於ETF，我們可以做什麼？如果你看到每個人都進入對沖基金和私有股權或併購市場，如果能夠尋找出新的商業模式，對於終端投資者而言，以低成本的方式進行公開交易，這可能是筆好買賣。 因爲對於公司而言，對公開市場的服務比較易於實現目標，同時可以使用私募市場的估值作爲保護傘，最終或許可以獲得更大的收益。

解決方式── 主題式的ETF：在公開市場上，創新一直被忽略，但它在私人市場上則被高估。現在透過主動式ETF，估值差異正在某種程度上縮減，但無法完全消失，並且因爲我們必須了解私有公司，實際上去研究產業的生態系統，而當中許多是私有的。

（四）競爭力

以社群媒體作爲行銷工具，出色地擴展和傳達資訊，使公司享譽全球、舉足輕重，對我們的經銷商也會有所幫助。令人著迷的是，社群媒體給我們帶來了競爭優勢，因爲其他金融機構的合規部門不會讓其投資經理或分析師公開談論他們的研究。雖然我們不能過多地談論股票，但是我們可以談論我們的研究，我們以兩種方式提供競爭優勢：除了剛剛提到的擴展市場，我們也正在成爲我們所研究的創新社群的一部分。我們的分析師在發布研究報告時，並不是已完成了研究，而是還在不斷發展的狀態中，研究員正在與這些創新社群進行交流。這是一個美麗的動態，因爲我們正在做的是，教育那些創新者有關他們的市場將要發展到多大、他們將會多快地擴展、進入的障礙可能是什麼，以及競爭的面貌。他們也在考驗我們的假設，告訴我們是否做出了錯誤的假設，或者告訴我們所擁有的技術是否正確。因此，這是一個令人難以置信的讓與取！我們認爲開放性資源，就像開放原始碼軟體一樣，開源研究在市場中，將是非常強大的動力，而且一直如此。

（五）投資邏輯

眞正地投資未來！將資金分配到最高和最佳用途，增加實用性並解決世界上的問題，再沒有比這更令人滿意的了！

如果我們退回到2000年，科技業和電信業在蕭條中，而互聯網是當時華爾街想像力的結晶，想想當時的亞馬遜，是什麼原因讓你認爲亞馬遜在幾年後竟然可以賺錢呢？

我們的投資組合中要充滿現在的亞馬遜，朝著增長的趨勢發展，例如：特斯拉，但與醫療保健相關的基因概念股將是最大的意外驚喜。那是因爲DNA測序、人工智慧和基因療法（重要的是CRISPR基因編輯）的融合將治癒疾病。雖然蘋果、微軟、亞馬遜和Meta，是同期標準普爾500指數的四大貢獻者，但是隨著它們逐步擴大到兆美元的等級公司，我們將它們視爲策略中類似於現金的工具，隨著牛市的擴大，更多現金類股票將是波動性較小的標的。

（六）成效

ARK 投資管理是主動式ETF的明星公司，以主題式ETF著稱。最大的ETF報酬超過100%，管理的資產已經超過500億美元，每年產生2.2億美元的收益。

圖6-1　ARK旗下五檔主題式ETF在2020年的表現

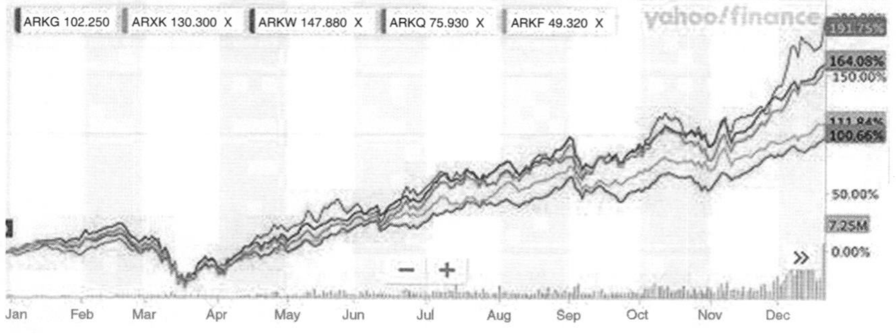

對應於五個正在改變世界的技術——人工智慧、機器人技術、儲能、DNA定序和區塊鏈，ARK正管理著五檔主題式ETF，包括：

1. ARK新興(Innovation)主動型ETF（代號：ARKK）：主要投資相關的破壞性創新投資主題的公司。
2. ARK金融科技創新(Fintech Innovation)主動型ETF（代號：ARKF）：主要投資於金融科技創新投資主題的股票證券。
3. ARK生物基因科技革新(Genomic Revolution)主動型ETF（代號：ARKG）：主要投資於多個行業公司的國內和外國股票證券，包括醫療保健、資訊技術、材料、能源和非必需消費品，這些領域與基金組織基因組學革命投資主題相關（「基因組學革命公司」）。
4. ARK自主技術與機器人(Autonomous Technology & Robotics)主動型ETF（代號：ARKQ）：顛覆性創新投資主題相關的自主科技和機器人公司，例如：自主運輸、機器人與自動化、3D列印、儲能、太空探索。
5. ARK Next物聯網(Next Generation Internet)主動型ETF（代號：ARKW）：主要投資下一代互聯網相關的公司，例如：雲端運算與網路安全、電子商務、大數據與人工智慧、行動科技與物聯網、社群平台、區塊鏈和P2P。

其中的金融科技投資組合始來自日本，於2016年開始，美國則是2019年開始。未來將建構太空探索基金、可持續發展的SDG基金。SDG基金以5個平台和14種技術，完美對應聯合國的17個目標。

（七）對比特幣的看法

在我們看來，比特幣是加密生態系統的儲備貨幣，這是非常重要的角色，它是避險貨幣。比特幣的區塊鏈是其他任何區塊鏈中最安全的，因此，將比特幣作爲加密資產生態系統的儲備貨幣是有道理的。對於一般投資而言，比特幣產生了所謂的「不合格收入」(Unqualified Income)，這不是違法的，但是從 IRS 的角度來看，如果我們的投資組合在不合格收入中產生的毛利潤超過 10%，通常是類似於商品的收入，美國國稅局允許保留這 10%，然後沒收其餘部分。因此，如果我們進入股票市場崩潰的黑天鵝事件，而比特幣起飛，那麼我們的客戶將只能保留 10% 的收益，而我們認爲從信託的角度來看，這對我們的投資者是太大的風險。然而在不受美國證券交易委員會 40 條規則(40 Act Rules)約束的全權委託投資組合中，我們的比特幣部位目前約爲 7%。因此，我們對此持樂觀態度。

（八）對特斯拉的看法

我們在研究方面應該做的，就是密切關注成果，而成果與自動駕駛計程車網路有關，我們認爲特斯拉將處於主導地位，這主要是因爲特斯拉在人工智慧方面的優勢，它蒐集的數據量以及所擁有的 AI 專業知識。我們所看到的事情是它們的進入壁壘或者特斯拉的進入壁壘正在增加。它們的電池技術已經比競爭對手領先了三年 —— 現在可能是四年 —— 特別是現在它們打算將電池內置到汽車的結構中。它們擁有第一塊AI晶片，沒有其他汽車製造商擁有用於自主的人工智慧晶片。現在，它們已經蒐集了 150 億英里的眞實世界行駛記錄，而第二大的 Google 大約有 2,500 萬 —— 2,500 萬與 150 億的差距。自動駕駛的贏家將擁有最多的數據和最高品質的數據，該公司現在是特斯拉。

（九）面臨風險

我完全不擔心一個不好的年，我們投資時間的跨度是五年。我們有自上而下的預測，試圖了解技術將如何擴展；以及從下至上，公司將如何採用這些新技術以獲得成功。看現在的投資組合，我們相信未來五年的報酬將以每年 20% 左右複合增長；而在這個市場中，傳統的股票收益率一直在 7%~8% 的範圍內。因此，我們仍然認爲未來還有很大的獲利空間或途徑，因爲我們認爲指數增長並沒有很好地被理解。

六、總結

投資人可以依據財務目標以及風險的容忍程度選擇被動式 ETF 或是主動式 ETF。舉例來說，若是投資人著眼於優化長期報酬，被動的指數型 ETF 是較佳的選擇；若是投資人對於敏捷的投資策略有興趣，則主動式 ETF優於類似的共同基金。

第2節 個股 ETF (Single-Stock ETF) 與單債 ETF (Single-Bond ETF)

一、個股(Single-Stock) ETF

美國證監會 SEC 在 2022 年 7 月批准第一批共八檔個股 ETF 上市，儘管不斷提醒投資人這類產品的複雜度與風險都很高，投資人不應長期買入並持有，僅適用於戰術上短期的交易策略，並且投資顧問向散戶投資者推薦此類產品時，必須履行其受託義務或根據監管最佳利益等等的警語；然而，發行商如資產管理公司仍紛紛推出如槓反型或是尚未在美上市外國公司的個股ETF，這些不但推升了 2022 年前 8 個月所發行ETF總數創新高，更讓 9 月分全美上市ETF數量首達 3,000 檔。比較二十年前只有大約 100 檔，十年前約有 1,000 檔。與當年的金融市場現況相比較，2022 年 ETF 發行總量卻是逆勢增長。

（一）Single-Stock ETF 的運作

與一般型的指數 ETF 追蹤一籃子股票不同，個股 ETF 只追蹤單一股票；而槓反型個股 ETF 則與槓反型指數 ETF 雷同，都是分別使用個股或指數的期貨作為投資組合，來提供槓桿或反向收益。在許多市場情境下，個股 ETF 都可以被用來作為短期戰術上的交易應用，例如：當大波動、事件驅動、動量或指數報酬由幾檔股價所貢獻等等。以大波動下做空而言，投資者雖然可以透過購買賣權來放空資產，然而必須考慮標的物的隱含波動率(IV)、履約價、到期日，或是像賣空股票那樣支付利息，且有被追加保證金的風險等。反向 ETF 解決了大部分這些問題，購買反向個股ETF的投資者，最多損失他們投入的資金，但是投資者需要正確預測股票的方向才可獲利。

（二）Single-Stock ETF 的優勢

1. 布局熱門股票的長空部位。
2. 在交易所交易，市價具有競爭性。
3. 與共同基金比較，此類商品具有ETF結構，成本較低，資訊公開透明。
4. 無追繳保證金(Margin Call)。
5. 損失有限，不會超過原投資金額。

（三）Single-Stock ETF 的風險

1. 高費用率(High Expense Ratio)：一般指數型ETF的費用率只有十幾個基準點(Basis Point; 0.01%)，而個股 ETF 的費用率通常高達一百個基準點。
2. 負滾動效應(Negative Rolling Effect)：槓桿和反向ETF（包括個股ETF）是期貨的投資組合，由於期貨具有到期日，因此需要轉倉(Rolling)以維持投組，即賣掉近月期貨、買入次近月期期貨，以維持適當的衍生品部位，並保持每日報酬的倍數。又由於根據衍生品的定價理論，遠到期的期貨價格較爲昂貴，因此出現負滾動效應，即賣掉便宜的近月期貨、買入高價的次近月期貨，導致自然出現時間衰減，並且無論基礎資產的表現如何，此轉倉機制都會在中長期持有期間貶值。因此，這些產品比較適用於日內交易(Intra-Day Trading)或非常短的持有期。
3. 複利效應(Compound Effect)：對槓反型ETF而言，在趨勢明確的行情下，例如：股價上漲，ETF會超漲；若股價下跌，ETF會超跌；在區間震盪時(Choppy Market)，追蹤的誤差更大。此外，個股 ETF 的複利效應可能會比槓反型指數 ETF 更大，原因是某些歐美市場對於指數在日內具有 7%、15%、20%等的熔斷(Circuit Break)機制，因此限制了複利效應；不過對個股無此限制，因此個股 ETF 的複利效應肯定是更大。

（四）Single-Stock ETF 示例

TSLQ 是 AXS TSLA Bear Daily ETF 的股票代碼。它的報酬是特斯拉(TSLA)股票每日表現的 -1 倍。

這兩檔證券在 2022 年 7 月 15 日的表現，如下圖 6-2 所示，比較兩者，TSLQ 提供了與 TSLA 的盤中收益接近的鏡像。然而，請注意，每日回報並非完全相同：TSLA 在當天收盤時上漲 0.74%，而單一股票 ETF TSLQ 下跌 -0.63%。雖然這種差異在一天內可能很小，但兩者之間的追蹤誤差可能會隨著時間的推移而加劇，尤其是在價格反覆上下波動的情況下，這就反應出著名的複利效應。

圖6-2　TSLA（股價）與TSLQ（反一）的報酬率比較

圖片來源：https://www.investopedia.com/single-stock-etf-5667162

再次重申，個股ETF並不適合buy and hold，非主動監控與管理類型的投資人，僅僅對確實了解每日再平衡(Daily Rebalance)所導致複利效應的專業投資人較為合適。

二、單債(Single-Bond) ETF

債券一直是一項很複雜的交易投資工具，這就是為什麼很多人，包括對沖基金，不交易它們的原因。因為比起購買債券，購買在交易所交易的股票要容易得多，並且不用處理機構規模的倉數(Institutional-Sized Lots)、票息支付和與固定收益資產相關的混亂現金流。

在過去，不用說散戶投資者，即便是最大的投資機構，都沒有任何簡單的方法去投資美國國債或公司債券。購買政府債券需要在TreasuryDirect平台上開設一個帳戶，並在拍賣會上直接從財政部購買零星債券，然後必須持有這些債券直至到期。也可以透過購買債券期貨做投資，但隨後還要處理保證金問題、考慮基差風險（現金債券和期貨之間的利差），並找出交割成本最低的債券。另一種選擇是購買國債共同基金，但與債券ETF不同的是，只有在每天結束、更新共同基金價格時，才有「流動性」。採用單一債券並將其包裝成ETF，可為投資者解決這些問題。

單一債券ETF的出現將為投資人帶來新的改變，在2022年的8月，市值40億美元的投資顧問公司F/m Investments推出了三檔單一債券ETF (Single-Bond ETF)，單債ETF的推出代表了三檔新基金，將分別持有基準的3個月期美國國庫券(3-Month US Treasury Bill, TBIL)、兩年期美國國庫券(2-Year US Treasury Note, UTWO)，以及十年期美國國庫券(10-Year US Treasury Note, UTEN)。

這些基金的主要好處是提供了散戶和機構投資者一種方便交易美國國債的方式。有了單債 ETF，就相當於你可以獲得兩年期美國國債，而且這是純現金債券，沒有槓桿、沒有衍生品。它與個股 ETF 的結構截然不同。並且 F/m Investments 對其單一債券 ETF 收取 15 個基點，基金每月派發股息。這使持有人比實際的美國國債更頻繁地支付利息，而且 ETF 結構還具有便利性、流動性和稅收效率等額外好處。

投資者甚至可以做空這些 ETF，這意味著他們可以使用做多和做空股票或債券基金的複雜操作。因此單債 ETF 對於無法使用機構投資者利率機制的散戶，以及對收益率曲線上某個位置有非常特殊興趣的顧問，都具有相當大的吸引力。

第3節 管理期貨(Managed Futures) ETF

投資決策旨在解決以下的基本問題：

一、找到具有多元化、流動性、非相關性、透明度的資產，以及多頭和空頭策略。

二、如何分配資金到眾多資產類別。

很少有投資方法能夠涵蓋以上條件。由於期貨可以在全球性、多元化、流動性強、透明度高的市場中被交易，受到高度監管，並且多頭／空頭策略能夠在期貨市場中簡單地制定出來，管理期貨(Managed Futures, MF)被視爲能夠滿足以上問題所需要的許多條件，雖然不是全部。事實上，在經過市場考驗後，長期正報酬、與各類資產的低度相關、股票熊市時的強勁表現等策略性格，管理期貨已被建議應配置額外的5%~20%，在原來傳統的60/40投資組合之外。

管理期貨，也被稱爲流動性另類基金(Liquid Alternative Fund)，或商品交易顧問(Commodity Trading Advisor, CTA)，指的是一個由專業基金經理組成的行業。在美國，CTA必須先在商品期貨交易委員會(CTFC)註冊，然後才能向大眾公開擔任基金經理。CTA還需要透過FBI深入的背景調查，並提供嚴格的文件（以及每年對財務報表的獨立審計），這些文件由自律監管機構國家期貨協會(NFA)審查。

管理期貨通常採用量化分析進行交易，以基於自動化系統或全權委託的方式管理客戶資產。這可能涉及在金屬（黃金、白銀）、穀物（大豆、玉米、小麥）、股票指數（標準普爾期貨、道瓊指數期貨、納斯達克 100 期貨）、軟商品（棉花、可可）等領域的期貨合約來做多或做空，或是咖啡、糖，以及外幣和美國政府債券期貨。管理期貨允許投資幾乎所有資產類別，私募股權恐怕是唯一的例外。

有別於價值型投資(Value Investing)，管理期貨使用動量策略作爲趨勢判斷，並且可以多元地交易期貨、選擇權與交換等衍生品。動量策略可區分爲時序動量(Time-Series Momentum)以及橫斷動量(Cross-Sectional Momentum)兩種。前者依照歷史價格，如單一證券的均線，判斷該漲跌的方向性，後者針對一籃子證券，根據相對正向或相對負向的指標，作爲買進或賣出的信號。例如：權益市場中性策略(Equity Market Neutral Strategy)，會賣出與S&P 500指數（標準普爾500指數）最高的Beta或相關性的股票，買進最低的Beta。趨勢策略依照這些動量策略，廣泛地交易期貨、選擇權與交換等衍生品。

管理期貨可在任何經濟環境中提供報酬，並在股市下跌期間表現強勁。管理期貨可能會在牛市和熊市中產生收益，在經濟低迷的情況下，提升長期業績記錄。此外，由於託管期貨投資組合經理(CTA)可以在全球所有類型的市場中做多和做空，因此由於賣空或期權策略，他們通常在低迷市場中表現出色。

根據1980年1月至2003年5月這段期間，股票、債券和管理期貨各自回測（CTA用來指代表金融資產業績歷史上最大的波谷跌幅）衡量風險調整資本報酬率(Risk-Adjusted Returns)也表現得很好。在此期間，管理期貨的最大跌幅爲-15.7%，而納斯達克綜合指數爲-75%，標準普爾500指數爲-44.7%。

管理期貨的另一個好處，包括透過投資組合多樣化降低風險。傳統上，管理期貨與股票和債券等資產類別之間存在負相關關係。換句話說，管理期貨在很大程度上與股票和債券呈負相關。例如：在通貨膨脹壓力期間，投資於追蹤金屬市場（如黃金和白銀）或外匯期貨可以提供大量對沖，以抵禦這種環境可能對股票和債券造成的損害。因此，如果股票和債券因擔憂通膨上升而表現不佳，某些管理期貨可能會在這些相同的市場條件下表現出色。因此，將管理期貨與這些其他資產組相結合，可以優化投資資本配置。

管理期貨以主動式管理投組(Actively Managed Portfolio)進入ETF市場，例如：DBMF在2019年5月成立，KMLM在2021年12月成立等等。這些另類投資ETF在2022年表現傑出，DBMF與KMLM分別上漲12.84%、15.55%，對比於S&P 500指數下跌 19.90%。然而它們大約0.9% 的費用比例(Expense Ratio)，是被動式SPY的10倍之多，較高的費用也是投資人需要留意的部分。

圖6-3 兩檔管理期貨DBMF、KMLM ETF以及 SPY在2022年的價格走勢

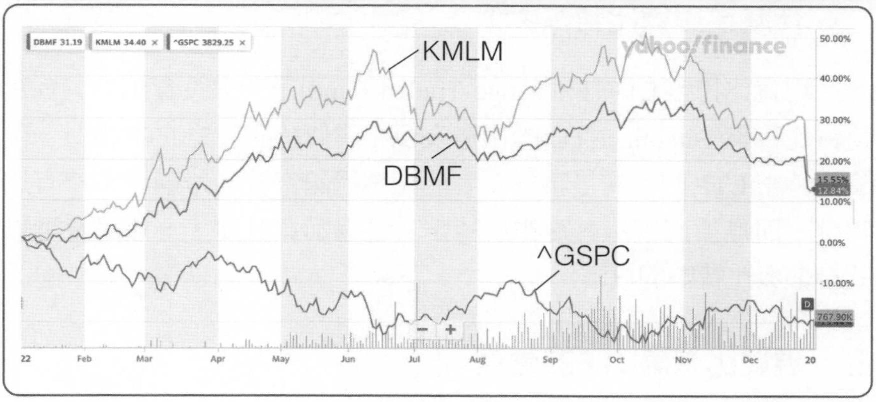

所有的管理期貨都會專注於量化趨勢策略，但這些策略卻可能因爲配置的資產、流動性、決定趨勢信號的區間長度、周轉率等因素會非常不同。投資者必須盡職了解管理基金的趨勢策略，以契合自己的投資目標。

第4節　現貨比特幣ETF

一、金融史新記錄，比特幣＋ETF是虛擬資產與實體資產融合的典範

2024年1月初，美國證券交易委員會(SEC)批准了首個受監管的「現貨比特幣ETF」(Spot Bitcoin ETF)，這是加密貨幣之首——比特幣問世十五年以來的重大里程碑。除了深深影響加密貨幣市場，傳統金融市場更因爲現貨比特幣ETF的成功批准，引發了巨大轟動。透過ETF機制，讓傳統金融(Traditional Finance; TradFi)以及去中心化金融(Decentralized Finance; DeFi)這兩個貌似獨立的市場，從此有了重要的關聯。

二、什麼是現貨比特幣ETF？

現貨比特幣ETF (Exchange-Traded Fund)是一種投資工具，旨在追蹤比特幣(Bitcoin, BTC)的價格表現。與傳統的股票ETF相似，現貨比特幣ETF的目的是讓投資者能夠透過證券交易所購買和持有比特幣，而無須直接持有實物比特幣。透過購買ETF，一般民衆可以間接參與比特幣的投資。

三、現貨比特幣ETF的意義

投資人已經習慣以ETF爲載體，參與指數化投資。現貨比特幣ETF的出現，連結了加密貨幣和傳統金融世界，提供投資者更加多元的選擇。購買「持有比特幣作爲標的資產」的ETF股票，可直接透過傳統金融工具參與比特幣的市場發展。另一方面，現貨比特幣ETF正爲加密貨幣市場帶來高達數十億美元的資本，進一步鞏固比特幣在全球金融的地位。

四、自從上市發行以來的發展

貝萊德(BlackRock)官網顯示，iShares 比特幣信託 ETF（iShares Bitcoin Trust，代號為 IBIT.US）發行不到 2 個月，總資產已突破 100 億美元，創下了所有 ETF 上市以來，總資產突破 100 億美元的最快記錄。

根據 BitMEX Research 整理的數據，截至 2024 年 3 月 8 日，即美國證券交易委員會(SEC)批准現貨比特幣 ETF 近 40 日後，貝萊德(BlackRock)的 iShares 比特幣信託 ETF (IBIT)持有 197,943 枚比特幣，價值超過 135 億美元。不包括灰度(Grayscale)的比特幣信託基金 GBTC（Grayscale Bitcoin Trust[1]，並非ETF[2]），新推出的比特幣 ETF 總共持有價值 280 億美元的資產。隨著機構需求持續推動加密貨幣上漲，在 3 月 8 日，比特幣價格首次突破 7 萬美元大關。

就 ETF 整體市場而言，2024 年迄今淨流入的資金，BlackRock 發行的現貨比特幣 ETF——IBIT 排名第三，僅次於美國傳統大型股票 ETF VOO (Vanguard S&P 500 ETF)和 IVV(iShares Core S&P 500 ETF)。而富達 Fidelity 發行的現貨比特幣 ETF——FBTC 則排名第四，其資產規模達 86 億美元。

1. 2013 年 9 月 25 日，灰度建立了市場上首支比特幣信託基金(GBTC)，並於該年獲得美國證券交易委員會(SEC)的私募豁免登記，2015 年得到美國金融業監管局(FINRA)批准上市。當時灰度收取 2% 的管理費（比現在的 1.5% 高）。GBTC 在很長一段時間是唯一一個可以在美股次級市場交易，追蹤比特幣價格的投資產品，同時是美國養老計畫中唯一可以買連結比特幣的產品。
2. GBTC 與 ETF 不同，出於滿足 SEC 的監管規則，灰度為該信託設置了「不可贖回」機制，投資者只能買，無法贖回。並且 GBTC 份額雖可在次級市場交易，但根據 SEC 的規定，投資者持有的 GBTC 必須鎖定 6 個月才能在次級市場上買賣，因此通常會存在溢價。然而，在 ETF 的架構下，流動性會更好，折溢價也會比較小。另外，GBTC 投資門檻高，僅對合格投資者開放，且最低 5 萬美元。比特幣 ETF 對投資者和投資金額限制較少。

下圖爲截至2024年3月8日，IBIT自基金推出以來的流量：

圖6-4　TYVIX 與 AGG 的波動

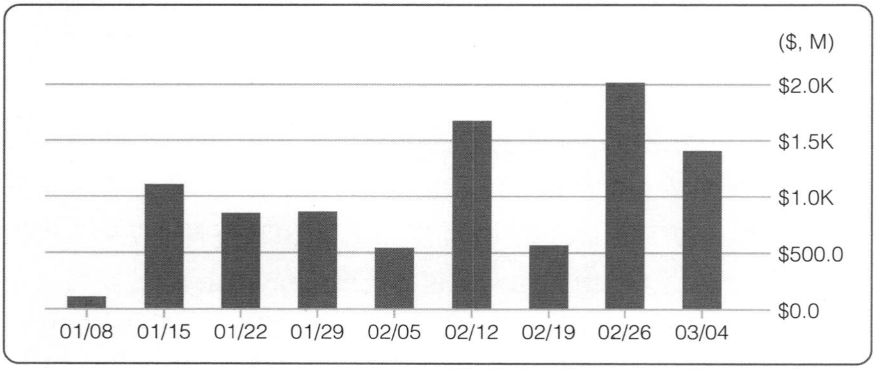

五、發行前的暗黑歷史

早在十一年前，Gemini 交易平台的創始人，溫克勒佛斯兄弟(Winklevoss twins)，首次提出了現貨比特幣 ETF 的想法。2013 年，他們率先遞交了比特幣 ETF 的申請文件。雖然之後有多家投資管理公司，如 WisdomTree、VanEck、Ark Investment Management 和 21Shares 也提出了類似的申請，但都遭到了 SEC 的拒絕，原因是虛擬資產市場仍存在許多詐欺、價格操縱。

然而，2023 年 8 月的一件重大事件——SEC敗訴，促使 SEC 重新考慮其立場。起因是灰度(Grayscale Investment LLC)欲將其「比特幣信託基金 GBTC」(Grayscale Bitcoin Trust)轉換爲「現貨比特幣 ETF」的申請被拒後，對 SEC 提起訴訟。

灰度從 2020 年 10 月起，就計畫申請將其旗下「比特幣信託基金 GBTC」(Grayscale Bitcoin Trust)轉換爲「現貨比特幣

ETF」，然而在這之後的三年期間，SEC以各種原因拒絕。2021年11月12日，SEC以不符合1934年《證券交易法》(*Exchange Act*)的要求為由，駁回了此次申請。2022年6月30日，SEC正式拒絕灰度將其GBTC轉換為現貨比特幣ETF的申請，SEC表示，基於「保護投資者和公共利益」，且該申請未能證明其可以「防止詐欺和操縱行為」以及其他擔憂的問題。

對此灰度表達強烈不滿，認為SEC拒絕現貨比特幣ETF的理由並不充分，並決定正式對SEC提起訴訟，抗議SEC差異化對待比特幣ETF產品。灰度指控SEC批准基於比特幣期貨的ETF，卻不斷拒絕現貨比特幣ETF，未能對類似的投資工具處以一致的待遇，且任意地違反了1934年的《行政程序法》(*Administrative Procedures Act*)和《證券交易法》(*Securities Exchange Act*)。灰度還向SEC提交聲明，表示SEC應同時批准所有比特幣現貨ETF的申請，以向所有申請者提供平等對待。

不過於此同時，灰度也做好了最壞的準備，在2022年底時，灰度的CEO Michael Sonnenshein在一封致投資者的信中表示，若最終無法將GBTC轉換為現貨比特幣ETF，可能會透過Tender Offer（邀約收購／公開收購），將GBTC已發行股份的20%還給股東。不過要實現Tender Offer，必須獲得SEC的豁免和股東的批准。

灰度CEO Sonnenshein同時表示，如果灰度未能透過Tender Offer或找到將部分資本返還給股東的方法，就不會解散GBTC，且會繼續營運GBTC，直到GBTC成功轉換為現貨比特幣ETF為止。

在2023年3月7日，灰度與SEC進行言詞辯論程序(Oral Argument)，灰度的律師Don Verrilli Jr.指出，SEC之前已經批准比特幣期貨，因此現在拒絕相關申請便顯得武斷。SEC律師回應說，比特幣現貨相較期貨風險更大，而且沒有證據顯示CME的工具能有效監管現貨比特幣ETF。法官Neomi Rao質疑SEC的立場，指出期貨基本上是現貨的衍生品，兩者表現大多一致。他要求SEC清楚解釋兩者差異。SEC回應說，相關性不代表因果關係，且期貨數據只反應每日一次的價格。辯論後，彭博分析師James Seyffart表示，三位法官中有其二傾向支持灰度，灰度可能會勝訴，儘管SEC可能以新理由再次拒絕申請。

六、灰度勝訴SEC，迫使開放現貨比特幣ETF！

最終，2023年8月29日，灰度贏得訴訟，推翻了SEC阻止灰度ETF的決定。據法庭文件顯示，華盛頓一個由三名法官組成的上訴小組推翻了SEC對其ETF轉換申請的拒絕決定。法院稱：「拒絕灰度的提議是武斷和反覆無常的，因為SEC未能解釋為何會對類似產品有不同處理。」

灰度表示：「此次裁決對於美國投資者和比特幣生態系統來說，是一個里程碑式的進步。」

在該判決結束的45天內，SEC仍可對全案進行上訴，但45天過後仍未看到SEC做出任何舉動。

華盛頓特區巡迴上訴法院於10月23日針對這起案件做出最終裁決，裁定灰度勝訴，同時命令SEC必須撤銷先前拒絕灰度比特幣現貨ETF申請案的決定。

SEC在2024年1月10日，正式批准美國首個受監管的「現貨比特幣ETF」，而SEC一共批准了11家機構的申請，包括ARK 21Shares、Invesco Galaxy、VanEck、WisdomTree、Fidelity、Valkyrie、BlackRock、Grayscale、Bitwise、Hashdex和Franklin

Templeton等機構，來自Grayscale、BlackRock和Fidelity等多檔現貨比特幣ETF主導交易量。

對於現貨比特幣ETF的通過，SEC主席Gary Gensler依然強調：「雖然我們今天批准了某些現貨比特幣ETP的上市和交易，但我們並未批准或認可比特幣。投資者應該對比特幣相關產品的無數風險保持謹慎。」

七、現貨比特幣ETF如何運作？

現貨比特幣ETF須由發行商在虛擬資產市場購入比特幣現貨並交付託管，藉此創造新的ETF單位，供參與證券商(Authorized Participant, AP)於次級市場將ETF售予投資人，投資人相當於間接持有比特幣。

圖6-5 比特幣現貨 ETF 發行、贖回及交易流程

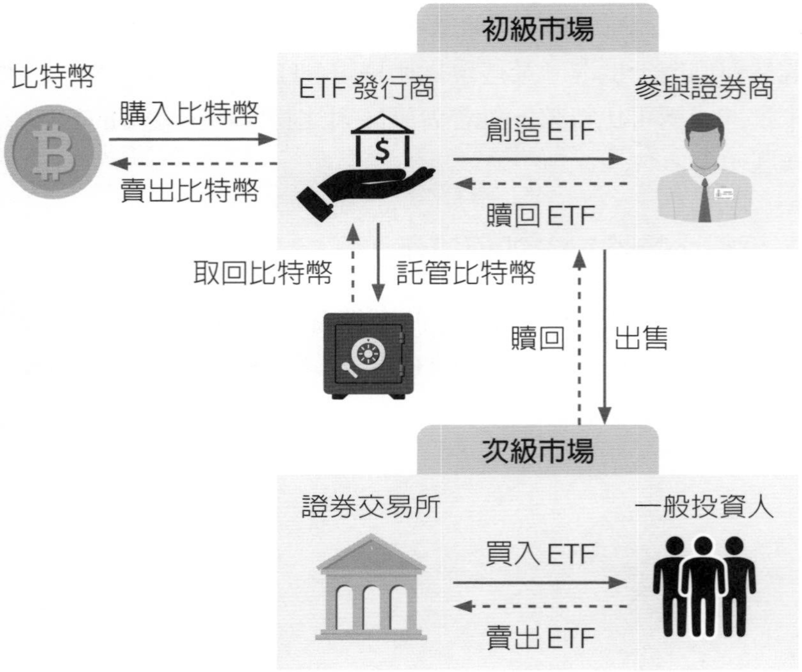

資料來源：中央銀行，比特幣的過去及現貨ETF推出後的最新發展

八、費用與開支

表6-1　現貨比特幣 ETF 發行商比較

基金機構	基金名稱	手續費
Ark Investment	ARK 21Share Bitcoin ETF	免除前 6 個月或基金資產規模前 10 億美元客戶的費用，之後手續費率為 0.25%
Inversco	Inverso Galaxy Bitcoin ETF	在前 6 個月就免除所有手續費，直到基金資產規模達到 50 億美元後，才會收取 0.59% 費率
VanEck	VanEck Bitcoin Trust	收取 0.25% 的手續費
WisdomTree	WisdomTree Bitcoin Trust	收取 0.5% 的手續費
Fidelity	Wise Origin Bitcoin Trust	收取 0.39% 的手續費
Valkyrie	Valkyrie Bitcoin Trust	收取 0.8% 的手續費
BlackRock	iShares Bitcoin Trust	收取 0.2% 的手續費，基金資產規模增長到 50 億美元後調漲至 0.3%
Grayscale	Grayscale Bitcoin Trust	收取 1.5% 的手續費
Bitwise	Bitwise Bitcoin ETP Trust	收取 0.24% 的手續費
Hashdex	Hashdex Bitcoin Trust	收取 0.9% 的手續費
Franklin Templeton	Franklin Bitcoin Trust	收取 0.29% 的手續費

從表6-1中，觀察到灰度的費用最高。

九、折溢價差

截至 2024 年 3 月 23 日的資料，各家的折溢價差都約落在-0.1%~0.1%之間，下圖以IBIT爲例：

圖6-6　IBIT 折溢價比較

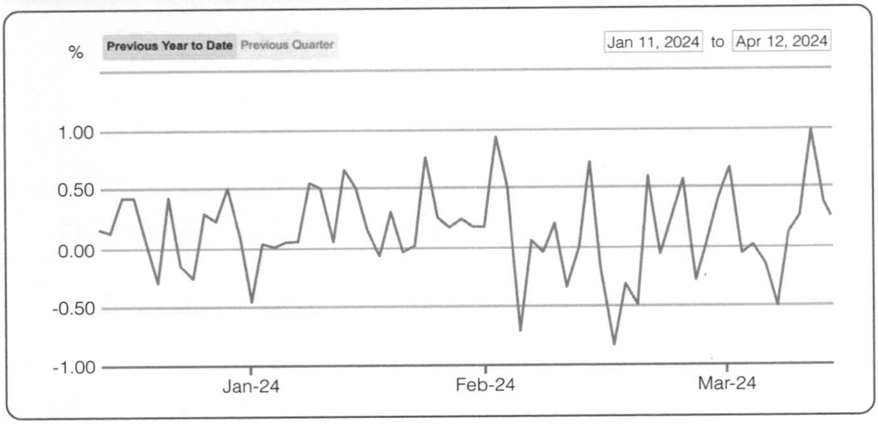

十、風險與注意事項

（一）價格波動：比特幣價格極具波動性，ETF 的價格也會受到影響。

（二）法規限制：不是所有國家都允許發行比特幣現貨 ETF，請確認當地法規。

總之，現貨比特幣 ETF 是一個讓投資者參與比特幣市場的新選擇，但請謹慎評估風險並根據自己的投資目標做出決策。

十一、未來虛擬資產之發展，RWA 代幣化

透過現貨比特幣 ETF 的批准，我們目睹了加密貨幣與常規金融世界之間日益融合的跡象。比特幣背後的技術，區塊鏈或分散式帳本技術(DLT)，正被用於實物資產(Real World Asset, RWA)的代幣化，並且在合乎監理法規的基礎上，展現出巨大的發展潛力。例如：2024 年 3 月由 BlackRock 發行的 BUIDL 是一種美國短期公債的代幣，其他還有股票、房地產、碳權等發行在區塊鏈上，但連結到實體資產的代幣，可謂雨後春筍。目前，基於區塊鏈或 DLT 等各種平台的技術創新與市場，包括智能合約(Smart Contract)、自動化造市商(Automated Market Maker)、去中心化金融(Decentralized Finance, DeFi)等，正催生各式各樣獨特的虛擬資產，比如穩定幣(Stable Coin)和非同質化代幣(Non-Fungible Token, NFT)。特別是 NFT，透過將實體收藏品數位化，爲實物資產代幣化(Tokenization)提供了新的思路。

十二、總結

現貨比特幣 ETF 獲得批准，標誌著一個劃時代的轉折點，預示著加密貨幣與傳統金融之間進一步融合的未來，同時爲投資者開闢了更加多樣化的投資管道。此外，我們也將繼續密切關注實物資產代幣化（RWA 代幣化）的發展，這是一項有潛力顚覆整個金融科技領域的創新進程。

第5節 JEPI：防禦型策略與穩定現金流的最佳結合

近年來，主動式ETF的發展方向聚焦於增強收益，利用現貨與選擇權等財務工程技術，正方興未艾地組合出各式新型投資產品。本文聚焦於經典且獨特的選擇權策略ETF，旨在打破投資者對選擇權高風險、不穩定的傳統認知，爲追求高收益的投資者，提供另類的投資選擇。

一、JEPI標的介紹

JPMorgan股票溢價收益主動型ETF (JEPI)，是由JPMorgan Chase於2020年在紐約證券交易所(NYSE)推出。這是一檔主動型ETF，主要使用選擇權的掩護性買權(Covered Call)策略，爲投資者創造穩定收益。

基本資料

- 名稱：JPMorgan股票溢價收益主動型ETF (JPMorgan Equity Premium Income ETF, JEPI)
- 成立日期：2020年5月20日
- ETF規模：341.4億美元（截至2024年7月19日）
- 成交量：3,242,339股
- 配息頻率：月配
- 總管理費：0.35%
- 殖利率：7.28%（截至2024年7月19日）

二、掩護性買權策略

意思為手上持有股票，並於同一時間賣出買權(Sell Call)，帶來權利金收入，但同時也會犧牲掉標的資產上漲的潛力，通常使用此策略一般是預期標的資產不會大漲。

JEPI 主要的策略是藉由股權連結商品(Equity Linked Note, ELN)，賣出每月的S&P 500 Index（簡稱 SPX）價外買權，產生可觀的月收入，並透過月配息的方式發放股利，同時此 ETF 也配置了很多比較穩定的股票，幫助降低波動性。

三、持股及產業分布

截至 2024 年 7 月 31 日，JEPI 持有 135 檔股票，前十大持股中，包括 AMZN、MSFT、META、GOOGLE 等巨頭公司，不過其實 6 巨頭（沒有 TESLA）加起來僅有 7.8712%，每檔股票的比例都不高，最高僅有 1.7%。另外，JEPI 的產業分布也相當分散，避免了過度集中的問題。

JEPI 投資在標普 500 指數成分股中的比例為58.23%，總共投資 74 檔其中的股票。不過最特別的是，JEPI 同時也投資13.79%在 SPX Equity-Linked Notes 上，這是一種結合傳統債券和股票市場表現的金融產品，這些票據報酬會與標普 500 指數的績效表現掛鉤，投資者會藉由賣出買權在股票市場中獲取權利金，同時保留部分或全部本金保護，是JEPI最主要的獲利來源。

另外，值得注意的是，JEPI 過去一年的 Turnover Ratio 高達 190%，表明交易頻繁，雖然可能導致交易費用較高。

四、與高股息、高收益ETF比較

由於 JEPI 的配息率高，爲了與之比較，在高股息股票 ETF 方面，我們選擇 Vanguard 股利增值 ETF (VIG)和 Schwab 美國高股息股票型 ETF (SCHD)；而高收益債方面，我們選擇 SPDR 彭博非投資等級債 ETF (JNK)。

下表羅列出相關資產在年化報酬、標準差、最大回檔程度、夏普比率、殖利率的資料時間範圍設爲 2021 年 1 月至 2024 年 7月。

表6-2　掩護性買權、高股息、高收益債券等 ETF 比較

ETF類型	掩護性買權	高股息		高利息債券
標的	JEPI	VIG	SCHD	JNK
年化報酬	9.32%	**9.68%**	9.34%	1.41%
標準差	**11.09%**	15.18%	15.49%	9.06%
最大回檔程度	**-12.99%**	-20.19%	-15.68%	-16.20%
夏普比率	**0.62**	0.51	0.48	-0.1
殖利率	**7.33%**	1.79%	3.49%	6.53%

數據來源：Portfolio Visualizer、ETFreplay.com

由以上表格比較分析，可以看得出來JEPI在風險管理上具有相當的優勢，不論股息、債息，都毫不遜色。

在所有比較中，JEPI 幾乎都是完勝，除了標準差和波動度上表現不如債券型 ETF。例如：JEPI 的夏普比率以 0.62 勝過 VIG 的 0.51 和 SCHD 的 0.48；JEPI 的殖利率也以7.33%勝過。可見 JEPI 在風險管

理上具有相當的優勢，面對高股息、高收益債都毫不遜色。然而，如果投資者偏好波動性較小的產品，仍可選擇債券型 ETF 進行投資。

五、總結

JEPI 這檔 ETF 的最大優勢，在於透過賣出選擇權賺取權利金，提供穩定現金流。與大盤相比，整體績效相當。與高股息 ETF、高收益債券 ETF 相比，JEPI 在股利及殖利率上更勝一籌，同時因爲挑選低波動的股票，且持股相當分散，再加上較高獲利的賣權，JEPI 成爲一檔低波動、高股息 ETF，非常適合長期投資，幫助投資者每月產生可觀的收入。

這種策略的 ETF 犧牲了一些上行潛力，以換取每月爲股東產生更多現金流和降低整體投資組合價值波動性，因此在報酬部分，可能會輸給大盤。另外，當標的資產大漲或大跌時，會面臨嚴重虧損或錯失賺錢機會。由於此類型的 ETF 策略較爲穩健，不太適合希望短期內獲得高報酬的投資者。另外，值得注意的是，美國對於股息收入徵收不小的稅額，影響了 JEPI 所呈現的報酬。

▶▶幸福投資練習題

是非題(T/F)

1. 主動型 ETF 的費用率通常低於被動型指數ETF。
2. 個股 ETF 可以進行槓桿操作，但不適合長期持有。
3. 比特幣現貨 ETF 的推出，是爲了讓投資者能夠間接參與比特幣市場。
4. JEPI ETF 的策略，主要是透過持有股票並賣出賣權來獲取收益。
5. 管理期貨(Managed Futures) ETF 通常採用量化分析來執行投資策略。

選擇題

1. 以下哪一項是主動型 ETF 的特點？
   (1) 完全依據市場指數進行操作
   (2) 可在交易日內不限次數買賣
   (3) 費率通常低於被動型 ETF
2. 下列哪一種 ETF 最適合投資於單一股票的短期戰術？
   (1) 指數型 ETF　(2) 主動型 ETF　(3) 個股 ETF
3. 比特幣現貨 ETF 的主要優勢是什麼？
   (1) 減少比特幣的價格波動
   (2) 提供投資人間接參與比特幣市場的方式
   (3) 降低比特幣的稅務風險

4. 主動型 ETF 相較於共同基金的一項優勢是：
   ⑴ 價格透明度較低
   ⑵ 可以像股票一樣隨時交易
   ⑶ 費用率更高
5. 下列何者不是 JEPI 的投資策略之一？
   ⑴ 掩護性買權策略
   ⑵ 投資於高風險股票
   ⑶ 賺取穩定的權利金收益
6. 主動型 ETF 在操作上比指數型 ETF 更爲靈活，這主要是因爲什麼原因？
   ⑴ 能夠即時調整投資組合
   ⑵ 投資組合公開透明
   ⑶ 對市場指數變動敏感
7. 管理期貨 ETF 通常使用哪一種投資策略？
   ⑴ 被動指數追蹤策略　⑵ 動量策略　⑶ 配息策略
8. 在使用個股 ETF 時，投資人可以達到什麼目的？
   ⑴ 長期增長資本
   ⑵ 短期套利和波動操作
   ⑶ 參與多樣資產的分散化投資
9. 對於被動型 ETF，以下敘述何者正確？
   ⑴ 費率通常高於主動型 ETF
   ⑵ 投資組合長期來看，往往優於主動型 ETF
   ⑶ 只能用於債券市場

10. 現貨比特幣 ETF 的發行，主要受到哪些因素推動？
    (1) 傳統股票市場的需求增長
    (2) 對加密貨幣市場更高的流動性需求
    (3) 全球通貨膨脹的壓力

簡答題

1. 簡述主動型 ETF 與被動型 ETF 的主要差異。
2. 說明比特幣現貨 ETF 的推出，對傳統金融市場和加密貨幣市場的意義。

Ch 07

深入篇

第1節 金融衍生品簡介

金融衍生品(Financial Derivatives)是一類金融契約，它的價格倚賴於某些標的變數(Underlying Variable)，或者等義地說，金融衍生品是由某些標的變數所衍生出來的金融商品。這些變數通常是風險性標的資產價格(Risky Underlying Asset Price)，例如：外匯、債券、股票、ETF、大盤指數，但也可以是加密貨幣、CO_2、氣溫、降雨量、電影票房、波動率等變數。外匯、股票或大盤指數等的期貨(Futures)與選擇權(Option)都是常見的金融衍生品，而交易的場所則是在交易所(Exchange Market)或是店頭市場(Over The Counter, OTC Market)。

對交易所來說，爲了確保交易可以順利進行，造市者(Market Maker)必須持續提供標準化商品的買價或是賣價給交易對手，以維持市場的流動性。金融市場裡的會員機構如券商或是期貨商等，都經常是市場上的造市者，而它們也享有交易稅率的減免，或市場資訊的優先使用權等優惠，以增加它們成爲造市者的誘因。

成立於 1848 年的芝加哥期貨交易所(Chicago Board of Trade, CBOT)，早期設定了一種 To-arrive 契約，將農畜類產品規格化，以供農夫與盤商集中交易，作爲雙方的避險用途。它後來演變爲一種期貨契約，許多投機客對交易期貨商品本身的興趣更大於對標的農產品的興趣，因此交易量躍增。成立於 1973 年美國的芝加哥選擇權交易所(Chicago Board Options Exchange, CBOE)，是金融市場發展另外一個重要的里程碑。從起初只交易 16 檔股票的買權(Call Option)，到現在上千種，包括股票、指數、期貨、ETF 等林林總總的選擇權，CBOE 無異是世界上金融衍生品市場的領航者。

交易所會對標的商品之品質與數量進行標準化，並規範投資人在集中市場的交易行爲，以在增加流動性的同時，降低交易雙方的信用風險。在電子交易頻繁的現代，吸引了全球的投資人可以安全、有效率地參與市場，以交換風險。

所有發生在交易所以外的衍生品交易，都歸入爲店頭OTC 市場。相對於交易所嚴格規範的商品契約，OTC 市場提供了更大彈性的交易空間。事實上，金融衍生品交易的最大市場是店頭 OTC 市場。金融機構、基金經理人或是企業的財務人員，通常會針對一些特殊的風險，如利率、外匯、信用等標的資產，或者是一些特殊報酬形式的選擇權等，彼此間進行一對一的協商交易。OTC 市場主要包括了匯率(Foreign Exchange, FX)、利率(Interest Rate)、信用(Credit)、權益(Equity)、原物料(Commodity)等五大市場。

一、線性契約：遠期(Forward)

遠期契約(Forward Contract)規範了交易雙方，在事前不須支付交易費用的情下，可以用一個先約定的價格 K，在未來某一個時間點 T，來買或賣某個標的資產，記作 S。舉例來說，假設現在的時間爲 t(>0)，買賣雙方同意簽訂一紙遠期契約，意味著現在同意以某個價格 K，使得他（她）們得以在未來的時間 T(>t)，用現金 K 與標的資產互換，而實際互換的執行，可以是實物交割或是現金交割。所謂的 T－遠期價格(T-Forward Price)，記作 $For_S(t, T)$，就是履約價 K，它使得該遠期契約在起始時間 t 的價值爲 0。

在遠期市場中，資產可以是貨幣(Currency)如美元，權益證券(Equity Securities)如股票，或是商品市場(Commodity)如咖啡等。金融機構與企業財務在店頭市場所從事的外匯交易中，遠期契約占有很大的交易量。

二、報酬函數(Payoff Function)

遠期是最簡單的衍生品契約之一。在遠期契約到期日 T 的當下，契約持有人必須依約，將遠期價格 K 與風險性資產價格，記作 S_T，互換。對遠期的買方來說，投資人有義務用 K 來購買 S。由於風險性資產的可能價格 S_T 介於 0 到無限大，因此買方的報酬函數可記作 $h(x)=x-K$，$0<x<\infty$，變數 x 代表 S_T。當期末標的物之價格 $S_T=x$ 若是變得足夠貴，遠期的買方就賺取了 $x-K$；否則就獲得了負值的 $x-K$，也就是損失了 $K-x$。相對的，對遠期的賣方來說，契約的報酬函數是 $h(x)=x-K$。不論對買方或是賣方而言，遠期契約的報酬函數皆是線性的，見下圖 7-1。

圖7-1　遠期買（賣）方的線性報酬函數如左（右）

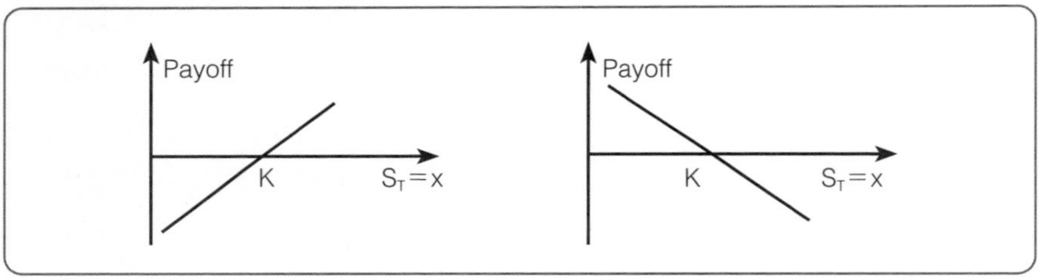

這種針對標的資產未來價格的線性互換契約，吾人可以理解爲將浮動的價格風險，通稱爲市場風險(Market Risk)，以固定的遠期價格作爲互相交換的市場交易機制。其中最重要的假設是交易的雙方不存在違約風險，或通稱爲信用風險(Credit Risk)。因此遠期通常在 OTC 店頭市場中存在，由彼此認識的交易雙方，或藉由金融機構作爲中介，達成交易的協議。

無套利評價法(No-Arbitrage Evaluation)

以下簡介如何利用「無套利評價法」來決定遠期契約的價值 $For_S(t, T)$，也就是履約價K的值。

無套利評價方法假設金融市場是有效率的，並不存在「套利」(Arbitrage)或稱作「免費午餐」(Free Lunch)的機會。也就是說，不允許任一交易策略在期初成本爲0的情況下，其投資組合在往後任何時間的總價值，是一個正數。（嚴格來說，自我融資的投資組合，在往後任何時間的總價值，會產生正報酬的機率大於0。）此外，本節也假設無摩擦(Frictionless)的市場條件：資產S不支付股利(Dividend)、無交易費(Transaction Fee)、無交易稅賦t(tax)、可放空交易(Short Selling)等，除非另外說明。放空交易指投資人可以用預借的方式賣出資產，以後再買進還回。

在此基礎上，假設 S_T 表示在t時的標的資產（如股票、黃金、利率、匯率等）價格，遠期契約的到期日爲 T，以連續複利計算的無風險年利率爲r（存放款利率假設相同），可推論出該遠期契約的價值爲：

$$For_S(t, T) = S_t \cdot e^{r(T-t)}$$

嚴謹的證明，可見相關的教科書或是網站。

第2節 期貨與選擇權 (Futures and Options)

一、期貨(Futures)

遠期契約提供了買賣雙方以「線性」的方式互換市場風險，通常存在於 OTC 市場。此類契約的立意雖好，但無法規避買賣雙方在履約前潛在的信用風險。金融市場很迅速地發展出在集中交易所中，除了嚴格限定參與市場的會員投資機構，並且用「保證金」機制(Margin Mechanism)，以每日結算的方式來減少信用風險，而這種遠期契約，就稱之為期貨。

期貨契約的內容，載明了買賣雙方約定在未來的某一個時點，以約定的價格和數量，買進或賣出某項特定商品。為了確保買賣雙方應得履行的義務以及結算，期貨交易所(Futures Exchange)因而產生。期貨交易所將每一個期貨契約標準化，使得交易的買賣雙方對同一商品具有相同的競價基礎。標準化契約的要素，包含了：

（一）標的物

指明契約中所交易的商品名稱。例如：外匯市場中的美元指數期貨合約、原物料市場中的黃豆期貨合約，或是權益型市場以台灣加權股價指數為標的之台灣加權指數期貨。標的物也稱作「現貨」。

（二）數量

以「口」(Contract)作為基本的交易單位，一口契約定義了標的物的數量多寡。例如：在紐約期貨交易所(NYBOT)中，一口美元指數期貨的契約規格是美元指數乘上 1,000 美元；芝加哥商品交易所(CME)中，一口黃豆期貨的契約規格是 5,000 蒲式耳(Bushel)；臺灣期貨交易所(TAIFEX)中，一口台灣股價指數期貨的契約規格是台灣加權指數乘上新台幣 200 元。

（三）交割月分

指明期貨契約的到期月分。期貨契約的存續期間通常較為短期，以月為單位。例如：美元指數期貨的交割月分是每年的3、6、9、12等四個季月；黃豆期貨的交割月分是每年的1、3、5、7、8、9、11等月分；台灣加權指數期貨的交割月分是當月起連續2個月分，另加上3、6、9、12月中3個接續季月，總共5個月分。

（四）交割方式

可分成實體交割與現金交割二種。實體交割主要用於大宗物資期貨合約，即是「銀貨兩訖」的買方交錢、賣方交貨。不過許多期貨契約的標的物並無實體可供交割，例如：對指數期貨或ETF 期貨來說，契約到期時甚難一一交割成分股票，因而改採現金結算的方式來進行交割。

標準化契約的其他要素，還包括了最小跳動值、本地交易時間、是否有電子交易等細節，在此則不另做討論。

（五）期貨市場具有以下關鍵的功能

1. 避險的功能

提供標的物商品的持有者，可以轉嫁因價格變動而產生的風險，這是期貨契約形成的原始動機。

2. 投機的功能

提供承擔市場風險的能力，和交易對手互換風險，可活絡市場。

3. 價格發現

由於期貨價格、交易量等市場訊息，即時地被揭露出來，投資人可由此判斷，隱含於未來價格風險的資訊內涵。

二、選擇權（Option）

選擇權是一紙契約預先規範了受益的形式，使得契約持有人有權利，但非義務，在某日得以履行約定並支取所實現的報酬。舉例來說，歐式買權(European Call Option)契約規範了買方有權利，但非義務，可以在某固定的到期日(Maturity, Expiration Date) T，以一個預先決定好了的履約價格 K，來購買一單位的標的資產。假若 S_T 代表標的資產在到期日的價格，則歐式買權在到期日的價值，亦稱之爲報酬(Payoff)，就是 $h(S_T)=(S_T-K)^+$，其中買權的報酬函數定義爲 $h(x)=(x-K)^+=\max(x-K, 0)$，見圖 7-2 中的右圖。這是由於契約持有人被允許在到期日以較低的履約價 K，來交換較高價的資產 S_T。若投資人立刻在市場上賣出該資產，可獲得 S_T-K 的利潤。當 S_T 不大於K時，契約持有人沒有義務要履約並承擔損失，因此下方（或損失）風險得以控制且報酬爲 0。

三、報酬函數

歐式賣權(European Put Option)與買權相彷，它規範了契約持有人有權利，但非義務，可以在某固定的到期日 T，以一個預先決定好了的履約價格 K，來賣出一單位的標的資產。從數學上來看，歐式賣權所規範的報酬函數是 $h(S_T)=(S_T-K)^+$，見圖 7-2 中的左圖。

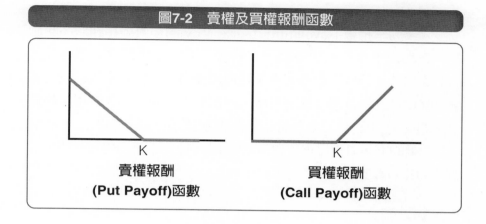

圖7-2 賣權及買權報酬函數

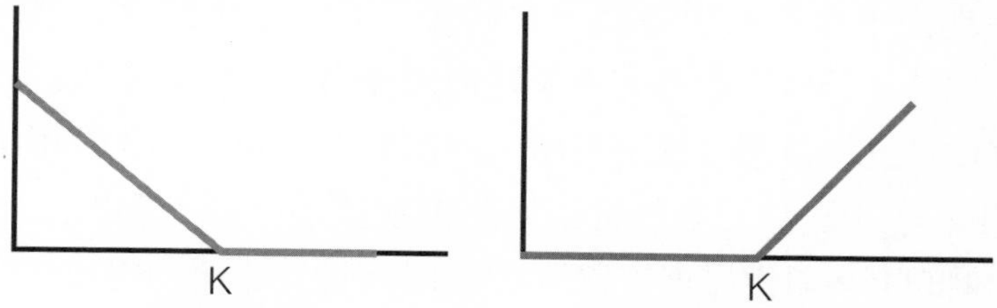

賣權報酬 (Put Payoff)函數　　**買權報酬 (Call Payoff)函數**

一般而言，歐式選擇權的定義，規範了標的資產 S 在到期日 T 的報酬 h(S)，其中報酬函數 h(x) 是非負的。對買權來說，$h(x)=(x-K)^+$；對賣權來說，$h(x)=(K-x)^+$。期貨(Futures)或是遠期契約(Forward Contract)都可以視爲歐式選擇權的特例，它們的報酬函數皆與最簡單的線性函數 $h(x)=x-K$ 有關。

買賣權價平(Call-Put Parity)

以 S_t、C_t 與 P_t 分別表示在 t 時的現貨（如股價）、其歐式買權與賣權的價格。在此假設它們的到期日 T 與履約價 K 均爲相同，並且資產 S 不支付股利，無風險利率爲 r。可以利用「無套利評價法」推論買賣權的價平關係如下：

$$C_t-P_t=S_t-Ke^{-r(T-t)}$$

此關係揭示了，在市場標的與契約規定都相同下，持有買權與賣出賣權的投組，與持有現貨和扣掉費用是折現後履約價的投組，都是一模一樣的。若是買權、賣權與現貨的市價關係不平衡，則可以透過賣高投組、買低投組的策略進行套利。

第3節 VIX與TYVIX

「波動率指數」(Volatility Index, VIX)的編製與相關商品的發展，在過去十多年來的發展相當迅猛，除VIX與期貨、選擇權、ETF等之外，類似的產品亦不斷地被研發出來，VIX家族已成爲美國CBOE（芝加哥選擇權交易所）的旗艦型指數。CBOE每年超過十億的交易口數中，主力商品仍是指數型選擇權，約四成。然而VIX期權的交易口數已占主力商品的1/3，能在十年間達成此成果，顯見VIX的重要性。

一、VIX簡介

VIX有段曲折的發展歷史，基於市場對「前探性」(Forward Looking)風險度量的剛性需求，CBOE率先在1993年推出VIX，當時的計算方式是選取S&P 100指數選擇權的近月分與次月分中，最接近價平的買權及賣權共八個序列，分別計算其隱含波動率之後，再加權平均所得出的指數。後來該指數在2003年進行兩項修正：（一）將選取標的從S&P 100改爲S&P 500，以囊括更豐富的產業，反應多元市場；（二）將原來最接近價平的買賣權序列改爲所有序列，並且不採用隱含波動率，而是直接採用選擇權價格，輔以履約價作加權。由於VIX完全可用數學公式加以精確描述，成爲唯一「數學認證」的免模型市場濾波器(Model-Free Market Filter)，用以即時反應未來三十天美國S&P 500的市場風險。

作爲即時提供大盤整體走勢的風險指標，VIX反應出市場預期心理，精確評估未來的短期波動風險。因爲與大盤指數SPX（S&P 500指數）具有強烈的「負」相關，VIX也被稱爲「恐慌指數」。VIX愈高，意味著股市趨於下跌；當VIX愈低，表示股市趨於上升。集以上優異的功能，自推出以來，VIX早已深爲專業人士、財經媒體廣泛使用的工具，其普遍程度遠遠超過其標的SPX及其選擇權，可謂是後起之秀撐出一片天。

如圖 7-3 所示，當景氣較好時，VIX 通常維持在較溫和的水準，例如：10%~30%。然而在2008 下半年爆發的全球性金融危機，VIX曾高達80%；在2011年8月初，標準普爾信用評等公司(Standard & Poor Rating Company)調降美國主權評等後，美國股票市場大跌，而 VIX 也升到 50%。此外，從 VIX 與 SPX 的走勢圖，可以看出當 VIX 飆高時，SPX 指數走低，反之亦然，兩者有非常明顯的負相關，經計算後兩者的報酬相關係數高達 -0.72。

圖7-3　VIX 與 SPX 的走勢圖

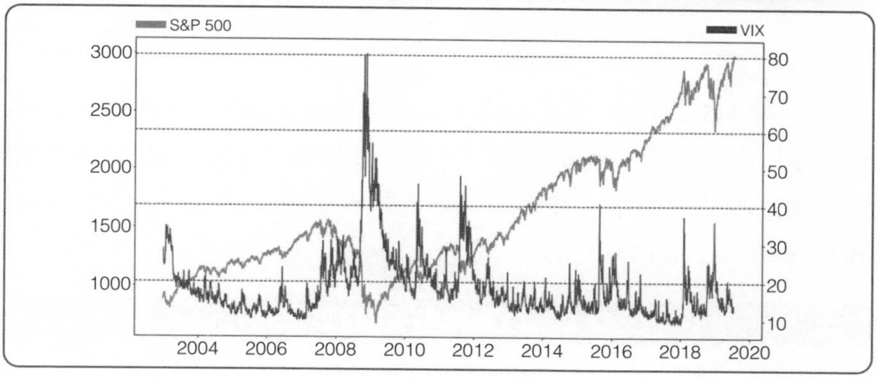

二、TYVIX 簡介

由於VIX的成功發展，CBOE積極地將波動率指數的觀念推廣到其他的資產，TYVIX (Treasury Note Yield Volatility Index)是根據美國十年期國庫券期貨的選擇權所編製而出，此指數可以作爲總體經濟或是貨幣政策的風險指標。

從圖 7-4 的比較可以看出，美國十年期國庫券與其波動率指數 TYVIX 呈現部分負相關的情形，這種現象將有助於債券交易的避險，然其相關性仍不若圖 7-3 強烈。

圖7-4　美國十年期國庫券與其波動率指數 TYVIX

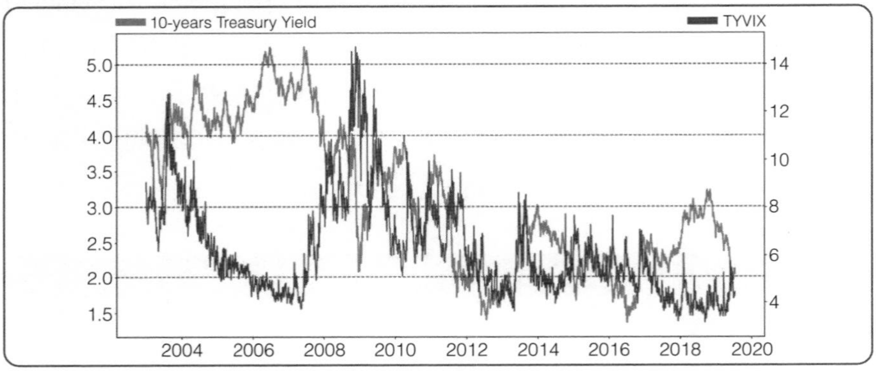

從圖 7-5 的比較也可看出，TYVIX 與 AGG（一款整合型債券 ETF）也呈現出一些負相關的情形。這些現象顯示出 TYVIX 能夠成為固定收益市場中，波動率風險的指標工具。（實際計算兩者報酬相關係數為 -0.14417209。）

圖7-5　TYVIX 與 AGG 的波動

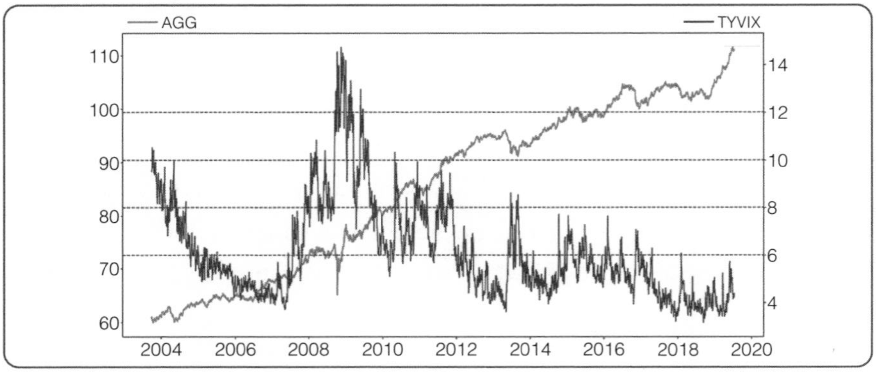

第4節 市場擇時與資產輪動

上節揭示波動率指數如VIX或TYVIX，與其風險資產如股市與債市，各具有負相關的連動，那麼是否可以運用波動率指數來做風險性資產的配置？

一、市場擇時指標(Market Timing Indicators)

波動率指數每天都不斷地改變，究竟多大才是大，多小才是小呢？除了可以採取經驗法則之外，我們可以透過類似技術分析當中「布林通道」(Bollinger Bands)的概念，來定義波動率指數的上升及下降趨勢。參考近年CBOE的報告(https://antoniomele.org/wp-content/uploads/market_timing.pdf)，以前6個月的波動率指數的第九十百分位數和第十百分位數，作爲動態的上下區間。若當天指數大於前6個月指數的第九十百分位數，則爲上升趨勢；相反的，若當天指數小於前6個月指數的第十百分位數，則爲下降趨勢。也就是在經驗中可將VIX 指數作爲在市場環境(Market Regime)下的反轉訊號，成爲擇時指標。圖7-6以VIX爲例，突破VIX第九十百分位數(VIX_90 percentile)與VIX第十百分位數(VIX_10 percentile)時，分別爲下降與上升訊號。

圖7-6 將 VIX 指數作為在市場環境的擇時指標

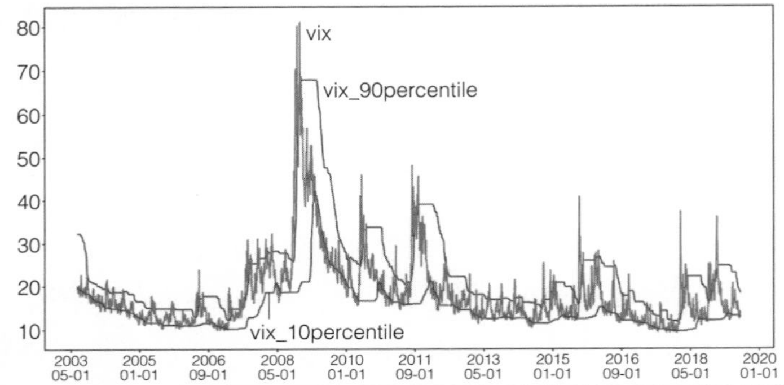

二、資產輪換策略(Asset Rotation Strategy)

上述以波動率指數作爲市場擇時指標，可以運用在以下的投組策略，稱爲資產輪換策略。參考的作法是利用 TYVIX 和 VIX 的上升及下降趨勢來當成投資訊號，依據四個不同的波動環境(Volatility Regime)，各自給出資產配置的建議，支撐該策略的關鍵，是利用這兩個基準波動率指數之間的相互作用來分析多元化股票債券和現金的相對表現。資產輪動策略以波動環境作爲動態調整資產類別的權重，以實現優於傳統分配(60/40)的卓越績效。

先分成四個資產：

（一）AGG（公司債）。

（二）IEF（長期國債）。

（三）SPY（股票）。

（四）Cash（現金）。

圖 7-7 為四個波動環境下，各風險資產的表現情況。

圖7-7　各風險資產的表現

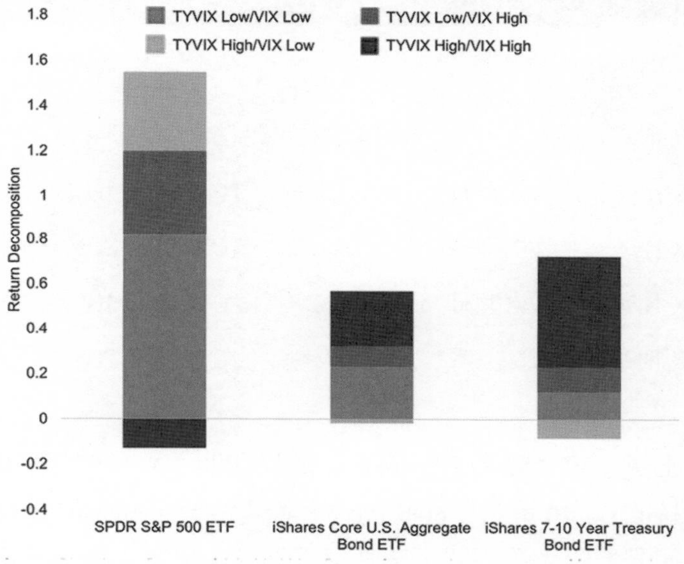

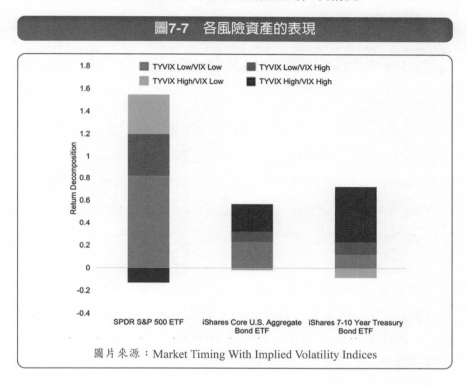

圖片來源：Market Timing With Implied Volatility Indices

三、依據 TYVIX 和 VIX 的上升趨勢及下降趨勢，將資產配置分為四種情況

表7-1　將資產配置分為四種情況

情況		權重			
		AGG	IEF	SPY	Cash
TYVIX上升	VIX上升	20%	70%	10%	0%
TYVIX上升	VIX下降	0%	10%	20%	70%
TYVIX下降	VIX上升	70%	20%	10%	0%
TYVIX下降	VIX下降	70%	10%	20%	0%

按上述之資產輪動策略的實作結果如圖 7-8，可以看出此策略比起傳統的 60/40 策略（60% 的資金投資股票，40% 的資金投資國債），報酬率雖大致相同，波動率卻下降非常多，顯示出資產輪動策略的穩健性。

圖7-8　資產輪動策略與傳統策略的波動

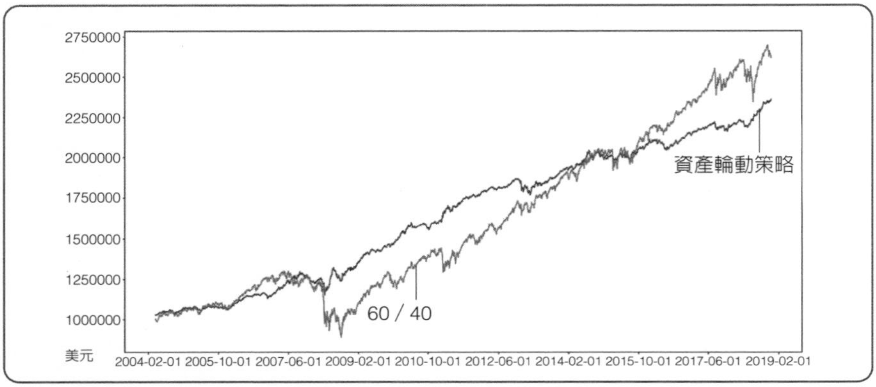

表 7-2　資產輪動策略的成果

	資產輪動策略	60/40 Blend
夏普比率	1.37746	0.71935
年化報酬率（%）	6.4	6.79
波動率（%）	4.1957	9.8467

注意到此資產輪動策略投組（圖 7-8 所示）在四種不同的市場環境下，採取的是固定權重的投組。若能適當地結合「機器人理財」之技術，應能建構出更理想的績效，這是未來可探索的內容。

第5節 VIX 期貨指數

市場已經清楚描述VIX與SPX呈現反向關係，特別是SPX大幅下跌時，VIX上漲的情況會特別明顯。如同 SPX是股價加權指數，VIX只是一個用以度量SPX風險的波動指數，它們其實都無法被交易。

隨著指數化投資的風行，特別是被動式基金的創新，追蹤指數的ETF如雨後春筍般冒出頭，現已是資產管理行業中，關於指數化投資的一方之霸。例如：本書前文曾探討過全球AUM最大的ETF，SPY作爲股票的投資組合，它追蹤S&P 500指數，具交易性、流動性與配適性，其他債券、外匯、原物料、房地產等等也不遑多讓，不勝枚舉。

是否也有追蹤VIX的ETF？不巧的，目前並沒有這樣的商品！原因在於VIX乃是SPX選擇權的投組，這類的商品作爲被動式投資，在設計上的複雜性以及價格風險比較高，或許未來技術與市場接受度都能夠有突破。雖說按照定義以非線性的選擇權作爲投組的VIX ETF並未被開發出來，不過以線性的VIX期貨作爲投組的ETF（實爲VIX期貨ETN；一般大衆仍以VIX ETF稱之）產品卻逐步爲市場所接受，例如：美國的VXX與台灣的富邦VIX ETF都是追蹤美國SPVSP期貨指數(S&P 500 VIX Short-Term Futures Index)。

本節先行介紹VIX Futures Index，下一節再深入探討VIX ETF。

一、VIX期限結構(Term Structure)

類似原先VIX的計算公式，根據不同到期日的S&P 500選擇權價格，可計算出在不同期限下的波動率指數。例如：7天、30天、60天、90天、120天等的波動率指標，謂之「波動率期限結構」，其概念等同於債券市場的利率結構。

圖7-9　CBOE VIX 期限結構(Term Structure)

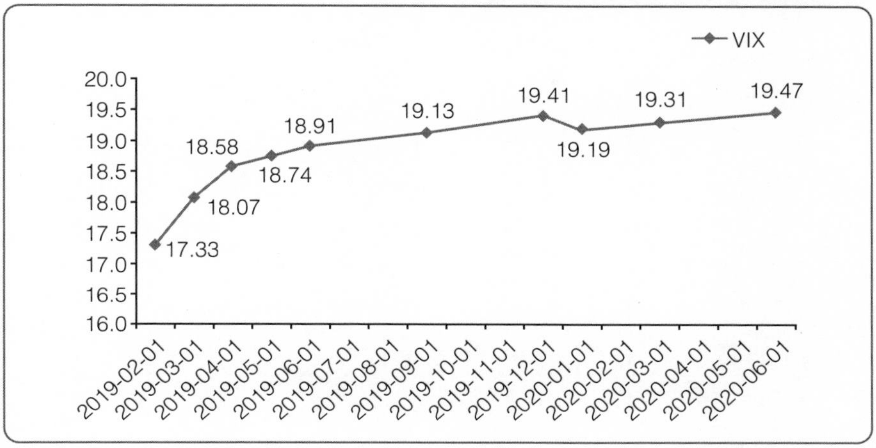

二、VIX期貨(Volatility Index Futures, VIX Futures)

CBOE 自 2004 年開始，將 VIX 指數產品化，推出全世界首檔波動率期貨(Volatility Index Futures, VIX Futures)，實現 VIX 期貨可以用來實際作爲避險與操作之工具。

VIX 期貨在大多數的情況下，是處於正價差的型態（Contango，亦指期貨價格大於現貨價格，如圖 7-10），亦即次近月期貨價格高於近月期貨；遠月期貨高於次近月期貨。原因是在市場上買進波動率指數期貨的投資人，最主要的目的在於爲投資組合避險，因此要付出風險溢酬給賣出波動率期貨的人，當期貨的到期日逐漸接近，保險的效果逐漸消失，VIX 期貨的價格才逐漸朝向 VIX 指數接近，僅有在極端風險事件發生時，才會出現逆價差(Backwardation)，如圖 7-11，當時中國發生股災。

圖7-10　VIX 期貨在大多數情況下，處於正價差

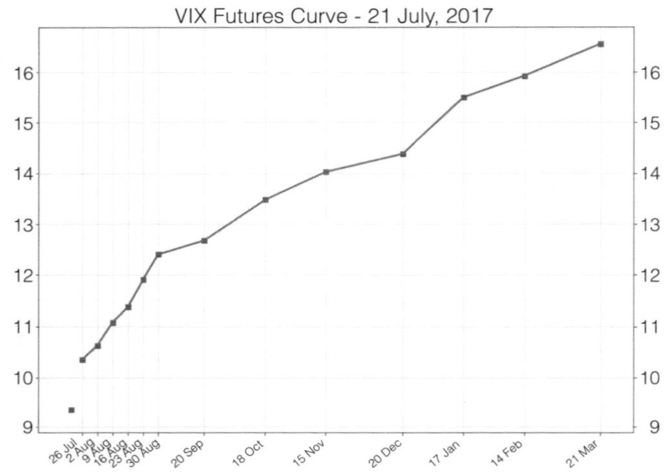

圖7-11　極端風險事件發生，出現逆價差

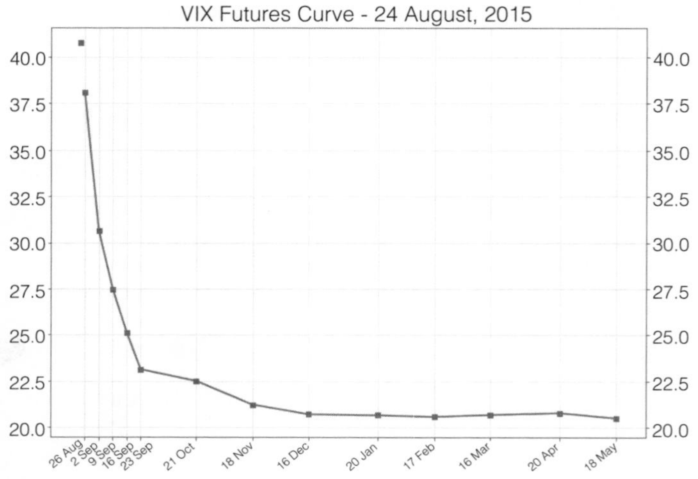

圖片來源：https://www.macroption.com/vix-futures-curve/

三、VIX期貨指數(Volatility Futures Index)

現在市場中存在六種S&P 500 VIX期貨指數，此指數的基本精神在於，分別利用持有不同到期日的期貨合約，隨著到期日接近，藉由轉倉，使得期貨的投組能維持固定的到期日。

表7-3　六種 S&P 500 VIX 期貨指數

	維持到期日	持有長部位
S&P 500 VIX Short-Term Futures Index (Ticker: SPVSP)	1 month	近月、次近月的波動率期貨合約
S&P 500 VIX 2-Month Futures Index (Ticker: SPVIX2MT)	2 months	次近月、第三遠月的波動率期貨合約
S&P 500 VIX 3-Month Futures Index (Ticker: SPVIX3MT)	3 months	第三、第四遠月的波動率期貨合約
S&P 500 VIX 4-Month Futures Index (Ticker: SPVIX4MT)	4 months	第四、第五遠月的波動率期貨合約
S&P 500 VIX Mid-Term Futures Index (Ticker: SPVIXMMT)	5 months	第四到第七遠月的波動率期貨合約
S&P 500 VIX 6-Month Futures Index (Ticker: SPVIX6MT)	6 months	第五到第八遠月的波動率期貨合約

以下表 7-4 作爲本小節的總結。

表7-4 VIX 與 VIX 期貨指數差異

	VIX	VIX 期貨指數
性質	指數 （選擇權投資組合）	指數 （期貨投資組合）
內容	衡量 SPX 未來 30 天的預期波動值	衡量 VIX 未來 30 天的價格

第6節 VIX ETF與「合成」TYVIX ETF

VIX ETF商品的設計理念並不複雜，更可據此原理很輕易地推廣到其他資產類別。譬如：目前市場有美國公債的TYVIX與期貨，但仍然沒有債券波動率ETF，那麼何不動手試試做個簡單的「合成」TYVIX ETF？

一、VXX與富邦VIX ETF的比較

金融海嘯過後，黑天鵝事件頻傳，投資人面臨市場高度震盪的考驗，而產生出由波動率衍生相關的金融商品。可惜VIX無法直接交易，而VIX期貨的操作又具槓桿、風險高、需轉倉等複雜性操作。可以像股票一樣交易的VIX ETF，其需求自然存在，前文已述VIX ETF追蹤的不是VIX，而是VIX期貨指數。因此VIX期貨是VIX ETF的標的資產，而其轉倉成本會自然反應在VIX ETF的淨值上。由於此轉倉動作主要是靠賣出近月的VIX期貨，買入遠月的VIX期貨，前述之正價差效應即爲主要的轉倉成本，而此成本往往不低，常導致VIX ETF淨值下降而觸發下市的門檻，反分割(Reverse Split)常是這類ETF延長上市的主要手段。

金融市場中，存在許多追蹤S&P 500 VIX短期期貨指數的ETF，像是由Barclays發行的iPath S&P 500 VIX Short-Term Futures ETN，名稱是VXX；和國內由富邦所推出的標準普爾500波動率短期期貨ER期貨基金，名稱是富邦VIX。前者的管理費率(Expense Ratio)爲0.89%，而後者稍高爲1.14%（含0.15%的保管費）。由2018年1月到2019年1月的歷史價格（省略無交易之日期）顯示，VXX和富邦VIX ETF與S&P 500 VIX短期期貨指數報酬的相關係數分別高達0.8409、0.7911（圖7-12）。其中VXX的誤差表現(TD)爲均值 -0.001%，標準差3.442%；由於匯率風險、兩地證券交易時間差，導致交易者的資訊與預期不同，以致富邦VIX ETF的誤差表現稍較VXX高，均值-0.022%，標準差達到4.476%。

圖7-12 VXX、富邦VIX和S&P 500 VIX短期期貨指數報酬表現

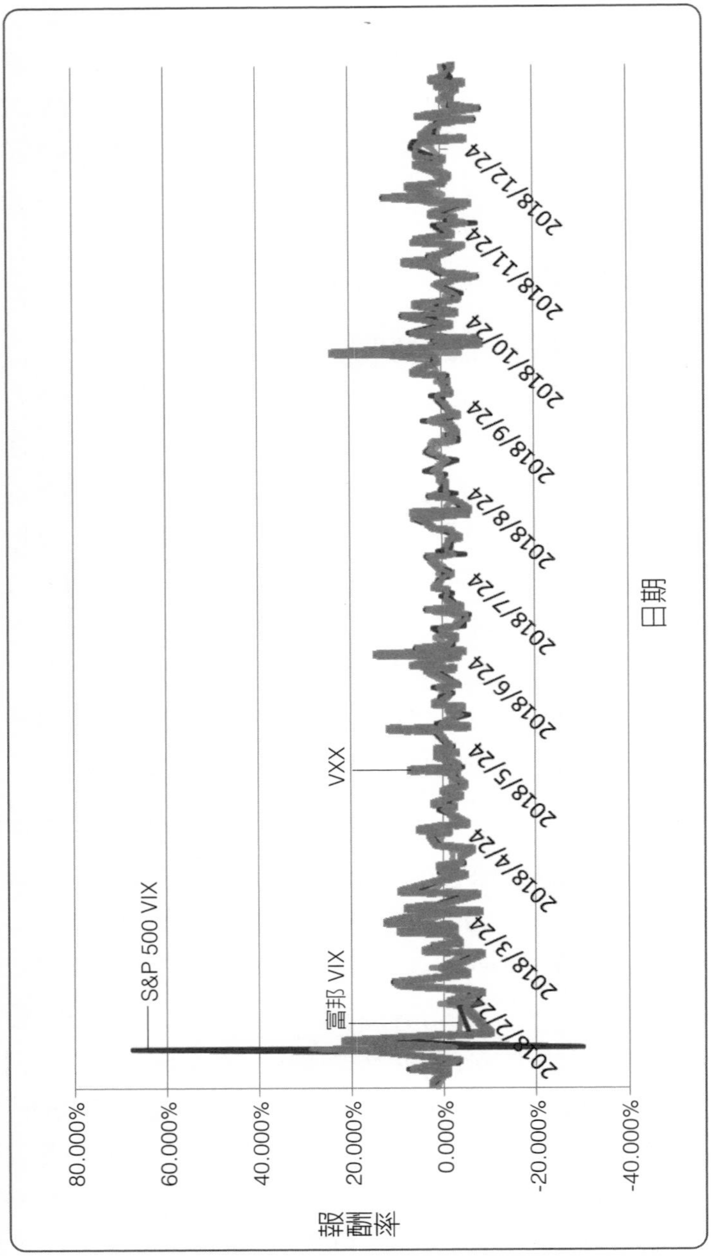

圖7-13 VXX、富邦 VIX 追蹤誤差表現

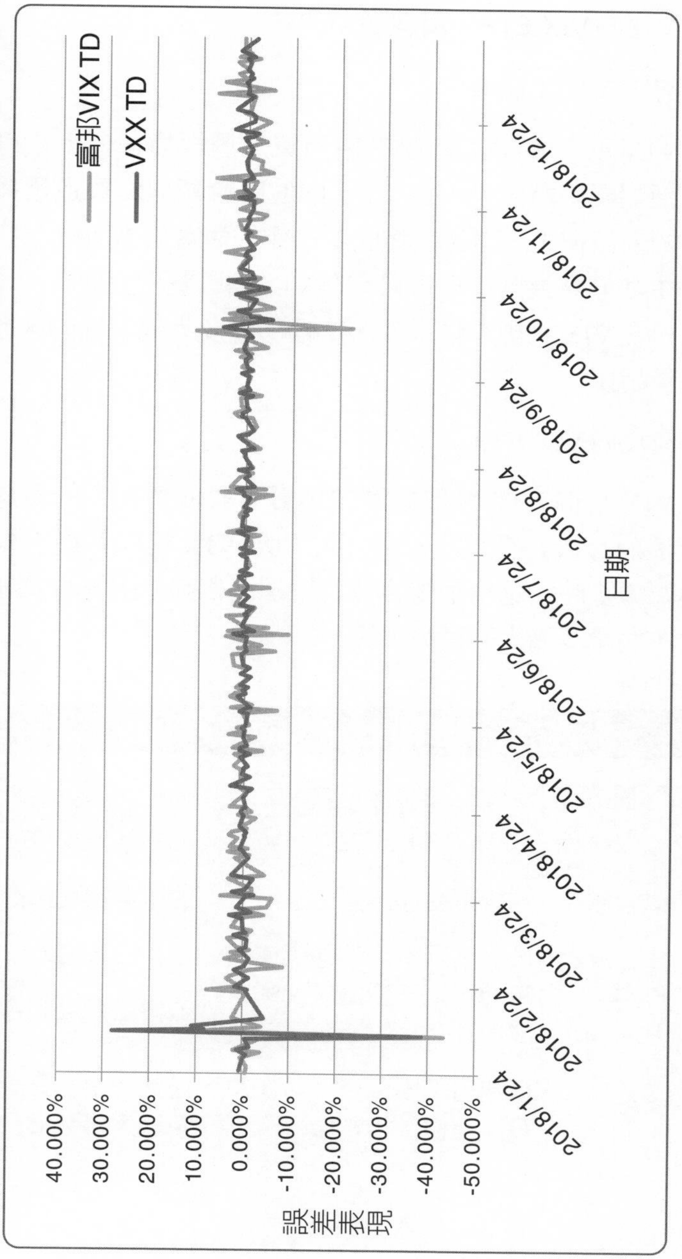

（一）正向VIX ETF、反向VIX ETF

1. 持有正向 VIX ETF

VIX 正向 ETF 的報酬型態與買進選擇權相似，在持有期間未發生極端風險時，則 VIX 正向 ETF 將會類似於買進選擇權所產生的時間價值損失，而這便是因爲高額的轉倉成本所致。持有 VIX 正向 ETF 如同買進選擇權，只有在 VIX 指數劇烈上升時，才有機會獲利，但在 VIX 指數小幅上升、小幅下降及大幅下降的各盤勢中，都將承受虧損。

2. 持有反向 VIX ETF

VIX 反向 ETF 類似於選擇權賣方收取權利金的概念，當市場風平浪靜、股市緩慢上漲時，有利於 VIX 反向 ETF。但當市場發生極端風險時，選擇權隱含波動率飆高帶動 VIX 指數飆漲，VIX 反向 ETF 將承受極大的損失風險。

表7-5　正向 VIX ETF 與反向 VIX ETF之比較

	持有正向 VIX ETF	持有反向 VIX ETF
類似策略	傳統買進選擇權	傳統賣出選擇權
作用	一般市況時，如同選擇權時間價值不斷流失（轉倉成本）	一般市況時，如同持續收取選擇權權利金
特性	極端行情出現時，可作為股票部位進行避險	極端行情出現時，需承擔短線大額虧損的可能

2018年全球股市跌勢擴大，一些股市甚至跌破重要支撐。當時在台掛牌的ETF中，以VIX及反向ETF表現最優，尤其是日本、美國及台股的反向ETF漲勢領先。其中富邦VIX (00677U.TW)在當時連續大漲，漲幅甚至到18.4%，居所有在台掛牌之ETF漲幅冠軍。富邦VIX成交量也擴大，雖然單日成交量沒有創新高，但每日均量超過10萬張，當時週成交量達到掛牌近兩年來第三大。然而近期因股票市場大漲，富邦VIX ETF淨值愈來愈低，接近下市的邊緣[1]。

（二）VIX期貨與VIX ETF的差異

首先，就到期日部分，在VIX期貨到期之前，投資人若有繼續持有的需求，因爲有固定的到期日，就必須自行進行轉倉；但就VIX ETF來說，在投資人持有期間，所有的轉倉均由基金經理人協助完成；此外，操作VIX期貨有保證金之需求，投資人日常亦須進行保證金維持作業，但就VIX期貨ETF來說，所有的期貨操作均交由基金經理人操作，投資人買入ETF，就無須自行維持保證金相關作業。就操作風險來說，VIX期貨ETF理論上最多只會賠光所有投入的金額；但就VIX期貨來說，不但有可能賠掉所有保證金，當行情出現大幅下跌或大幅上漲的情況，亦有可能會「突穿」原有保證金的緩衝水位，造成超額損失的狀況。因此就操作風險來說，VIX期貨風險明顯要大於波動率期貨ETF；但就操作靈活性來說，VIX期貨共有9個連續月分，且多空均可操作，並可設計各種策略，其操作靈活性或優於VIX期貨ETF。

1. 編按：富邦VIX ETF因淨值過低，已於2021年6月初下市。後來證交所在6月底公告實施「ETF分割及反分割機制」，若此機制及早實施，具指標性的VIX ETF就可免於下市。

表7-6 VIX ETF 與 VIX 期貨的差異

	VIX ETF	VIX 期貨
到期日	無到期日	有固定到期日
轉倉作業	由專業經理人，代為轉倉	需定期轉倉
保證金	無保證金維持相關作業	有保證金維持相關作業
最高損失	原則上無超額損失	可能會「突穿」原有保證金的緩衝水位，造成超額損失的狀況

二、ETF VIX

而隨著 ETF 市場近年快速發展，不論在 ETF 檔數與規模方面，均取得驚人成長，進而出現運用 ETF 指數選擇權的價格加權計算，來衡量未來 ETF 市場的風險預期。

表7-7　ETF VIX與 VIX ETF之比較

	ETF VIX		VIX ETF
性質	指數（選擇權投資組合）		期貨型 ETF（期貨投資組合）
內容	運用 ETF 指數選擇權的價格加權計算，用來衡量未來 30 天該 ETF 的預期波動值		追蹤的是 VIX 期貨指數報酬，實現期貨可以用來規避波動率風險之工具
實例	ETF	相對應的波動率指數	特指追蹤 VIX 期貨指數的 ETF 例如：00677U 富邦 VIX 和 VXX
	Gold Miners ETF	VXGDX	
	Silver ETF	VXSLX	
	Crude oil ETF	OVX	
	China ETF	VXFXI	

（一）VIX ETF 的編製方法

上述提到關於 VIX ETF 的相關簡介及與標的之間的相關性，而在編製 VIX ETF 時，通常是將近月 VIX 期貨及次近月 VIX 期貨作爲主要標的，透過與到期日之間的日期距離比例當作各自的權重，因此與 VIX 期貨的相關性是非常高的。

（二）「合成」TYVIX ETF

雖然有了 TYVIX 指數可以供投資人觀察固定收益市場的波動情形，但市面上卻還尚未有相關的 TYVIX ETF商品產生，因此，我們試圖利用類似於VIX ETF的編製方法，去「合成」出TYVIX期貨指數並創造出相關商品。

設計原則

1. 參考VIX ETF編製方法，一般而言，VIX ETF是以近月及次近月期貨作為投資組合中的標的資產，並以一週為單位調整期貨的權重分配。
2. 選擇合成的TYVIX ETF為每天調整期貨權重之分配。
3. 距離到期日愈近，價格影響也相對愈小，所以其期貨權重會愈低。
4. TYVIX ETF價格為$\theta 1$ F1＋$\theta 2$ F2，其中$\theta 1$為近月期貨之權重，$\theta 2$為次近月期貨之權重，且因標的僅有兩支期貨，所以$\theta 1+\theta 2=1$，F1為近月價格，F2為次近月價格。
5. $\theta 1$＝（距次近月天數－30）／（距次近月天數－距近月天數）；$\theta 2$＝（30－距近月天數）／（距次近月天數－距近月天數）。

（三）自製TYVIX ETF與TYVIX之關係

圖7-14 TYVIX ETF與TYVIX之關係

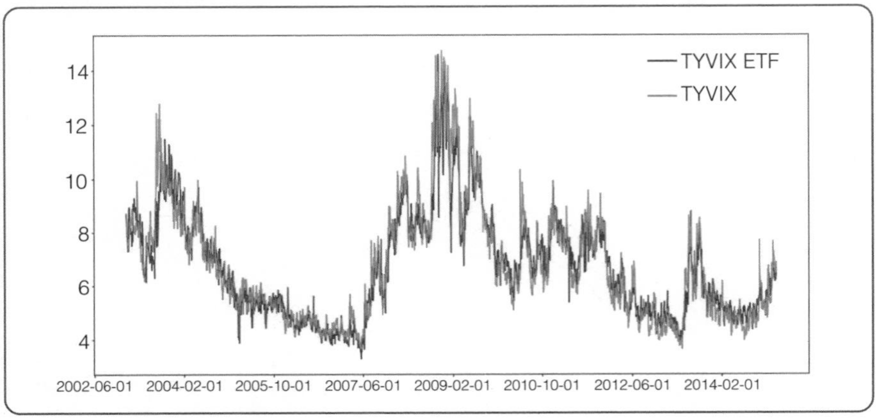

我們透過從 2003 年至 2015 年之期貨資料編製，結果如圖 7-14，可看出與 TYVIX 指數間亦有相當高的相關性，而未來我們也將進一步利用此自製 ETF 作爲投資策略分析中的避險工具。

▶▶幸福投資練習題

是非題(T/F)

1. VIX 又被稱爲恐慌指數。
2. VIX 期貨的正價差，指的是現貨價格大於期貨價格。
3. 衍生品只有歐式買權與賣權兩種形式。
4. VIX 指數是根據 S&P 500 指數的選擇權價格計算出來的。
5. 持有 VIX ETF 的投資人可以避免 VIX 期貨的轉倉成本。

選擇題

1. 衍生品的標的風險性資產必須具備：
   ⑴ 不可預測性 ⑵ 可交易性 ⑶ 皆是
2. 選擇權的報酬函數主要呈現：
   ⑴ 線性 ⑵ 非線性 ⑶ 皆可
3. 選擇權契約的賣方在取得了權利金之後，如何支付未來可能的報酬問題，屬於哪類？
   ⑴ 定價 ⑵ 避險 ⑶ 套利
4. 以下何者與選擇權所形成的投資組合有關？
   ⑴ SPX ⑵ TXO ⑶ T50 反 1 ⑷ VIX
5. 芝加哥選擇權交易所發行的 VIX 波動率指數，是計算未來幾天內的預期變異數的平方根？
   ⑴ 10 ⑵ 20 ⑶ 30 ⑷ 40

6. 美國國庫券價格與債券波動率指數(TYVIX)存在何種關係？
   ⑴ 兩者變化率同向　⑵ 兩者變化率反向
   ⑶ 兩種變化率方向皆有可能　⑷沒有關係

7. VIX 期貨的期限曲線通常呈現：
   ⑴ 向上　⑵ 向下　⑶ 先上後下　⑷ 先下後上

8. VIX ETF 的標的資產是：
   ⑴ VIX　⑵ VIX 期貨　⑶ VIX 選擇權

9. VIX ETF 所追蹤的 VIX 期貨指數，是反應 VIX 在未來幾天內的預期？
   ⑴ 10　⑵ 20　⑶ 30　⑷ 60

10. VIX ETF 所追蹤的 VIX 期貨指數，是反應現貨在未來幾天內的預期？
   ⑴ 10　⑵ 20　⑶ 30　⑷ 60

簡答題

1. 從產品發展的觀點，簡述一般型 ETF 後續可能衍生出的追蹤指數、ETF 商品種類、功用，以及適合發行的交易所。

2. 試比較 ETF VIX 與 VIX ETF。

Ch 08

數位資產管理篇

基於去中心化的區塊鏈技術所發展出的數位資產，如加密貨幣，與基於中心化政府的法幣及其計價之資產，由於發行本質上的不同，因此管理的方式也大異其趣。舉例來說，儲存數位貨幣的電子錢包，若是忘記「地址」（實爲一串代號），則所有的加密貨幣都永遠無法被任何人所使用，即使它一直留存在帳戶之中。本章介紹日益成熟的加密金融(Crypto Finance)，從最具代表性的區塊鏈 1.0 比特幣、區塊鏈 2.0 的智慧合約，到琳瑯滿目的去中心化金融(DeFi)。此外也加入了近期重要的發展，即是如何將傳統金融與加密金融，兩者融合一起，而加密貨幣基金是可行的方案之一。最後從監理的觀點，探討對於加密貨幣交易所，在管理政策上的種種挑戰。

第1節 加密金融Ⅰ：基於區塊鏈的P2P電子支付

加密貨幣的信用來源是使用者互相驗證的結果，背後所需要的基礎工程是區塊鏈技術。簡單來說，區塊鏈(Blockchain)是一個去中心化、大型、公開的帳本資料庫。「區塊」(Block)是用來儲存交易記錄資料，而「鏈」(Chain)是將各個區塊以加密技術依照時間戳記串聯在一起，區塊鏈因而得名。

區塊鏈具有以下的特色：

一、去中心化(Decentralized)

爲了強調區塊鏈的共享性，讓使用者可以不依靠額外的管理機構和硬體設施、不需要中心機制，因此每一個區塊鏈上的資料都分別儲存在不同的雲端上，核算和儲存都是分散式的，每個節點都需要自我驗證、傳遞和管理。去中心化是區塊鏈最突出也是最核心的本質特色。

二、共同維護公開帳本(Public Ledger)

區塊鏈技術的基礎是開源的，除了其中交易的訊息會另外被加密之外，所有運算數據都是對所有人開放，系統資訊非常透明。

三、防止抹滅或竄改(Tamper Resistant)

區塊鏈中的每一筆資料一旦寫入，就不可以再改動，只要資料被驗證完，就永久地寫入該區塊中，透過雜湊函數(Hash Function)來確保資料不會輕易被竄改，因爲這種函數很容易被驗證，但卻非常難以破解，也無法輕易回推出原本的數值。

四、具備時戳(Timestamps)

時戳就如同現實世界的「郵戳」，爲資訊時代不可或缺的安全機制，區塊鏈中每個區塊 Hash 後都會加上一個時間戳記，每個時間戳記會與前一區塊的戳記進行Hash，所得出的 Hash 値會再與下一個戳記進行雜湊，以確保區塊的排序。

五、自動解決交易衝突(Conflict Resolution)

不論其爲善意或惡意之交易衝突。區塊鏈網路自動解決交易衝突的具體作法爲，在符合密碼學原理的雜湊函數規定下，永遠接納最長的區塊鏈條。

區塊鏈有以下不同類型：

（一）公有鏈：對所有人開放，所有人都可以擁有地址、讀取資料和進行交易。

（二）私有鏈：有權限限制部分寫入與讀取能力，處理速度和隱密性較優異，私人公司企業選擇。

（三）聯盟鏈：由參與的若干機構共同管理。

表8-1　不同類型區塊鏈的比較

	公有鏈	私有鏈	聯盟鏈
使用者	所有人	內部會員	聯盟成員
記帳者	所有參與者	私人化自訂	成員協商制定
TPS（每秒交易量）	3-20(TPS)	1K-100K(TPS)	1K-10K(TPS)
特色	公開透明 不可竄改	身分驗證 隱私性高	私有鏈細 化更靈活
代表	比特幣、ETH	金融業界	R3金融聯盟鏈

要將買賣雙方的交易資訊，透過區塊鏈的公開帳本發布到網路上，我們還需要一種能夠確保訊息是由本人發出，且不太可能被駭客所竄改的資訊系統，也就是數位簽章，背後仰賴的是非對稱式的加密演算法，提供買賣雙方所需用的公、私鑰，對交易記錄進行驗證與加密。

區塊鏈技術 1.0——以比特幣(BTC)爲例：

比特幣(Bitcoin, BTC)是一種基於去中心化，採用點對點網路與共識主動性，開放原始碼，以區塊鏈作爲底層技術的加密貨幣。比特幣由中本聰(Satoshi Nakamoto)於 2008 年 10 月 31 日發表論文，2009 年 1 月3日，創世區塊誕生。在某些國家、央行、政府機關則將比特幣視爲虛擬商品，而不認爲是貨幣。

任何人皆可以匿名方式，參與稱爲「挖礦」(Mining)的電腦運算來獲得比特幣。比特幣協議設定數量上限爲 2,100 萬個，以避免通貨膨脹問題。使用比特幣是透過私鑰作爲數位簽章，允許個人直接支付給他人，與現金相同，不需經過如銀行、清算中心、電子支付平台等任何第三方機構，從而避免了高手續費、繁瑣流程以及受監管性的問題。

由於比特幣區塊鏈在一定時間內能接受的交易量有限，約每 10 分鐘能接受最多 2,500 筆交易，交易手續費也會隨著比特幣交易量而波動，在 2017 年 6 月，小於 1毫比特的交易，交易手續費已遠遠大於交易金額。

去中心化是「區塊鏈」的核心宗旨，它不需要依靠中心機制的管理機構和硬體設施，每一個「區塊鏈」上的資料都分別儲存在不同的雲端上，核算和儲存都是分散式的，每個節點都需要自我驗證、傳遞和管理。去中心化是「區塊鏈」最突出、最核心的本質特色，可以透過以下不同的機制達到。

（一）雜湊函數(Hash Function)

雜湊(Hash)算法原先是一種用在資料編碼中的技術，最主要分爲Hash Function（雜湊函數）和Hash Table（雜湊表）兩個部分，其中Hash Function是一種將任意資料映射成爲固定長度的技術，Hash Table則是儲存(Key Value)這種對應關係的資料結構。

不同的輸入進入雜湊函數，可能得到相同的雜湊值(Hash Value)，雖然機率很低，不過是有可能發生的，所以一個雜湊函數的好壞也取決於是否容易產生碰撞。

（二）工作量證明(Proof-of-Work, PoW)

在分布式節點系統中，如何取得共識來維持公開帳本的一致性呢？共識演算法包含工作量證明、權益證明(Proof of Stake, PoS)、股份授權證明、容量證明等等。

比特幣採用了工作量證明，這是一種對應服務與資源使用，或是阻斷服務攻擊的經濟對策。一般是要求使用者進行一些耗時適當的複雜運算，並且答案能被服務方快速驗算，以此耗用的時間、裝置與能源作爲擔保成本，以確保服務與資源是被眞正的需求所使用。工作量證明最常用的技術原理是雜湊函數。由於輸入雜湊函數h()的任意值n，會對應到一個h(n)結果，而n只要變動一個位元，就會引起雪崩效應，所以幾乎無法從h(n)反推回n，因此藉由指定尋找h(n)的特徵，讓使用者進行大量的窮舉運算，就可以達成工作量證明。

（三）比特幣挖礦

這是向比特幣過往交易的公開總帳簿添加新交易記錄的過程，利用計算機硬體爲比特幣網路做數學計算，以進行交易確認，並達成安全、防竄改的目的。以「挖礦」稱呼，是因爲它類似於其他商品的開採，它需要消耗，並且慢慢地提供新的錢幣，其速度類似於從地面開採黃金等商品。

挖礦是一個專業競爭的商業活動，通常由配備了專業「挖礦晶片」的伺服器，在電費非常便宜的地區設置「礦場」，以高速電腦進行挖礦所需之計算。

（四）區塊獎勵(Block Reward)

當發現一個新的區塊時，礦工可以獎勵自己一定數量的比特幣，這是網路中的每個人所同意的。目前這個獎金是 25 比特幣；每 21 萬個區塊，這個價值將減半。

此外，該礦工將獲得發送交易的用戶所支付的費用。這項收費是爲了鼓勵礦工將交易納入其區塊。在未來，隨著每個區塊中允許礦工創建的新比特幣的數量逐漸減少，這些費用在挖礦收入中所占比例預期將更大。

（五）難度目標

比特幣網路系統追求的平均出塊時間爲 10 分鐘，是透過調整「難度目標」來實現。比特幣系統每過2,016 區塊（大約爲 14 天時間），會自動調整一次難度目標。如果上一個難度目標調整週期（也就是之前2,016 個區塊），平均出塊時間大於 10 分鐘，說明挖礦難度偏高，需要降低挖礦難度，增大難度目標；反之，前一個難度目標調整週期，平均出塊時間小於 10 分鐘，說明挖礦難度偏低，需要縮小難度目標。難度目標是比特幣系統中一個調控挖出區塊所用平均時間的參數。是區塊頭中 6 個欄位之一。

第2節 加密金融 II：智慧合約與去中心化金融

區塊鏈技術 2.0——智慧合約，以 ETH 爲例：

智慧合約(Smart Contract)是一種特殊協議，在區塊鏈內制定合約時使用，當中內含了程式碼函式(Function)，亦能與其他合約進行互動、做決策、儲存資料及傳送以太幣等功能。智慧合約主力提供驗證及執行合約內所訂立的條件。智慧合約允許在沒有第三方的情況下，進行可信交易。這些交易可追蹤且不可逆轉。智慧合約概念於 1994 年由一名身兼電腦科學家及密碼學專家的學者尼克．薩博(Nick Szabo)首次提出。智慧合約的目的是提供優於傳統合約方法的安全，並減少與合約相關的其他交易成本。

以太坊(Ethereum)利用區塊鏈的公平與公正性來發展智慧合約，讓區塊鏈不再只是單純的數位貨幣轉換與交易，更可以讓公司、組織或個人開發者在這個可追溯、難以篡改、高可信度的系統上發展更多元化的服務。透過以太坊這個區塊鏈平台，使用者可以在上面撰寫與發布程式（智慧合約），目前已經有非常多專案，如 Slock.it、SkinCoin 等。Ethereum 裡面的智慧合約，是透過去中心化的虛擬機器（稱爲「以太虛擬機」，Ethereum Virtual Machine）來處理，這個概念首次在 2013~2014 年間，被程式設計師 Vitalik Buterin 提出，並在 2015 年啓動 Ethereum Public Chain，以太幣(Ether, ETH)則是在以太坊上發行的代幣。

去中心化金融（DeFi）簡介

DeFi 是 Decentralized Finance（去中心化金融）這個詞組的縮寫，指利用開源軟體和分散式網路，將傳統金融產品轉變爲無須信任且透明的協議，在不需要中介的情況下運行。DeFi 是基於智慧合約平台（例如：以太坊），將加密資產以及協議像樂高一樣組合起來構成新的服務，因此也被稱爲「貨幣樂高」。它以分散管理權的模式運營，解決傳統金融產業交易速度慢、成本高，且會被國家或組織濫用等問題。

從借貸、支付、去中心化交易所(DEX)、衍生品交易、虛擬資產管理到保險等，DeFi 開發項目的總鎖倉資產(TVL)正在快速擴張中。從 DeFi Pulse 的資料中（如圖 8-1，截至 2021 年 2 月 6 日），目前已來到 344 億美元，其中，借貸項目 Maker 最大。它占據了 17.44% 的主導地位，交易額爲 60.5 億美元。除了Maker 之外，還有許多其他由智慧合約直接託管的 DeFi 項目，這些合約由大量的透明協議代碼組成，用於自動交易。

圖8-1　DeFi 開發項目的總鎖倉資產(TVL)

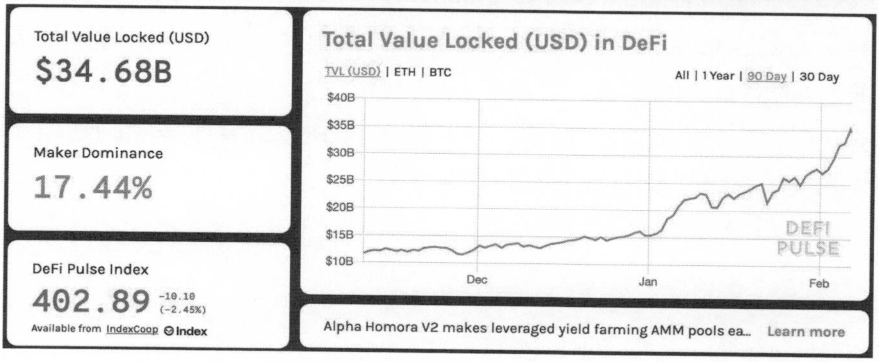

它們的成功，反應了區塊鏈安全性、底層資產的價值以及 DeFi 開發者的生態支持。儘管到目前爲止，DeFi 投資的規模和金額都相對傳統金融較小，但我們預計增長機會的巨大潛力及其對金融服務的影響。特別是在 CBDC（中央銀行數字貨幣）發行之初，銀行和證券的傳統服務將在未來幾年內面臨數位化轉型，而且遍歷全球的新興沉浸式創新模式將面臨新的挑戰，DeFi 開發人員協同並透過互聯網市場進行持續測試。

DeFi 本身是一種概念與架構，將「去除中心」爲核心，即沒有所謂的管理員，每個使用者都是平等的，且擁有相同的權限，假使有某一人想改變內容，需經過大家同意，因此 DeFi 特性爲所有權分散、不屬於任何人、不易被竄改，DeFi 也具備區塊鏈的優勢，擁有透明性、抗審查、不可竄改等特性。

DeFi 優點衆多，包括無須信任基礎、無須機構許可、資產控制權掌握在自己手中等，其主要優勢，是透過去中心化來消除「可信任第三方」，保持分類帳本的透明性和不可篡改性。

自從 2008 年以來，區塊鏈不論在技術上或是應用上，都逐漸成熟，「加密金融」(Crypto Finance)代表了這類特殊、去中心化的網路金融服務生態系的成形。接下來，我們介紹如何吸引傳統金融進入加密金融的方式── 數位資產基金，我們探討如何依據本書前 6 章所探討的指數化投資，將 ETF 延伸到數位資產基金的管理，其原理、風險以及未來可能的發展。

第3節 數位資產指數：加密貨幣基金管理的基礎

數位資產本身具有被整合到廣義經濟下的潛力，藉由可被持續監控的特性，數位資產可以在金融法規的允許下，作爲另類投資的資產類別。本節將以數位資產Crypto 20基金與其指數爲例。

傳統上來說，指數編製是爲了反應市場行情的變化程度，例如：S&P 500指數，成爲可投資的資產用在主動式和被動式的金融理財產品上，例如：共同基金、ETF、ETN、私募或是避險基金等，此外，期貨合約以及結構商品等衍生品也陸續推出用來做避險或套利的操作。據此後來衍生出監控市場風險的指數，例如：波動率指數(Volatility Index, VIX)。

數位資產市場因爲碎片化，不易監控。目前來說，標準的數位資產基準並不存在，也就是絕大部分的指數並不符合指數產業的標準。因此，需要塡補這個空缺，讓產業標準在品質、透明度以及可投資性等達到指數產業的要求。

目前市場上共超過了1,000檔以上的數位資產，指數的編製通常按照市值、規模以及流動性等條件，成爲市場上的基準，以代表市場的多元性。例如：某指數可能反應出超過95%市值的那些數位資產，然後予以加權成爲指數。

一般來說，指數編撰公司都有自己的邏輯，以確保指數的可投資性，例如：通常不會重壓一或兩檔成分資產，以確保指數具有某種程度的分散性。分散性、流動性、可投資性等，通常成爲指數編製公司考量的因素。

指數大約每15秒鐘會更新一次。相較於傳統指數每季才召開的審查會，爲了反應數位資產市場的快速變動，目前大部分數位資產指數審查會每月召開，以決議新進或遭移除的成分資產。

數據報價源來自全球五十多家的交易所，考量每個交易所的流動性，審定一套定價機制以達到每個數位資產的公平價格發現，以及具有全球代表性。

定價來源考量到市場的可依賴性，但是受限於外部不可控因素，例如：網路 DDoS 攻擊、駭客攻擊，以及一些尚未穩定的科技與法規的環境。

一、加密貨幣基金（一）：以 Crypto 20 為例

以「持有單一代幣來進行多樣化投資」的價值主張，Crypto 20 是運用指數策略的加密貨幣投資組合。它以市值加權，計畫持有前二十大市值的加密貨幣。倘若前二十大市值的加密貨幣排名改變或是有新增移除的狀況，那麼 Crypto 20 所持有的幣種與其配置亦隨之調整。爲了避免單一幣種的風險主宰資產配置的績效，Crypto 20 每一組成幣種的配置不會高於 10%，以每週進行一次投資組合再平衡。

透過發行 Crypto 20 的代幣 C20，用來購買加密貨幣當作資產配置，其代幣的價值來自於該產品所產生的利潤與二十大加密貨幣的資產淨值(Net Asset Value, NAV)。C20 持有者可以在任何時候交易，而且 C20 的持有狀況公開透明，並採用智慧合約來進行清算流程。Crypto 20 提供了一種新型態的指數基金策略，遵守奠基於資料科學的方法論，因此代幣數量、資產配置再平衡的頻率、資產比重配置等參數，已被詳細設定，該產品沒有中介費、顧問費或贖回費用等，自動化流程使得Crypto 20 的營運費用降到每年 0.5%，遠低於市場上平均 3% 的費用。

Crypto 20 選擇以太坊區塊鏈爲開發平台的理由如下：

（一）安全性與穩定性（相對於另設一條獨立運作的公鏈來說）。

（二）強大的操作功能與具備良好支援的客戶端（能夠透過官方的以太坊客戶端管理奠基其上的代幣）。

（三）高流動性（可直接與以太幣轉換）。

（四）針對 ERC-20 所發展的基礎設施相對完整，較容易上架到交易所。

（五）以太坊的智慧合約能夠以提供一種透明的方式來提供清算選項。

該智慧合約遵守 ERC-20 代幣標準，並且可與任何兼容以太坊的錢包連接。

追蹤 20 個幣種、10% 幣種占比上限的投資組合提供寬廣的加密市場覆蓋程度，具備可接受的收益並縮減所承擔的風險。具備幣種占比上限的策略也確保不將資產投注在單一幣種、單一風險之上。而每週進行一次資產再配置的頻率，提供了收益與精確追蹤當前指數間的良好平衡。

Crypto 20 投資組合採用FTSE Russell 占比設定方法論(FTSE Russell's Capping Methodology)，來進行投資組合再平衡。組成幣種占比係數(Constituent Capping Factor) C_i 由以下公式計算而得：

$$C_i = \frac{Z}{I \times (p_j \times s_j)} \sum_{j \in J} (p_j \times s_j)$$

其中：

・i 代表待計算占比的幣種

- j 代表一個投資組合中，未計算占比的幣種
- p_j 代表第 j 個幣種的正式收盤價
- s_j 代表第 j 個幣種的流通量
- I 代表所有投資組合中，未計算占比的組成幣種的百分比
- Z 代表占比上限的層級（也就是 10%）

組成幣種占比係數，是用來計算與應用於那些初始市值權重超出 10% 的幣種。未設定占比上限的幣種，若在後來成長超過 10% 初始市值權重，則將被重新藉由組成幣種占比上限係數計算。此程序將重複至所有加密貨幣都被正確地設定占比爲止。

二、超前交易的風險

標準普爾 500 指數(S&P 500)每季進行一次投資組合再平衡，並在實際操作前幾天公布其增列與刪減的投資標的。在多數年度中，S&P 500 中會有 25 至 30 檔股票被汰換。任何追蹤該指數的基金，均須根據其變化做出相應的資產再平衡。部分的指數型基金會在 S&P 500進行投資組合再平衡當天前，先行增列與移除股票，而另一部分則在當天進行。

截至 2017 年 7 月 31 日爲止，Vanguard S&P 500 ETF的投資組合中，占比最低的十檔股票的總和僅爲0.063%；Vanguard 基金的市值爲 3,383 億美元，而這十檔的市值爲 2.138 億美元，且其合算的日均交易量僅爲 4,025 萬美元。所以，超前交易會使得指數型基金輸給超前交易者約略每年 0.2%~0.28% 的績效。

以 Crypto 20 而言，任何的超前交易者都需要預測市值前二十

大的幣種，並在交易所內擁有足夠的流動資產來調整幣種占比。Crypto 20的指數策略交易規則會公諸於世，儘管如此，我們將採用幾個策略來降低超前交易者引入的風險：

（一）加密貨幣會在交易前的1至48小時前發送至交易所，避免投機者藉由監控熱錢包的狀況來掌握購買或賣出的確切時間點。

（二）每週進行一次投資組合再平衡的頻率，提供充裕的時間如此操作。

（三）交易會在多個交易所進行。

（四）交易會在再平衡階段的不同時點進行，以避免可預測性。

三、加密貨幣價格指數（二）：Bloomberg Galaxy Crypto Index

「彭博銀河加密指數」(Bloomberg Galaxy Crypto Index, BGCI)被設計用來作爲傳統以美元計價ETF的基準，以衡量一籃子以美元交易的加密貨幣的績效表現。

彭博(Bloomberg)是指彭博指數服務(Bloomberg Index Services)，彭博集團的一部分，作爲全球化的指數提供商，該公司致力於固定收益產品、商品和外匯等市場。銀河(Galaxy)是指銀河數字資本(Galaxy Digital Capital Management)。BGCI是聯名合作的加密貨幣指數，但在彭博基準監督委員會、風險與運營委員會的監督下計算和分配的。既定程序的任何重大偏差或變更，均應接受彭博的治理和監督程序的審查。

彭博表示：「彭博銀河加密指數反應了我們客戶對加密貨幣日益增長的興趣，BGCI 會將我們嚴格的指數構建方法帶到加密領域，並爲投資者提供透明的基準以衡量大盤市場的表現。」

在啓動初期，BGCI 會根據市值和其他因素爲權重追蹤 10 個加密貨幣，分別是比特幣 BTC (30%)、以太幣 ETH (30%)、瑞波幣 XRP (14.14%)、比特幣現金 BCH (10.65%)、EOS (6.11%)、萊特幣 LTC (3.77%)、達世幣 DASH (1.67%)、門羅幣 XMR (1.66%)、以太坊經典 ETC(1%)以及 Zcash(1%)。這個指數的推出，意味著加密貨幣交易市場將更適合主流金融機構。

先前美國加密貨幣交易所 Coinbase 和一些規模較小的公司，包括 Grayscale 和 Bitwise，都推出了各自的加密貨幣指數基金。而紐約證券交易所(NYSE)的母公司洲際交易所集團(ICE)也與加密貨幣新創公司 Blockstream 合作，爲機構客戶建立一個加密貨幣資料摘要(Data Feed)服務。

彭博根據以下四個指導原則進行指數編製：

（一）數據完整性(Data Integrity)

根據其流動性和可靠性選擇加密貨幣定價來源，並在風險和適用性評估後批准使用加密貨幣定價來源。加密貨幣必須滿足每日交易美元價值的最低門檻。

（二）多元化(Diversification)

單一成分不能超過指數市值的 30%，或貢獻低於指數市值的 1%。

（三）代表性(Representative)

指數成爲更廣泛加密貨幣市場的代表。

（四）連續性(Continuity)

指數以不完全重塑指數特徵的方式，對市場的變化做出響應。

BGCI 指數方法論如下，它以系統性方式決定加密貨幣被納入指數的資格：

（一）以美元交易。

（二）至少兩個符合彭博盡職調查標準(Bloomberg's Due-Diligence Criteria)的合格定價來源，當中包括反洗錢(AML)、KYC 等規範。

（三）至少有兩個合格的定價來源，其至少三十天的每日中位數交易額爲 200 萬美元。

（四）自由浮動定價（不與任何資產的價值掛鉤，包括其他數字資產）。

（五）加密貨幣必須連續 3 個月滿足上述的要求。

（六）指數中的成分股的最大數量，被限制爲按市值排名的前十二名。

（七）硬分叉被考慮時，應與任何已建立的加密貨幣使用一樣的標準。

BGCI 的主要特徵包括：

1. 追蹤以美元交易的加密貨幣的表現。

2. 評估價格來源的風險和適用性。

3. 使用彭博加密貨幣固定價格（Crypto Price Fixings, CFIX）計算每日收盤價，日內價格以每秒提供。

4. 每月重新平衡和重組。

5. 基於規則的索引方法。

6. 利用彭博指數功能的優勢——數據、定價、分析、分布和研究。

四、Crypto ETF發展

加密貨幣ETF (Ctypto ETF)在北美申請上市歷經了一段時日，最早從2013年開始，但陸續受到駁回，以美國證監會SEC爲例，拒絕理由落在「發行方無法保證加密貨幣潛在的市場操縱」、「加密貨幣的價格波動性巨大」，以及「加密貨幣託管機制尚不成熟」等。加密貨幣以比特幣爲首，可見對於將加密貨幣作爲另類資產，在資本市場中流通，監理機關的態度相當審慎。

2021年2月，加拿大安大略省證券委員會(OSC)批准了3檔比特幣ETF上市，分別是Purpose Bitcoin ETF (BTCC)、Evolve Bitcoin ETF (EBIT)、CI Galaxy Bitcoin Fund (BTCX)。其中首支發行的BTCC持有超過1萬顆BTC，而後續也有連結以太幣等加密貨幣ETF申請上市中。這一波數位資產基金的熱潮，可謂方興未艾。

由於美國是最重要的金融市場之一，SEC對於數位資產基金的放行與否，才是關鍵要素。透過加密貨幣ETF，可以讓美國的投資人，包括個人或是企業，以合規的方式投資數位資產。一般認爲，由於傳統資金份額龐大，開放此管道可以降低加密貨幣的風險。

灰度投資（Grayscale Investment）於2015年在美國發行了第一檔的比特幣封閉式信託基金（GBTC），這是目前機構投資人購入比特幣的主要管道，但由於類似私募基金，具有長達6個月閉鎖期，因此在發行初期雖有嚴重的溢價，後來近期又出現了嚴重的折價。這種價格不穩定的狀況，堅定了灰度「轉正」的態度，成爲具公募性質的比特幣ETF，以更好的流動性，甚至更低的管理費，改善並擴大市場的領導地位。在目前寬鬆的貨幣政策下，專業投資機構，例如：投資銀行、資產管理公司、基金公司、避險基金，甚至是公司財務等，都表示了對於發行或是投資數位資產的興趣。此外，許多傳統的交易所，如紐約證券交易所(NYSE)、芝加哥選擇權交易所(CBOE)、納斯達克交易所(NASDAQ)，也都向SEC申請成爲加密貨幣ETF上市的交易所。

以金融工程的觀點，將每個數位資產視爲現貨，其衍生品如期貨、選擇權的發展則是自然的。在此基礎上，Crypto ETF未來的發展，就產品面而言，可以理解爲幾個進程。首先，Crypto ETF乃是一籃子的加密貨幣的投資組合。當加密貨幣指數的期貨商品成熟後，槓反型的Crypto ETF就呼之欲出；而進一步當加密貨幣的選擇權商品成熟後，以波動爲主角的Crypto VIX ETF就會登場。這些不同層次的衍生性商品，形成結構化強健(Robustness)與「完備性」(Completeness)的市場，可以豐富數位資產的發展條件。顯而易見，傳統金融市場仍需數年的時間才能達成；然而，在無遠弗屆的網路世界中，去中心化金融(Decentralized Finance, DeFi)以一日千里的發展速度，正先試先行這些源自傳統金融文明的結晶，包括傳統金融市場難以施行的一些風險管理的先進方法，或許都可在「美麗新世界」中落地。

第4節 數位資產監理：加密貨幣交易所

隨著數位資產市場的增溫，以及交易規模突破了特定的門檻，例如：比特幣的市值超過 1 兆美元，這些證據已經吸引了包括專業投資機構、企業、家族辦公室、高資產客戶，乃至於一般散戶投資人的目光。若是透過購買加密貨幣 ETF，間接持有加密貨幣，由於 ETF 屬於傳統金融資產，自然會受金融法規之管轄與保障，以保障投資人的權益。企業可以直接投資加密貨幣，例如：Telsa、Square 等，它們可以在會計項目中以公司資產，認列「商品存貨」或是「無形資產」，向政府進行財務上的申報。然而，從愈來愈多的加密貨幣交易所如雨後春筍般成立，這顯示了數位資產的普及性益增，正在迎合散戶族群的需求。

由於加密貨幣運行在區塊鏈上特殊的「去中心化」性質，有關數位資產的管理，若以傳統「中心化」資產管理的風險控管機制，如基金管理方式，託管、稽核審計、法遵等等，可能會存在許多漏洞，以及無可避免的面臨新挑戰，因而受到國際上在新興犯罪、洗錢防制，以及反資恐之監管關注。

密碼金融(Crypto Finance)的中心角色是加密貨幣交易所。雖然受去中心化(Decentralization)啓發，一般而言，加密貨幣交易所並不使用區塊鏈技術，諷刺的是，它們是高度集中化的交易所，而投資者保護以及駭客攻擊成爲交易所主要的挑戰。使用加密貨幣交易所人數是否能增加？投資者以及非准入式的區塊鏈技術的使用是否能夠互利？都取決於對這些挑戰的解決。

因爲數位資產大部分都在加密貨幣交易所中交易，因此從監理的角度看加密貨幣交易所的合規性，就變得是一個必要的議題。

一、加密貨幣交易所對於政策的挑戰

首先，各國政府對於加密貨幣的定義不一，加密貨幣到底是貨幣、證券，還是原物料？有的甚至沒有定義，這牽涉到監管單位的權責，特別是對不合規交易所的處置問題。未來在全球化監理的環境下，反洗錢、反資恐以及客戶風險管理KYC，都必須接軌國際，並落實稅務報告，這些都是不可規避的問題。

其次，由於加密貨幣交易所容易暴露在駭客，甚至可能是詐騙的環境之中，安全性是絕對重要的核心價值，其中涉及如何確保幣流管理、私鑰管理、交易的審批與執行，以保障投資人的權益，因此信託的安排也一直是重要的議題。

二、投資者保護(Investor Protection)

由於投資者是直接從交易所取得資訊，因此資料揭露的完整與公平性是重要的，錯誤資訊及欺瞞銷售都是禁止的。落實投資者保護的意義在於：

（一）以透明性以及反操弄來維持市場正當性。

（二）投資顧問的最高利益必須客戶一致。

（三）藉由投資者保護增強資本市場的信心。

（四）使得經濟發展、發行方與投資者，三方都必須能夠受益。

三、加密貨幣未來展望

2021年上任的美國證券交易委員會(SEC)主席Gary Gensler指出，相較於傳統資產管理的成熟度，加密貨幣市場至少依然存在著以下尚待解決的監理問題：

（一）信託任務必須明確或者分離執行。

（二）以反洗錢與稅務合規爲行爲準則。

（三）提倡並修復市場的公正性。

（四）壓縮保證金與費用。

（五）合併交易所。

（六）去中心化交易所必須增強客戶的使用體驗。

透過這些疑慮的解除，加密貨幣可以取得更多的信任，或許在未來，數字資產不會只被視爲「另類資產」(Alternative Asset)，而是因其優異的「去中心化」性質，變成像是股票、債券、原物料等等基礎投資標的。

第5節 BUIDL的RWA之旅：現實世界資產代幣化的前景

2024年初，貝萊德(Blackrock)成功推出了比特幣現貨ETF，開啓了加密資產進入傳統金融市場的旅程。隨後，於3月21日，貝萊德與Securitize合作，在以太坊區塊鏈上推出了首個代幣化基金BUIDL，即「BlackRock USD Institutional Digital Liquidity Fund」，這標誌著傳統金融和加密世界的進一步融合。這一基金的推出，象徵著現實世界資產(Real World Asset, RWA)代幣化(Tokenization)的重要里程碑，展示了區塊鏈技術在重塑金融體系中的潛力。

一、代幣化的概念與意義

（一）背景

現實世界資產(RWA)代幣化的興起，源於多種因素的共同作用。2023年，由於債券收益率的上升，散戶投資者對更高回報的追求，促進了美國國債的代幣化需求。機構投資者在高利率環境下，更加重視資本效率，並開始認識到即時結算的價值。近期，機構領導層逐漸理解代幣化帶來的好處，如全天候運營、自動化中介功能和透明的審計記錄。代幣化應用逐漸從不動產、商品、藝術品和其他收藏品等非流動性資產，轉向資本市場工具，如美國國債和銀行存款。

（二）代幣化流程

「代幣化」是指將傳統帳本上的金融或實體資產的所有權(Claims on Financial or Real Assets)轉移到區塊鏈上的過程，從而建立這些資產的數位表示。這些資產，包括房地產、農產品、礦產、股票、債券、數位藝術等。「代幣」(Token)是記錄在區塊鏈上的可交易所有權憑證(Claims)，不僅能代表資產的所有權，還能將傳統帳本中底層資產轉移的規則和邏輯集合在一起，實現代幣的可程式設計和定制，以滿足各種應用場景和監管要求。

代幣化過程，包括選擇適合代幣化的資產，設計代幣化方案，確定監管框架和合作夥伴；接著將資產數位化並在區塊鏈上發行代幣，選擇合適的代幣標準和功能；然後透過傳統或數位管道分發代幣，並在二級市場上交易；最後提供監管、稅務和會計服務，並定期計算資產的淨值。這樣的流程可以提高交易效率和透明度。

圖8-2 現實世界資產(Real World Asset, RWA)代幣化過程

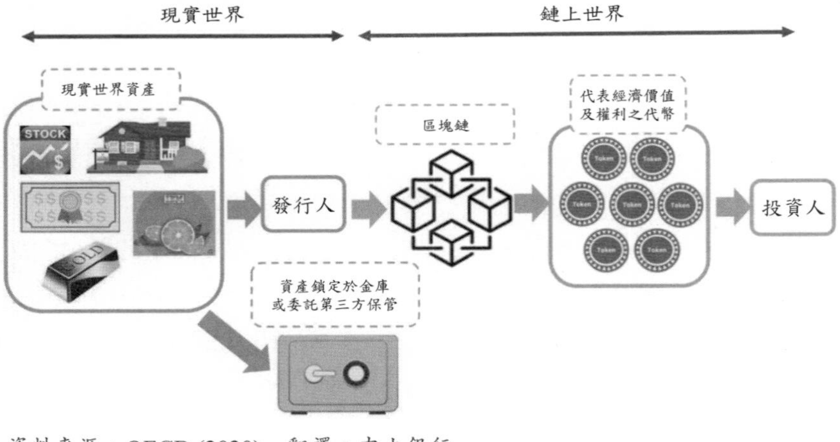

資料來源：OECD (2020)　翻譯：中央銀行

代幣化流程包括以下四個步驟，參考圖 8-2 所示：

1. 資產識別和評估：確定並評估欲代幣化的資產，包括其市場價值、法律地位和相關風險。
2. 代幣創建：創建代表資產的數字代幣，通常遵循 ERC-20 或 ERC-3643 等標準，以確保其在區塊鏈上的互操作性。

3. 資產轉移和存儲：將實體資產轉移至受信任的第三方託管機構，確保安全性，並在區塊鏈上分發數字代幣。
4. 交易和管理：投資者建立帳戶或錢包持有代幣，代幣可在區塊鏈上交易和管理，智能合約自動執行交易條款，確保即時清算和透明性。

（三）代幣化的優勢

代幣化可以將房地產、貴金屬、藝術品等有形資產轉化為代幣，使這些資產能在區塊鏈上直接交易或管理，甚至可以將不可分割的傳統資產部分交易給更多的鏈上用戶。這一過程還可應用於國債、貨幣、股票、基金等金融資產，代幣化金融資產可即時結算，大幅提升市場資本效率。例如：代幣化後的回購交易或貨幣市場基金的贖回可以在數分鐘內完成。對於投資者來說，這在高利率的市場環境中，較短的結算時間可以節省大量資金成本，這些資金費率的節省是近期代幣化美債專案能夠產生巨大影響的原因之一。

1. 提升流動性：代幣化能將資產分割成更小的單位，降低投資門檻，吸引更多投資者參與，提高產品的流動性。
2. 透明度和安全性：區塊鏈技術確保每筆交易透明且不可篡改，提升交易的安全性和透明度。
3. 交易效率：在區塊鏈上進行交易能夠實現即時清算，全天候交易，不受時間和地點限制。
4. 降低交易成本：智能合約自動執行交易，降低手續費和中介費用。

二、代幣化基金 BUIDL：開創未來金融新模式

（一）代幣化基金解決的問題

傳統基金的執行流程，大致包括：基金分銷管道（如銀行、券商和財務顧問）、基金行政管理、過戶代理、基金審計、基金託管以及交易所等。每次基金的申購和贖回都必須透過這些機構。訂單資訊以人工或自動化方式傳遞，並透過結算系統完成資金交割，因此一次基金申購通常需要數天才能完成。基金代幣化後，由於能在區塊鏈上實現統一帳本的即時結算，不僅大大降低了交易成本，還提高了資金效率。

傳統的公開發行基金，如貨幣市場基金涉及多個機構操作，導致效率低下和高成本。代幣化基金在公共區塊鏈上發行，消除了集中登記需求，基金市占率透過代幣形式在公鏈發行和交易，市占率和淨值可在鏈上公開查看，降低成本並提高交易透明度，且實現即時原子結算(Atomic Settlement)[1]和二級市場交易，提高資本使用率並提供更高的回報。代幣化基金還支持智能合約進行質押和借貸等應用，滿足更豐富的用戶需求。

（二）BUIDL的運作

2024 年 3 月 21 日，貝萊德與 Securitize 聯手在以太坊上推出了首個代幣化基金 BUIDL。透過代幣化，該基金實現了統一帳本的即時結算，顯著降低了交易成本並提高了資金使用效率。BUIDL 基金支持法幣 USD 的全天候申購和贖回，並與 Circle 合作，實現 USDC 與BUIDL 代幣的 1:1 即時兌換。

1. 兩種資產的即時交換，僅在一種資產轉讓時，另一種資產才會轉讓。因此，若有一方無法同步完成收付，交易將以失敗告終。

（三）設計與運作機制

BUIDL作爲ERC-20代幣在以太坊上發行，基金資產主要投資於高流動性資產，包括現金、美國國債和附買回協議。BUIDL代幣以Rebase的形式按月分配利息，即每日應計的股息將以新代幣形式直接「空投」到投資者的錢包中，讓持有者能在持有代幣的同時獲取收益。BUIDL支持在白名單內進行即時鏈上轉帳，並能與智能合約互動，同時透過Circle提供實時USDC贖回。

根據官方文件，Securitize負責該基金的發行和銷售，其中Securitize LLC擔任代幣化平台，負責基金的鏈上邏輯，確保其符合監管要求。此外，Securitize LLC還擔任基金的轉讓代理，管理代幣化基金的份額，並處理認購、贖回和分配事宜。基金的資產託管由紐約梅隆銀行負責，而Anchorage Digital Bank NA、BitGo和Coinbase則提供其他支持服務。

（四）最新消息

2024年7月9日，BUIDL突破5億美元，成爲首個達到這一里程碑的代幣化公債基金。BUIDL超越Franklin OnChain U.S. Government Money Fund (BENJI)，成爲全球最大的代幣化公債基金，占據近30%的市場。然而，鏈上數據顯示（截至2024年7月23日），僅18個錢包持有該基金代幣，其中75%供應量集中在前五名持有者手中，Ondo的OUSG是BUIDL的最大持有人，持有1.748億美元。

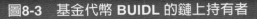

圖8-3　基金代幣 BUIDL 的鏈上持有者

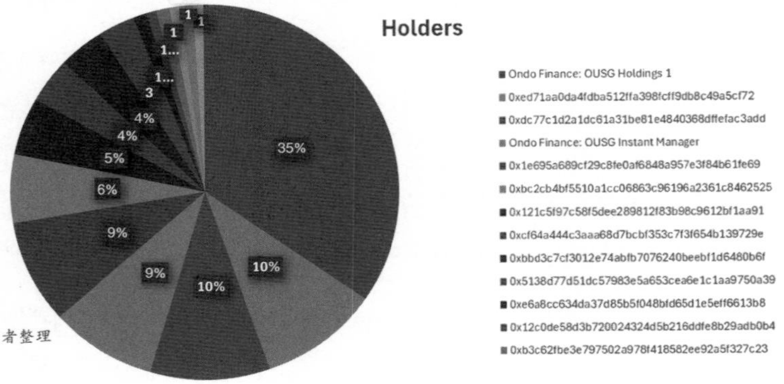

資料來源：睿富者整理

儘管 BUIDL 取得了成功，但仍面臨顯著的監管和合規挑戰。資產代幣化在全球範圍內，面臨保守的監管，限制了向合格投資者的發行。

三、結論

比特幣現貨 ETF 的通過，使加密貨幣成爲一種新型資產類別，納入廣大合規資金的投資範疇，是對加密貨幣作爲資產的認可。而代幣化基金的更大意義在於，傳統機構正在嘗試利用區塊鏈技術提升運營和資本效率，這是對區塊鏈技術的重大認可。

貝萊德 CEO Larry Fink 在 2024 年初強調了代幣化對於未來金融的重要性：「我們相信，金融服務的下一步將是金融資產的代幣化，這意味著每支股票、每張債券、每個金融資產都將在同一個總帳本上執行。」

回顧歷史，ETF 的創建改變了投資者在股票市場的投資方式，代幣化同樣有潛力帶來革命性的變化。透過將投資組合分割得更小，變得更加「分子化或原子化」，未來我們可以期待股票、虛擬貨幣及其他資產類別的任意組合，爲投資者提供更多選擇。

▶▶ 幸福投資練習題

是非題(T/F)

1. DeFi 是基於中心化管理模式運行的金融服務。
2. BUIDL 基金是一種代幣化的基金，允許投資者在以太坊上持有並交易基金代幣。
3. 加密貨幣市場中的去中心化金融(DeFi)通常需要可信任的第三方進行交易。
4. Crypto 20 基金的投資組合每週進行再平衡，以保持資產配置穩定。
5. 代幣化的主要目的是提高交易的透明度和安全性。

選擇題

1. 去中心化金融(DeFi)的核心概念是：
   ⑴ 中心化管理　⑵ 透明度與不可篡改性　⑶ 僅在銀行間使用
2. BUIDL 基金的運作依賴於哪一種區塊鏈技術？
   ⑴ 比特幣區塊鏈　⑵ 以太坊區塊鏈　⑶ 瑞波鏈
3. Crypto 20 基金使用哪一種方法來設定投資組合的再平衡？
   ⑴ 年度調整　⑵ 每月調整　⑶ 每週調整
4. DeFi 開發的主要平台是什麼？
   ⑴ 比特幣　⑵ 瑞波幣　⑶ 以太坊

5. BUIDL基金的代幣以哪種方式向投資者發放利息？
   ⑴ 以美元支付　⑵ 空投新代幣　⑶ 發放以太幣

6. 在加密貨幣市場中，什麼是DeFi的主要優勢之一？
   ⑴ 高額的手續費　⑵ 不須信任的協議　⑶ 必須經過銀行清算

7. 去中心化交易所(DEX)主要解決了傳統金融中的哪個問題？
   ⑴ 資產管理成本過低
   ⑵ 中介機構的高成本和交易速度問題
   ⑶ 需要第三方保管的問題

8. Crypto 20基金的策略是：
   ⑴ 僅持有市值前五大的加密貨幣
   ⑵ 持有市值前二十大的加密貨幣
   ⑶ 每月更換持有的加密貨幣種類

9. DeFi被稱爲「貨幣樂高」，這是因爲：
   ⑴ 它使用了加密貨幣支付系統
   ⑵ 它能組合傳統金融產品並進行分散式管理
   ⑶ 它模仿了傳統銀行系統的結構

10. Bloomberg Galaxy Crypto Index是爲了什麼目的設計的？
   ⑴ 爲加密貨幣投資提供傳統的美元計價基準
   ⑵ 追蹤股票市場的波動性
   ⑶ 提供銀行間的資金流動指標

簡答題

1. 簡述BUIDL基金的設計和運作機制。

2. 說明Crypto 20基金的投資策略及其風險管理方式。

後記

後記　寫在SPY發行三十週年

一、ETF之父——Nathan Most

世界第一檔ETF首次於1990年3月9日在加拿大的TSE（多倫多證券交易所）開始交易，然而ETF的發揚光大卻發生在美國。鑑於1987年黑色星期一(Black Monday)[1]的股災事件，美國SEC證券交易委員會開始研究如何轉向交易一籃子股票的「產品」，以避免市場損害和減小波動性。

時任AMEX（美國證券交易所）的Nathan Most與其同事受命於此，藉由觀察到原物料市場特有的交易方式，是透過將商品儲存在倉庫中，取得憑證與融資，以避免在交易時來回搬運商品的高成本。一個意料不到全然巨大的新經濟由此擴散了出來，在一個「合法」的倉庫中，裡面除了可以存放實體的原物料或各種商品，更可以擴大到股票、債券，甚至是金融衍生品等有價證券。扮演著倉庫經理角色的基金公司或造市商，被稱作是「授權參與者」，他們根據市場需求以及交易的緣故，在儲存了一籃子證券的倉庫中所創建或贖回的憑證，就是ETF。

在三十年前，1993年的1月22日，AMEX發行了美國首檔ETF「標準普爾存託憑證」（Standard & Poor's Depositary Receipt，簡稱SPDR；股票代號：SPY），當時的基金規模只有650萬美元。雖然一開始，這檔ETF增長緩慢，甚至幾乎快被放棄，但現在它是世界上最大的ETF，規模3,600億美元，超過任何主動管理型基金。

1. 1987年黑色星期一，是指1987年10月19日星期一的全球股災。道瓊工業平均指數下跌508點至1,738.74(22.61%)。當日全球股市在紐約道瓊工業平均指數帶頭暴跌下，全面下瀉，引發金融市場恐慌，以及隨之而來1980年代末的經濟衰退。見維基百科說明。

根據 FactSet Research Systems Inc. 的數據，截至2022年12月31日，美國交易所交易的ETF產品已經從首檔650萬美元的資產規模增長到3,081種產品和6.5兆美元。全球則有近12,000種ETF產品和9.2兆美元的資產規模。

生於1987年股災，歷經數次金融危機，如2000年左右的dot.com泡沫化、2008年金融海嘯以及近幾年的COVID-19，SPY都展現出強大的韌性，ETF市場與其影響力仍持續增長。ETF之父Nathan Most值得大家敬仰！

二、向指數化投資之父約翰．柏格(John Bogle)先生致敬

在歡慶首檔ETF——SPY上市三十週年之時，隔年卻是行業老大哥——共同基金(Mutual Fund)發行的一百週年。雖然都是基金，從共同基金發展到ETF，當中的關鍵在於指數化投資(Index Investing)的發明與應用，而執此牛耳的先鋒集團(Vanguard Group)[2]創辦人柏格先生，正是最核心的人物。

1975年先鋒成立並首次推出指數型共同基金，後來更名爲「先鋒500指數型基金」。顧名思義，這檔嶄新的產品是按照標普500指數中成分股的權重做資產配置，並透過被動式管理以大幅降低費用。這項創舉在當時還引起了不少嘲諷，因爲投資公司的首要目標是幫股東賺錢，而非幫客戶省錢。後來市場接受了先鋒的商業模式，他們也陸續推出全股市指數型基金，以及債券型、平衡型、貨幣市場等指數型基金，品項不一而足。先鋒成爲指數化投資產品線最完整、規模最大的代表性公司，深深改變了基金產業。整體指數型基金規模的演變與比較，如下表所示：

2　1798年英國與法國海軍在地中海埃及尼羅河口的海戰，英國成功地阻止了拿破崙帝國的擴張，皇家海軍指揮官納爾遜上將當時的旗艦是「先鋒號」(HMS Vanguard)戰艦。受到這段歷史的啓發，柏格先生將公司命名為先鋒(Vanguard)。

附表　基金規模、年分、成長率

	1975年 12月	2018 6月	年成長率
指數基金 AUM	1,100 （萬美元）	6.8 （兆美元）	37.4%
共同基金 AUM	459 （億美元）	18.3 （兆美元）	15.8%
指數型基金 占有率	0%	37%	

資料來源：《堅持不懈》，約翰．柏格，1998

指數化投資創立以來，在將近五十年的時間內發展得如此成功，並且持續增量的主因，在於降低投資人的成本。傳統共同基金的本質是由投資人全權委託專業基金經理人做投資，管理費通常是每年 2% 以上，可被理解爲「被動投資人的主動式管理基金」；指數化投資成就了「被動投資人的被動式管理基金」，因爲管理是採用被動式，除了可以大幅省下人事、研究，甚至是銷售的成本，而且投資標的以及績效公開透明，基本與大盤指數一致。實證發現絕大部分共同基金無法打敗指數型基金的績效，柏格先生的創新發明翻轉了投資管理行業，連股神巴菲特都盛讚柏格先生是：「所有投資人和我心中的英雄！」

但這個情勢在 1993 年又開始經歷了一次大的轉變，標榜混合交易與投資的「主動投資人的被動式管理基金」SPY 出世，那麼 ETF 對基金行業的影響是如何呢？套一句柏格先生的敘述：「ETF 令我震驚。」舉例而言，傳統指數型共同基金花了整整三十五年，從1976年到2011年才突破1兆美元；然而ETF只花了不到一半時間，從1993年到2010年共十七年就達標。截至2018年，業界傳統指數型基金的管理規模AUM是3.3兆，已被ETF的3.5兆超越。畢竟發行期間達七十年（共同基金一百年，ETF三十年）的差距中，共同基金的總資產規模仍至少是指數型基金的2.5 倍以上。雖然這個領先的倍數不小，但根據2022年ETF流入6,000億美金，而共同基金損失1兆美金的速度來看，指數型基金要超越共同基金只是時間早晚的問題。

挑戰在哪裡

不論是傳統或是ETF的指數型基金，它們在美國的規模已經達股市總市值的14%，若再加上其他共同基金，它們會持有將近35%的股權。基金行業成爲美國企業最具有主控權的單一股東，使得股東會投票權集中在基金經理手中，形成了「寡占」的代理問題，因爲經理人未必能夠積極地向公司提出議案，導致與投資人的動機不夠相符，這在一些主題式如ESG基金特別明顯。此外，提供低費率的自動化資產管理策略「機器人理財顧問」也逐漸興起，AI與機器學習等資料分析方法的風險、維護資安與客戶隱私等也都是可見的挑戰。

因爲柏格先生對指數化投資的獨到見解與堅持不懈，才能夠對金融創新的發展產生深遠的影響。投資管理行業的下一個里程碑在哪裡呢？站在旗艦先鋒號的桅杆上，可以看得更遠！

三、ETF的展望

（一）市場調查

從共同基金、指數化投資到ETF，這一連串的改革，促進了投資管理行業的民主化，透過ETF實物申購與贖回的特有機制，使得所有投資人都可以獲得機構等級的解決方案，這包括了對全球各主要的金融市場進行高效、具有成本效益的投資行爲。

發行SPY的道富(State Street)集團在2023年初公布對全球投資顧問的ETF影響力調查，主要的發現如下：

1. 效用性：對全球投資人而言，ETF帶來的好處絕大多數是正面的——無論他們是否持有ETF。半數以上的投資者同意ETF是一種對投資者友好的投資產品(58%)，並且比其他投資產品多元化更好(54%)。
2. 表現績效：對持有ETF的投資者而言，ETF改善了他們投資組合的整體表現（全球73%，美國59%）。而且，大多數人認爲ETF使他們成爲更好的投資者（全球67%，美國53%）。
3. 流動性：投資人認爲股票市場將在未來12個月內持續波動(70%)。當市場出現波動時，資產的流動性是重要的(60%)。不論投資是否持有ETF，ETF提供了更多流動性以快速響應市場變化(52%)。
4. 成長性：美國投資人的組合中擁有ETF(40%)。這遠低於股票(83%)、共同基金(67%)和債券(53%)，然而計畫在未來12個月內購買ETF（全球50%，美國37%）。這些顯示ETF在美國市場的擴張仍大，還有長路要走。

（二）競爭分析

在 SPY 亮相三十週年之際，同類型的競爭者如 iShares Core S&P 500 ETF(IVV)、Vanguard S&P 500 ETF(VOO)和 Vanguard Total Stock Market ETF(VTI)這三檔 ETF，它們正以較低的費用和結構取得優勢。目前 SPY 和 IVV 的資產差距約為 700 億美元，SPY 可能會從 AUM 排行榜第一名下滑，在 2025 年左右失去王冠，但即使如此，它在行業歷史上的地位還是穩若磐石。SPY 平均每日交易金額約 390 億美元，交易量是其競爭對手的 15 至 40 倍，是全球最大市值證券——蘋果(AAPL)的三倍。在 COVID-19 期間，2022 年 2 月 28日單日甚至達到超過 1,000 億美金的交易量，極高的流動性便於投資人買賣。巨大交易量部分來自 S&P 500 指數所衍生的期貨與選擇權市場，而這是大部分競爭者所欠缺的。

（三）潛在發展方向

1. 主動式投資社群

雖然被動投資占有一席之地，並且它是大多數投資者最合適的選擇，但主動投資並不會因此消失。尤其是金融影響者(Influencer)的出現。方舟投資的 CEO Cathie Wood 和旗艦產品 ARKK 就是很好的例子。

雖然在傳統金融業工作了數十年，Cathie Wood 的成功並非典型。她擁有 150 萬 X (Twitter)粉絲，借助網路巧妙地傳播訊息，能夠聚攏大量資產，即使 2022 年 ARKK 下跌超過 60%，仍能吸引數十億美金流入 ARKK，持續穩坐最大主動式基金的位置。她是一名最成功的金融影響者。

最近，一名YouTuber Kevin Paffrath憑藉其在社交媒體上的影響力，不到2個月的時間裡，在他的The Meet Kevin Pricing Power ETF(PP)中累積了令人印象深刻的1,600萬美元資產。我們期望在未來，能夠看到金融影響者創造更多成功的ETF產品。

2. 債券ETF市場增速

State Street在三十年前發行了第一檔股權型ETF-SPY，BlackRock在2002年首次發行了數檔債券ETF，如TLT與LQD，滿足成本低、多元化、稅務優勢、易於獲取等基本條件，讓廣大投資人使用。然而，目前債券ETF 1.7兆美元資產的總額僅占全球總量的2%，債券ETF空間的未來增長性大有可期。

3. 區塊鏈金融

由於過多的詐欺、資安問題和管理疏忽，以及交易所FTX的關閉，加密貨幣產業深受打擊，要取得監理者與使用者的信心，仍然有很長的路要走。

受益於區塊鏈技術所實現的透明度和資料所有權，加密貨幣、數字收藏品、通證化的知識產權等新經濟已經慢慢發展起來，目前已經有類似證券的資產（例如：穩定幣，雖然有時是非法的）存在於區塊鏈上，未來一旦監管環境更加明朗，我們可以期待更多通證化資產，包括股票、債券、基金等，在去中心化金融的生態圈進行交易，這些與我們今天使用的ETF將會大大不同。

習題解答

CH 1 簡介篇

是非題(T/F)

1. F　2. F　3. F　4. T　5. F

選擇題

1. ⑵ 被動
2. ⑶ 皆有
3. ⑴ SPY
4. ⑶ SSO
5. ⑶ 標準普爾500指數(SPX)
6. ⑵ 低手續費
7. ⑴ 交易成本高
8. ⑶ 皆可
9. ⑷ 以上皆可
10. ⑵ 授權參與者

簡答題

1. 答：指數編製會先設定篩選資產的條件（如標普 500的選股機制或MSCI的可投資市場條件），決定各市場的市值分類（如大型股、中小型股），再套入維持指數的規則（如價格或市值加權，定期召開審議會議）。
2. 答：實物申購與贖回是 ETF 市場最重要的獨特機制，這是 ETF 發行商藉由發行實物 ETF 的股份(Share)換回或贖回參與券商提供的證券(Security)或現金的可逆過程，這個機制構成了初級市場(Primary Market)。另一方面，參與券商將 ETF 股份 IPO 上市，讓股份像股票一樣交易，擴增了流動性，這構成了 ETF的次級市場(Secondary Market)。

申購：授權參與者用股票投資組合或現金，向ETF發行人購買ETF股份。

贖回：ETF發行人用股票投資組合或現金，向授權參與者贖回ETF股份。

在最簡單的形式中，ETF的申購和贖回，涉及將ETF股份(Share)交換爲股票投資組合(Portfolio)，或將股票投資組合交換爲股份（例如：SPY股份之於S&P 500指數中的近500檔股票；或是對於0050股份之於台灣50指數中的50檔股票）。只有所謂的授權參與者(AP)才能以區塊(Block)——通常爲50,000股或其倍數爲大小，在初級市場中向ETF發行商申購，然後在次級市場銷售這些ETF股份。當初級市場和次級市場之間的過度需求、過度供給以及存在套利機會時，會觸發ETF在初級市場的申購與贖回機制。

CH 2 類型篇

是非題(T/F)

1. F 2. F 3. T 4. T 5. F

選擇題

1. ⑷ 以上皆是
2. ⑴ 資金成長
3. ⑴ 高
4. ⑶ 貨幣
5. ⑶ 債券
6. ⑶ 皆是
7. ⑵ 信用風險
8. ⑴ 期貨
9. ⑴ 複利風險
10. ⑷ 皆可

簡答題

1. 答：1×1.2×1.2－1＝0.44，也就是上漲44%。
2. 答：1×1.2×0.8－1＝－0.04，也就是下跌4%。

CH 3 交易篇

是非題(T/F)

1. F 2. T 3. T 4. T 5. F

選擇題

1. ⑴ 投資組合
2. ⑶ ETF
3. ⑶ 皆是
4. ⑵ 量化
5. ⑵ 低波動
6. ⑴ 追蹤差異（簡稱TD）
7. ⑵ 追蹤誤差（簡稱TE）
8. ⑵ 相同於投資組合B的表現
9. ⑴ BlackRock
10. ⑶ Betterment

簡答題

1. 答：如果買了一檔股票，並沒有如預期的上漲，反而下跌，則等待該檔股票價格回到買進的價位再決定動作。
2. 答：

   第一年損失$10,000，稅賦減免$10,000×0.3＝$3,000，所以目前持有$103,000。

   第二年價值下跌到$91,800，原先多投入的$3,000跌價變爲$1,800，多了$1,200的損失，產生稅負減免$1,200×0.3＝$360，所以最後持有$91,800＋$360＝$92,160。

   第三年資產價值上升到$104,500，全數賣出，最後繳的稅爲（$104,500－$92,160）×0.15＝$1,851，三年下來獲得收入$104,500－$100,000－$1,851＝$2,649。

CH 4 技術篇

是非題(T/F)

1. T　2. T　3. T　4. T　5. F

選擇題

1. ⑴ 權重分散
2. ⑴ 夏普指數(Sharpe Ratio)
3. ⑵ 波動率
4. ⑴ 標準差
5. ⑶ 效率前緣
6. ⑶ 皆是
7. ⑴ 演算法交易
8. ⑶ 避險套利
9. ⑵ 期現套利
10. ⑷ 以上皆是

簡答題

1. 答：

⑴ 資產數目龐大，資金控管不易。

⑵ 向指數發行商購買完整資訊衍生出的管理與授權成本。

2. 答：

⑴ 可能帶來的風險：

① Effects of AI on the labor market are significant globally.
AI對勞動力市場的影響是全球關注的一個重要問題，尤其是對中低技術要求勞工。

② Introduces new ethical pitfalls and risks unintended bias.
AI運用在金融服務產生了一些新的道德危機與意外的風險偏誤，需要進行反思新模式的道德規範。

③ Introduce new systemic risks and increase threat of contagion.
AI創新可能會為金融體系帶來新的系統性風險，並增加危機的擴散效應。

④ Transformative effect on the global financial system.
AI很可能對全球金融體系產生變革性影響——金融系統的任務是在最大限度地提高效益的同時減輕危害。

⑵ 在期貨選擇權的應用：

預測：標的資產價格、交易量、Put-Call Ratio或影響期貨選擇權之重要因子。

CH 5 主題篇

是非題(T/F)

1. F　2. F　3. F　4. T　5. F

選擇題

1. (2) 配息頻率低
2. (2) 加密貨幣期貨
3. (2) 資料轉換分享技術
4. (4) 菸草
5. (4) 以上皆可
6. (1) 高
7. (1) 股票
8. (3) 美國國庫票券
9. (2) 石油儲存成本導致的期貨正價差
10. (1) 債券

簡答題

1. 答：雖通膨造成普遍性的價格上漲，然烏俄戰爭使得能源短缺，加上 OPEC 不願意增產，使得天然氣與石油的價格飆升，能源公司收益增加、股價上漲，進而帶動能源相關基金如 ETF，在升息使得經濟下行之際，依舊有突出的表現。
2. 答：比特幣、股票、股票指數、美國國庫票券。

CH 6 主動篇

是非題(T/F)

1. F 2. T 3. T 4. F 5. T

選擇題

1. ⑵ 可在交易日內不限次數買賣
2. ⑶ 個股 ETF
3. ⑵ 提供投資人間接參與比特幣市場的方式
4. ⑵ 可以像股票一樣隨時交易
5. ⑵ 投資於高風險股票
6. ⑴ 能夠即時調整投資組合
7. ⑵ 動量策略
8. ⑵ 短期套利和波動操作
9. ⑵ 投資組合長期來看，往往優於主動型 ETF
10. ⑵ 對加密貨幣市場更高的流動性需求

簡答題

1. 答：以管理費用、靈活性和投資目標分述如下：
   ⑴ 管理費用：主動型 ETF 的管理費用通常較高，因爲基金經理人需要進行即時的投資決策和頻繁的資產調整；而被動型 ETF 則主要追蹤特定指數，因此費用相對較低。
   ⑵ 靈活性：主動型 ETF 具有更高的靈活性，基金經理人可以根據市場情況快速調整投資組合；被動型ETF則只是追蹤指數的表現，靈活性較低。
   ⑶ 投資目標：主動型 ETF 的目標是超越基準指數的回報，通常會採用積極的選股策略；被動型 ETF 則以追求與市場指數一致的回報爲主要目標，適合尋求長期穩定的投資者。

2. 答：

(1) 對傳統金融市場：比特幣現貨 ETF 的推出象徵著加密貨幣和傳統金融的進一步融合，使得加密資產更容易被傳統投資者接受。ETF 的結構讓投資人無須直接持有比特幣便能參與市場，降低了進入加密貨幣市場的技術和安全門檻。

(2) 對加密貨幣市場：比特幣現貨 ETF 吸引了大量機構資金進入，增加市場流動性，並使比特幣的價格更加穩定。同時，ETF 的發行受到監管，提升了加密資產市場的合規性和透明度，有助於吸引更多合規投資者參與。

CH 7 深入篇

是非題(T/F)

1. T　2. F　3. F　4. T　5. F

選擇題

1. (3) 皆是
2. (2) 非線性
3. (2) 避險
4. (4) VIX
5. (3) 30
6. (2) 兩者變化率反向
7. (1) 向上
8. (2) VIX 期貨
9. (3) 30
10. (4) 60

簡答題

1. 答：以股價指數 ETF 追蹤 Index 爲例。

追蹤指數	Index	Index Futures	Index Options	Index (Option) VIX	VIX Futures Index
ETF 商品	Index ETF	ETF 期貨或是槓反型 ETF	ETF 選擇權	ETF (Option) VIX	VIX ETF
功用	投資	避險	避險	風險指數	避險
發行的交易所	證交所	ETF 期貨在期交所或槓反型 ETF在證交所	期交所	期交所	證交所

2. 答：ETF VIX與VIX ETF之比較

<table>
<tr><th></th><th colspan="2">ETF VIX</th><th>VIX ETF</th></tr>
<tr><td>性質</td><td colspan="2">指數（選擇權投資組合）</td><td>期貨型ETF（期貨投資組合）</td></tr>
<tr><td>內容</td><td colspan="2">運用ETF指數選擇權的價格加權計算，用來衡量未來三十天該ETF的預期波動值</td><td>追蹤的是VIX期貨指數報酬，實現期貨可以用來規避波動率風險之工具</td></tr>
<tr><td rowspan="5">實例</td><td>ETF</td><td>相對應的波動率指數</td><td rowspan="5">特指追蹤VIX期貨指數的ETF
例如：00677U富邦VIX 和 VXX</td></tr>
<tr><td>Gold Miners ETF</td><td>VXGDX</td></tr>
<tr><td>Silver ETF</td><td>VXSLX</td></tr>
<tr><td>Crude Oil ETF</td><td>OVX</td></tr>
<tr><td>China ETF</td><td>VXFXI</td></tr>
</table>

CH 8　數位資產管理篇

是非題(T/F)

1. F　2. T　3. F　4. T　5. T

選擇題

1. ⑵ 透明度與不可篡改性
2. ⑵ 以太坊區塊鏈
3. ⑶ 每週調整
4. ⑶ 以太坊
5. ⑵ 空投新代幣
6. ⑵ 不須信任的協議
7. ⑵ 中介機構的高成本和交易速度問題
8. ⑵ 持有市值前二十大的加密貨幣
9. ⑵ 它能組合傳統金融產品並進行分散式管理
10. ⑴ 為加密貨幣投資提供傳統的美元計價基準

簡答題

1. 答：BUIDL 基金作為 ERC-20 代幣在以太坊區塊鏈上發行，主要投資於高流動性的資產，如現金和美國國債。該基金每日產生的利息以空投方式發放新代幣到投資者的錢包中，支持即時鏈上轉帳並能與智能合約互動。由 Securitize 和紐約梅隆銀行等負責監管與管理。
2. 答：Crypto 20 基金持有前二十大市值的加密貨幣，並每週進行一次投資組合再平衡，以避免單一幣種風險。每個組成幣種的配置不超過 10%，並使用 FTSE Russell 的方法來設定占比，以分散風險。

國家圖書館出版品預行編目(CIP)資料

ETF量化投資學 ： 智能投資的幸福方程式 ／ 韓傳祥編著. -- 四版. -- 臺北市 ： 五南圖書出版股份有限公司, 2025.02
面 ； 公分
ISBN 978-626-393-962-2(平裝)

1.CST: 基金 2.CST: 投資分析 3.CST: 投資技術

563.5　　113017952

1N2A

ETF量化投資學：智能投資的幸福方程式(第四版)

編 著 者 — 韓傳祥
編輯主編 — 張毓芬
責任編輯 — 唐　筠
文字校對 — 許馨尹　黃志誠　許宸瑞
封面設計 — 芳華齋　姚孝慈
出 版 者 — 五南圖書出版股份有限公司
發 行 人 — 楊榮川
總 經 理 — 楊士清
總 編 輯 — 楊秀麗
地　　址：106臺北市大安區和平東路二段339號4樓
電　　話：(02)2705-5066　　傳　　真：(02)2706-6100
網　　址：https://www.wunan.com.tw
電子郵件：wunan@wunan.com.tw
劃撥帳號：01068953
戶　　名：五南圖書出版股份有限公司

法律顧問　林勝安律師

出版日期　2020年 1 月初版一刷
　　　　　2021年 9 月二版一刷
　　　　　2023年 4 月三版一刷
　　　　　2025年 2 月四版一刷

定　　價　新台幣520元